从开天辟地 到师忧比乐

曾仕强 著

民主与建设出版社
Democracy & Construction Publishing House

图书在版编目（CIP）数据

易经的智慧合集 / 曾仕强著. --北京：民主与建设出版社，2016.4（2025.4重印）

ISBN 978-7-5139-1069-9

Ⅰ.①易… Ⅱ.①曾… Ⅲ.①《周易》-研究 Ⅳ.①B221.5

中国版本图书馆 CIP 数据核字（2016）第 081321 号

易 经 的 智 慧 合 集
YIJING DE ZHIHUI HEJI

责任编辑：	顾客强
出版发行：	民主与建设出版社有限责任公司
电　　话：	（010）59417749　59419778
社　　址：	北京市朝阳区宏泰东街远洋万和南区伍号公馆4层
邮　　编：	100102
印　　刷：	河北环京美印刷有限公司
版　　次：	2016年4月第1版　2025年4月第2次印刷
开　　本：	710mm×1000mm　1/16
印　　张：	107.75
书　　号：	ISBN 978-7-5139-1069-9
定　　价：	680.00元（全6册）

注：如有印、装质量问题，请与出版社联系。

目 录

第一集　阴阳之道 …………… 1

第二集　八卦定乾坤 ………… 11

第三集　《易经》与命运 …… 23

第四集　破解占卦 …………… 35

第五集　乾坤易之门 ………… 49

第六集　乾坤六龙 …………… 61

第七集　六龙御天 …………… 75

第八集　孔子《文言传》…… 89

第九集　阳极成阴 …………… 101

第十集　地道柔刚 …………… 113

第十一集	乾坤之道	127
第十二集	始生之难	139
第十三集	蒙以养正	153
第十四集	需要等待	169
第十五集	待机之道	181
第十六集	争强好胜	195
第十七集	化除讼累	207
第十八集	师忧比乐	221
第十九集	师出正道	233
第二十集	亲比和谐	247
第二十一集	情投意合	259

易经的智慧·第一集　阴阳之道

中华民族最古老的经典著作——《易经》，是中国哲学思想的起源，无论是老子"道可道非常道"之中的道，还是孔子的"吾道一以贯之"中的道，都来源于《易经》中最基本的思想，那就是：一阴一阳之谓道。那么阴阳是怎么产生的？它们之间是什么关系？阴阳的思想对中华民族，又有着怎样重要的影响呢？

第一集　阴阳之道

我们只有一个地球，这句话现在大家都耳熟能详，因为听得太多了，但是这句话到底是什么意思呢？大家看过巴比伦的文化、希腊的文化，如果说这些文化明显不同，却仿佛又很相近，但是如果说它们相同，却又好像差得很远，那到底是近还是远，到底是同还是不同？

我们是只有一个地球，没有错，但是毕竟西方人是从西方的角度来看这个地球，而东方人特别是中国人，则是从东方的角度来看同一个地球，看出来的结果是不一样的。

所有的文明都是从神话开始，可是神话能满足人类的需求吗？我想是不行的，对于神话，我们总是将信将疑，所以神话没有办法满足人类求知的欲望，于是就产生了哲学。每个民族都有不同的哲学，而每个民族的哲学实际上都是从神话里面提升出来的。

神话只有一个目的，就是解答宇宙人生的问题，哲学也只有一个目的，也是解答宇宙人生的问题。但是大家总觉得，哲学家讲的话我们似懂非懂，好像他们一直都在象牙塔里面，这就产生一个很大的问题：我们认为哲学根本不能满足人类的需求。但是中国的哲学并不是在象牙塔里面诞生的，你看孔子，他多么贴近老百姓，你看老子，他多么地深入人心！因为我们是合在一起的，我们把理想跟现实合在一起，我们把高的和低的拉在一起。所以神话慢慢形成哲学，哲学就变成智慧。

我们的智慧是什么？就是一本《易经》。我们对《易经》的认识应该要很明确，要了解《易经》不是教给我们知识的。《易经》给我们的是智慧。

《易经》告诉我们，一切一切都是人想出来的。我们不用虚拟，我们用想象。而想象都是从模模糊糊，从不清不楚开始，慢慢变得具体。

《易经》告诉我们，一切一切都是人想出来的。事实上，人类正是因为有了想象，才有了大千世界林林总总的发明和创造，才出现了各种各样的意识形态和思想流派。那么，《易经》又是谁想出来的呢？

《易经》是中华民族的最高智慧，它是伏羲氏想出来的。伏羲氏是谁，我们其实不用花太多的时间去寻找答案，我们可以想象，他就是一个很喜欢动脑筋的人。

我们中国人常说，嗜欲深者天机浅，嗜欲浅者天机深，就是说一个人如果一味沉溺于感官享受，这种人的智慧一定很浅薄。只有从声色繁华中超脱出来，宁静沉思的人，才能具有把握纷繁人生和无穷宇宙的大智慧。而浅薄或智慧，完全在自己。

如果一个人吃饱饭闲来无事就打麻将，这个人不可能成为伏羲。伏羲想的是人类最重要，而且是宇宙最高的秘密：万物从哪里来。

伏羲氏看到太阳从东方起来，然后从西方下去，他就知道了天底下有一种力量把太阳从东方拉起来，往西方拉下去，这股力量就使得万物都受到它的影响，好像它就是宇宙的根源。

伏羲氏很想把他的思路表现出来，让大家都知道，可是那个时候没有文字，他就把这个力量用一条连续的线来代表，这是很了不起的一种做法，没有文字，说也说不清楚，干脆画一个图像，画一个最简单的符号。那时候连符号这个观念都没有，可见符号也是人想出来的。伏羲就画了这么一条线，也许当初连画的笔也没有，他就折一段树枝，用来代表那股力量，所以一画开天的真实意义就是一画开天辟地。

到这里，我们已经很明确地知道，当初伏羲氏是用眼睛去观察宇宙万象，然后靠想象来替我们创造出一套系统，这套系统的总根源就是一画，叫作太极（图1-1）。一切都是从这里开始的。

图1-1

第一集　阴阳之道

如果伏羲氏只想到这里,我们就会觉得这个人太会虚拟,太不切实际。怎么断定不切实际呢?太简单了,今天一个太阳出来,明天又一个太阳出来,哪有那么多太阳?一天一个,一年就三百多个,那还得了。就算有那么多太阳,东方有那么大的太阳库可以储存吗?西边也要一个很大的太阳库才能够一天接收一个。所以伏羲氏就自己否定自己。这个对中国人影响很大,我们是最会反省的民族。

我们现在已经知道那不是事实,太阳是永远存在的,只是地球自己在转,所以有时候我们看得到太阳,有时候看不到太阳。虽然那个时候伏羲并不知道这些,可是,这并没有影响我们的思路。伏羲氏最起码告诉我们:有看得见的部分,就有看不见的部分,有一个力量拉上来,就有一个力量拉下去。他就产生了有两种互动的力量的这种观念,一正一反,一上一下,循环往复,周而复始。因此他认为,有阴就有阳,有阳就有阴。

伏羲上观天文,下察地理,思索很久,终于一画开天地,这一画,就是太极,宇宙中的一切都是从太极中生发出来的。孔子在他所作的《十翼》,也就是《易传》中写道:"易有太极,是生两仪。"这就是人们常说的"太极生两仪",意思是太极中包含着一正一反两种力量,而这两种力量就是阴阳。那么,阴阳之间有着怎样的关系呢?

太极生两仪,两仪就是阴阳,如果伏羲氏想到这里就很满意了,那我们也是很倒霉的。因为这就表示分的观念已经出来了,有阴有阳,就是两个,"两"就是分了。

伏羲氏认为一还是一,只是一有时候是一,有时候一会变二,就好比一根木头,我们不去动它,它就是一根木头,把它折断,它就变成两小段,所以阴就是阳,阳就是阴,阴可以变阳,阳可以变阴。

这一画叫太极,也叫阳,我们汉字在不同的场合有不同的读法,有不同的意义,大概就是从这里来的。你说这一画算什么?算太极,可是只要阴出现的时候,它又代表阳。同样一画,在不同的位置,它有不同的含

义,这个在汉字里面是用得很多的。

阴和阳有高度的配合性,是不可以分开的。后来伏羲慢慢就想到,阴中有阳,阳中有阴,因为他发现把树枝一折断就变阴了,接起来又变阳了。我想这些事情对我们现在来讲,是很常见的现象,可是在当时,伏羲氏发挥了高度的想象力。

我们发现,一二的"二"跟可恶的"恶"是很接近的,二就是有二心,就是很可恶,这种观念都是从《易经》中来的。看到一,我们就会觉得很愉快,因为大家合在一起,力道会很强,我们今天说同心协力就有一的感觉。二就开始分了,所以伏羲氏就想,如果阳是阳,阴是阴,那阳可能往那个方向去了,它阴上来可能往这个方向走,两个不配合,彼此不协调,这个宇宙会那么有秩序吗?从这里我们又得到一个观念,就是宇宙看起来很乱,实际上却是条条有理,非常有规律,非常有秩序的,就是乱中有序。世界上所有的东西都是看起来乱,实际上却是乱中有序,这个也是值得我们好好去体会的。

《易经》认为,阴阳是太极生发出来的,而且是阴中有阳、阳中有阴,阴极成阳、阳极成阴,彼此之间是互动合一、密不可分的,叫作一阴一阳之谓道。那么,这种阴阳的观念,对于中国人的思维方式,有着怎样的影响呢?

世界上所有的学问,如果要用一句话来把它说清楚,有这个可能吗?我相信很多人一定摇头的。其实,真的可以用一句话就概括、包含所有的学问,那就是一阴一阳之谓道。

今天生物科学家已经讲得非常清楚了,世界之所以能够生生不息,就是因为物种多元化,有不同的因素互相激荡、互相作用。如果物种一元化,搞得所有种类都没有,只剩下人类,人类也会死亡的。一句话讲完了,没有矛盾,就不会起变化,不起变化,就是死路一条。这就是一阴一阳之谓道。

第一集　阴阳之道

一阴一阳之谓道，并不是说一个阴一个阳，合起来就叫道，而是说自然的变化。世界上万事万物不外乎四个字，自然孕育。但是自然孕育背后有一个道理，那个道理是永恒不变的。如果那个道理会变，那就每天出不同的花样，社会还有什么秩序？我们对自然还能有信心吗？一阴一阳之谓道，告诉我们自然的变化就是阴阳之道。

阴阳这两个字是谁加进去的？是孔子加进去的。孔子说："易有太极，是生两仪。"这告诉我们，一含有不同的东西，这个我们很容易了解，就是诸如正反、上下、高低、轻重……就是相对的两种。很多人一想到相对，就认为世界上没有绝对，实际上没有这回事。我们说世界上一切一切都是相对的，绝对没有绝对，这句话本身就非常绝对。这就告诉我们，一切都是有例外的，这个在《易经》里面是非常重要的观念。

只要把这个搞清楚，采取动态平衡，我们就能完全了解了。我们应该尊重伏羲，因为他的起点很高很全，而且让我们永远可以遵循，这就叫作经。所以我们把《易经》排在群经的第一位是有道理的，但还不够，其实，它是诸子百家共同的起源，叫作群经之源。

太极是我们的共性，人再大不过是个太极，人再小也还是一个太极。人人都是太极，甚至于汉字里面每一个字都是一个太极，叫作一字一太极。可是万物都是会变化的，里面有阴有阳。同一个中国人，有时候很讲信用，有时候非常不讲信用；有时候很守时，有时候不守时；有时候很振奋，有时候很沮丧。人有情绪的变化，同一个人有不同的情绪，有时候感觉世界真是光明，充满了希望，有时候又觉得到处都是坏人，自己很倒霉。同一个人，也就是同一个太极，分阴分阳。坏人是不是一定坏？不一定，坏人偶尔也会做好事。好人是不是一定不会做坏事？也不一定，好人也经常是好心做坏事。可见，阴中有阳，阳中有阴。

如果问西方人，阴阳是两个东西还是一个东西，我保证他的答案是，两个东西。西方人认为阴就是阴，阳就是阳，阴阳是两码事。可是中国人会告诉你，阴阳是一个东西，一个东西里面含有两种成分，一种叫作阴，一种叫作阳，合起来就叫太极，太极分出去就叫阴阳（图1-2）。所以如果讲一，就是太极，如果讲二，就是阳和阴，这种观念我们中国人是很容易接受的。

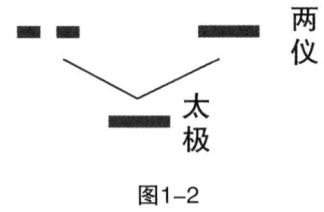

图1-2

《易经》给我们的"一内含二"的思维，和西方"二构成一"的认识，使得东西方的观念，有了"生"和"分"的差异，那么，东西方的这两种不同的思维方式，反映到现实生活中，有着怎样的区别呢？

一分为二，这是事实，一生二也是事实，但是生和分这两个字，我们真的要好好去想想。分是什么？分就是分开，这样我们才知道西方的国家为什么很小，就是它分分分，分出来的，而我们一直是生，生生不息。

生跟分，有什么不同？西方人说一会分裂成两个，因为他们认为，一本来就是两个东西构成的，二构成一，这四个字对他们文化的产生是非常重要的。他们都是两个合成一个，所以很容易分成两个。西方的家庭由丈夫跟妻子构成，意见不合就可以离开，这是他们的观念，我们不是。我们认为一内含二。二构成一是以二为中心，一内含二是以一为中心。一个家庭必须要有夫跟妻才算家庭，只要分开，剩下一个，就不算家庭。

当然，西方也有合的观念，只是他们太重视分了，分大于合，分到最后会变成什么？会变成社会人群最小的单位就是个人。中国没有，中国是合中有分，我们怎么分都离不开要合，合是最重要的，为了合而分，可以；为了分而分，我们认为不好。所以我们的观念跟西方人不一样，西方人认为社会人群最小的单位是个人，我们认为社会人群最小的单位是家庭。

我们基本的观念跟西方不同，这样就使得产生的现象差得越来越远，我们把这叫作一本万殊。本来地球只有一个，本来只有一种现象，但是我们却看出不同的东西来，就形成很多种变化。

第一集　阴阳之道

《易经》里有一句话，叫作自天佑之，吉无不利。它的意思就是我们要自己去了解天理，顺从自然，就会得到吉祥，就不会有不利的后果。这就说明，我们所重在人，在自己。其实《易经》就是把自然的规律转移到人事方面的伦理。

伦理从哪里来？从自然来。自然那么有秩序，是谁在管呢？如果伏羲氏当年说是神在管，那我们就产生宗教了，但是他没有。他说，这是阴阳的互动，是自然的孕育，是有两种不同的力交互作用，很自然就产生万物，并且不断运行，并没有什么特殊的主宰。

西方人看地球，看到最后就看出一个结果，就是一分为二，一个细胞分裂成两个细胞，二分为四，两个细胞就分成四个，四分为八，八分为十六，十六分为三十二，这样无穷无尽就产生万物。我们也不能说这种观念不对，但是偏偏中国人的看法不太一样，我们认为是一生二，二生三，三生万物，下面就不讲了，因为不需要讲了，万物都产生了，还讲什么？

一分为二，一生二，这两种都对，但是分析起来就有很大的差异。一生二，很简单，太极生两仪，分阴分阳，二生三，三就是三才，天、地、人。三生万物，这个三对我们中国人来说是很重要的。汉高祖统一天下以后，他就简简单单约法三章，这是最切合中国民族性的一种做法。有阴有阳，谁都知道，但是阴阳如果不互动，什么都没有，就一个阴一个阳，有什么用？这整个的思路会影响到我们民族的发展。

老子说：一生二，二生三，三生万物。用《易经》的思维来解释，一就是太极，是一切变化的根源；二是阴阳；三是阴阳互动的过程。如此一来，自然可以生出万物来。《易经·系辞》也写道：易有太极，是生两仪，两仪生四象，四象生八卦……那么，世间万物又是如何从两仪进一步变化而来的呢？

我们现在一定要了解，中国人很多思维是从《易经》来的。《易经》告诉我们，世界是由一所构成的，可是这个一如果是单纯的一，那就一到底，就不会变化了，更不会有万物了。光是有阴有阳，如果阴阳不互动，也不能发生作用，所以我们就知道，阳一定会跟阴碰在一起，阴会跟阳化合在一起，这样才会产生万物，变成四象。

世界上的东西都是有阴有阳，而且阴阳是分不开的。拿一天的气温来说，我们早上起床，太阳已经出来了，这时候不会觉得热，因为上面的太阳虽然是热的，但是热量还没有完全照到地面上，大地还是凉的，所以早上叫作少阳（☲）。等到了中午，上面下面都热了，就叫作老阳（☰）。到了黄昏的时候，夕阳没有什么热量了，我们可以感觉到，虽然大地还很热，但是上面已经开始凉了，所以黄昏叫作少阴（☳）。到了晚上12点，上面下面都冷了，就叫作老阴（☷）。

一年四季也可以按照四象来看，春天是少阳（☲），夏天是老阳（☰），秋天是少阴（☳），冬天就是老阴（☷）。

其实不管在什么方面，我们都可以用"太极生两仪，两仪生四象"（图1-3）来看待所有的变化。

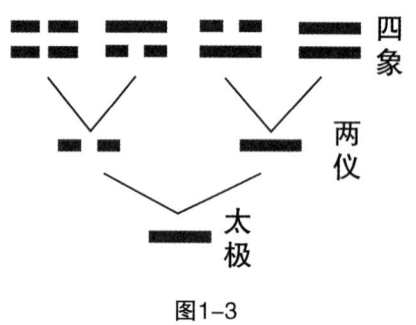

图1-3

伏羲一画开天地，这一画就是太极；太极包含着阴阳两种力量，也就是两仪；而阴阳的互动，又产生了四象。那么接下来，四象又是如何产生八卦？八卦又分别代表着什么意思呢？下一集我们来说一说：八卦定乾坤。

易经的智慧・第二集　八卦定乾坤

八卦图，是中华民族在没有文字以前，最早的文明记载。学习《易经》，首先就是要搞懂八卦图。那么这八个卦象又分别代表着什么意思？为什么说宇宙万象都包括在这八个卦象之中了？有什么好办法，可以使我们轻松地弄懂八卦图呢？

第二集　八卦定乾坤

我们没有宗教,但是我们有信仰,中国人的信仰在哪里?伏羲氏当年的用意是要让我们中华民族生生世世有一个共同的认识,有一个共同的信仰,就是伦理道德。有一句话大家可以好好去想一下,我们中华民族一脉相承的那个永远没有断的东西就是伦理道德。所以为什么儒家那么受到重视,也就是这个道理。可是伏羲氏当年没有文字,甚至没有成熟的语言,他怎么可能讲很多道理?这也是我们非常敬佩伏羲氏的地方,他就用简单的一画开天来告诉我们,太极代表了宇宙自然的秩序,它是有规律的。可是,伏羲氏希望我们把自然的规律转移到人世社会上面,所以《易经》多半是经由宇宙万象来讲出人生的道理。人生的道理是什么?我们叫它伦理。

伦理是我们加上去的代名词,你跟西方人去讲,他会告诉你那就是宗教,因为西方人是把个人的道德修养归于宗教,我想这一点我们一定要搞清楚,西方到最后是分的,做事是科学,做人是宗教,中国人是不分的。

伏羲氏一画开天,慢慢就分阴分阳(图2-1)。

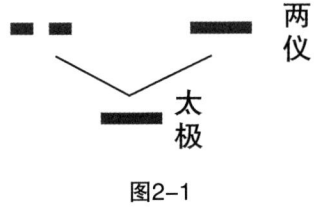

图2-1

然后伏羲就想了,光是有阴有阳,如果两个不互动就不能发生作用,所以他就知道阳一定会跟阴碰在一起,阴会跟阳化合在一起,这样才会产生万物,于是就变成四象(图2-2)。

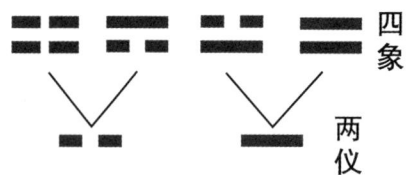

图2-2

伏羲氏又想了,老是阴阳阴阳,四象那么平衡,它怎么会动呢?所以他就想到,宇宙是由不平衡所造成的,这个观念影响我们太大了。一切都是不平衡的,我们希望它平衡,但是平衡很快又被打破,又找到不平衡,再追求平衡,这就叫作动态的平衡。用这种观念去看现在所有的现象,一切都是动态的平衡,不是静态的平衡。静态的平衡就叫静止,静止就是死亡。不能动了,哪里会生生不息?因此伏羲氏就知道,两个阴上面可以加一个阳可以加一个阴,两个阳上面可以加一个阳加一个阴,本来就是阴阳的,也可以加一个阳或者加一个阴,这么一来就很自然变成八个,就叫八卦(图2-3)。

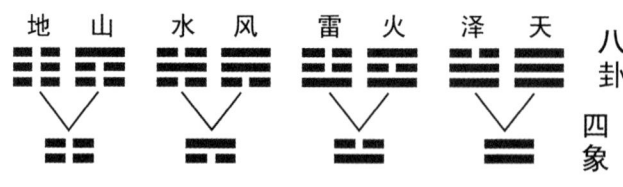

图2-3

六十四卦也是八卦,很多人认为八卦就是八卦,六十四卦就是六十四卦,没有那回事。六十四卦就是八卦彼此重合起来,配合到最后,一共就有的六十四种状况。

伏羲一画开天地,这一画就是太极,太极又包含阴和阳,伏羲把阴和阳的组合变化画出来,就形成了八卦。但是很多人都觉得,学习《易经》非常难,就是因为搞不懂八卦,更不用说六十四卦了,那么八卦究竟代表着什么?是不是掌握了八卦,就可以读懂《易经》了呢?

第二集　八卦定乾坤

《易经》怎么读？首先要把八个卦搞清楚，所有的事情都离不开这八个卦。八卦就是《易经》，《易经》就是八卦，连起来就叫易经八卦。八卦是什么？就是我们从宇宙万象里边归纳出来的八种基本的元素。我们从《易经》里面得到的信息是构成宇宙的元素有八种，就是跟我们人类生活最息息相关的那八种。

第一种一定是天，老实讲，没有天那就什么都没有了，一片寂静。动植物都没有，那还成什么世界？有了天，我们一抬头看到了，我们一低头马上会看到底下，底下就是地，所以天、地我们没有人能离开。人一旦离开天地，当然有时也可以，偶尔做做航天人，很荣耀，但是如果让你从此离开地球，永远做个航天人，你愿意吗？我想还是地球比较好。天地是我们人的根本，谁都离不开的。

天地之后，我们马上想到两样东西，水和火，没有水我们活得了吗？没有火，我们吃什么？可见，《易经》就是从自然里面萃取出来的道理。所以天、地、水、火就是四个最根本的东西。

天地水火就满足了吗？没有，有时候火太大了，很热，我们就开始扇扇子，就是希望有凉风来，可见风也很重要。风来了以后，我们马上会想到跟风相对的是什么？就是雷，打雷的时候那种感觉跟风来的时候那感觉经常是对比的，所以天、地、水、火、雷、风。

可是风为什么从那边进来，不从这边进来？原来是被山挡住了。山会挡住很多东西，所以山又显得很重要。山挡住这边的风，风就从那里来，那边是什么？那就是海，也不一定完全是海，很多地方它没有海，就把泽叫作海，像云南，云南说海泽海泽，就是一个湖，一个泽，一个潭。

这样八样东西就出来了，天、地、水、火、雷、风、山、泽。世界上的万物万象都是这八种东西彼此互动产生的，雷跟风互动，雷跟山互动，雷也可以跟天互动，跟地互动，怎么不可以呢？一个雷可能打到天上去，也可能从地下一下子跑出来。所以我们就把这八种现象定为八个经卦，就是基本卦，而且这里面只分成两个小系统，一个是跟天有关系的，一个是跟地有关系的，非常容易记。

伏羲氏通过认真观察发现，宇宙虽然有着万物万象，但都是由八个最基本的元素所构成的，这就是天、地、水、火、雷、风、山、泽。那么伏羲是怎样利用阴和阳这两个符号的变化组合，来代表这八种自然现象的呢？

一般我们怎么画天？这个我们一定要以很远很远的古老的人类的那种很单纯的思维来想象，那时候怎么画天。画天的时候，我们很自然就会画一条弧线来表示天，而且我们发现天不是薄薄的一层，好像天外有天，天上有天，这个很容易了解的，所以就画三条，像今天画彩虹一样的，那个卦就出来了。卦象卦象，就是说这个卦像什么，这三线就像天（图2-4）。

地呢？地在天底下，一直到天边都有地，可是当中有河流隔开来。天是连在一起的，可是土地是分裂的，这边一块那边一块，所以伏羲很自然就画成一个断掉的直线。当然地上的土也是蛮厚的，也不是薄薄的一层，所以用三画断掉的直线（图2-5）。

我们把八卦分成两类，一类是跟天有关系的，一类是跟地有关系的。我们把天画下来，这三条直线按照我们现在的了解，其实这个也是从以前传下来的，就叫上中下。爻这个字是《易经》里面的一个独特的用语，就是它每一画都叫一个爻，最底下一画叫下爻，当中一画叫中爻，最上面一条就叫上爻，爻就是一个符号（图2-6）。

第二集　八卦定乾坤

天，三画阳爻，最底下那一爻由阳变阴，就叫作天底下动，天当中那一爻由阳变阴，就叫天空中动，天上面那一爻由阳变阴，就叫作天上面动。都是三爻中一爻变化，两爻不变。那么，为什么用少数的来代表动呢？因为物以稀为贵，两个阳一个阴，阴是少数，所以以阴为主。

天下面动是什么？马上有人想到树木，没有错，那时候天底下动的也就是树木最高了，但是树能自己动吗？所以伏羲氏就想到是风来了。风来了，就是天底下有一个东西我们看不见，但是能够很明显感觉出来它的动，就是风在动，天底下动，风。

天空中动那更容易了，只要有一个地方有火烧，我们在天空中就看到一片火焰，一片火海，还有火烧云，远远看去，就像是天空中着火了一样，所以天空中动就是火。

天上面动就比较麻烦了，因为以前没有直升机，也没有卫星，伏羲氏怎么看得到天上面是什么？人类聪明就在这里，我们到池塘边就会发现，怎么天空跑到池塘底下去了呢？自己的倒影好像也在池塘里面。这样我们就知道了，古人是发现天会整个倒影在池塘里，于是就说天都在泽水下面，所以泽就是天上面动。

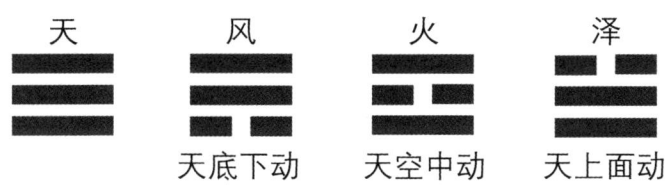

图2-7

风、火、泽，这三个东西都跟天有关系（图2-7）。天就是三画直直的，连续的；天下面动，风，就是上面两个连续的，下面一个是变动的；天空中动，火，就是上下各一个连续的，中间一个是变动的；天上面动，泽，下边两个连续的，上边一个是变动的，这样很快就能记住了。

地是三条断掉的线，这三条断掉的线也是分成下、中、上。最下边一爻由阴变阳，就代表地底下动；中间一爻由阴变阳，就代表地中间动；最

上面一爻由阴变阳，就表示地上面动。这三种情况都是两个阴一个阳，阳是少数，代表动，所以以阳为主。地底下动，就是打雷，打雷时我们能感觉到地底下有东西在动。地当中动，就是水了，水就是在地当中一直不停地流动。地上面动跟天上面动一样，要花一点想象力，地上面有很多很多东西，你说牛在动也对，狗在动也对，我们人在动也对，但是这些都是枝枝节节的现象，《易经》的思维是不断地提高，去找到根本的东西。地上面最大的动就是山，所以地上面动就是山。这样一来，我们就知道，雷、水、山是跟地有关系的（图2-8）。与天有关的风、火、泽，和与地有关的雷、水、山，加起来就是八卦。

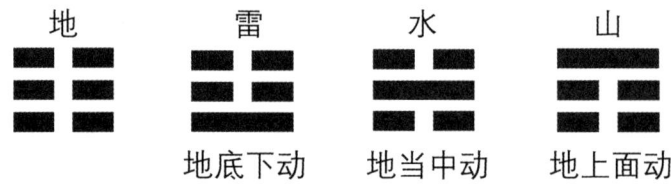

图2-8

八卦看起来复杂，其实只要明白它是怎么产生的，也就很简单了。三个阳爻代表天，天底下动是风，天中间动是火，天上面动是泽。三个阴爻代表地，地下面动是雷，地中间动是水，地上面动是山。但是我们看到的八卦图，上面写的并不是天、地、风、雷、水、火、山、泽，而是乾、坤、巽、震、坎、离、艮、兑，这是为什么呢？

天、地、水、火、雷、风、山、泽，这样就能够了解宇宙人生的一切吗？好像也不能。所以，我们慢慢地把天叫作乾，把地叫作坤。乾坤这两个字我们现在用的是太多了，我们说乾坤定矣，就是说天地已经定位了，我们说颠倒乾坤，就表示乱了套了，我们常用的词汇里面含有"乾坤"的相当之多。可见天用乾来代表，地用坤来代表，我们已经很熟悉了，乾坤就是天地。

可是我们要想想看，天不可以用其他来代表，一定要用乾吗？我们从

第二集　八卦定乾坤

《易经》里面可以很清楚地看到，天到底代表着什么。我想这是经过一个长期的思索才得到的答案：天代表刚健，不但刚而且要健。不仅要很刚强，还要很持久，一阵子刚强，马上软弱下来，这算天吗？所以刚是刚，健是健，刚是很刚强，健是经得起考验，经得起时间的磨砺，有一种持久的意思，所以刚健的意思就是说很持久地刚强。天，不管怎么样，总是一年又一年，始终就是那个样子，天不会说"算了算了，我很疲倦了，我今天要休息了"，否则人类就要过着昏天黑地的日子了。

我们了解宇宙间有一种很刚健的性能，就用乾来代表。那么坤呢？坤是柔顺，地是非常柔顺的，土地，你高兴挖个洞它就让你挖，你高兴堆个土堆它也让你堆，你把动物的尸体埋进去它也不抗议，各式各样的植物都从里面长起来，它都很欢迎。天很刚很健，而地则是很柔很顺，这两种一配合起来，天地实在是人类生存的好地方。

风也有两个性质。第一，风吹来的时候是无孔不入的，冬天的时候最明显，风一来，全身都感觉冷，只要有一个地方露出来，风马上就能灌进去，所以第一个是入。第二个是齐。所以我们就用一个字来代表它，叫作巽，巽这个字的意思就是很齐，又很入，不是停留在表面。

雷给我们最大的感觉就是震动，雷一来，我们就心惊肉跳，所以我们就把它叫作震。乾、坤、巽、震，分别代表天、地、风、雷。然后又用坎代表水，离代表火，艮代表山，兑代表泽（图2-9）。

图2-9

水为什么叫坎？人类又喜欢水又怕水，尤其是我们中国人。水灾最大的问题就是把泥土冲开了，冲掉了。"坎"字就是欠土，凡是欠土的地方都是被水冲过的，所以我们把水叫作坎。

代表八种元素的卦象，之所以在八卦中被重新命名，一方面是因为这种元素本身的自然属性，比如天刚地柔，雷震风巽；另一方面，也揭示出了自然现象与人类社会的相通之处。水被称为坎，意指水就像我们生活中的坎坷一样，你怕它，但又不可能离开，只能面对它。那么火和山、泽的命名，又能给我们什么启发呢？

火一烧起来，很多人都会跑去看，因为它很美丽，但是我们再看深一点就知道，火烧到最后是同归于尽。火的特性就是它能烧毁很多东西，但是当火把东西都烧光以后，它自己也没有了，所以我们才用离来代表火，离就是到最后自己也不见了。

山为什么用艮代表呢？在我们所能看到的自然现象里面，山好像是唯一静止的东西。而且我们一走到山前，就会想，这么高，我怎么过得去呢？休息一下，暂停暂停。所以艮有止的意思，也就是告诉我们，欲望太多其实也不好，需要稍微调整一下，做合理的要求，适可而止，才是好的修养，所以艮卦其实跟修养有很大的关系。

这些都是历代慢慢加以扩充，加以发挥而积累下来的，但是当初定这个字的时候的确是一针见血，抓到根本，这是我们非常佩服文王的地方。艮就是止，停止，但是不是永远的停止。世界上没有永远停止的东西，但可以暂停一下，休息是为了走更长的路。

休息是为了走更长的路。
——《易经》的智慧

泽为什么叫作兑？你看你到池塘旁边，你的心情多半是很愉快的，所

第二集　八卦定乾坤

以一个人心里头很闷的时候,到水边走走,多半会感觉很愉快的。人去钓鱼,真的是为了把鱼钓上来吗?其实不是,是享受那个过程,心里很愉快。因此我们就用这个兑来代表泽。你看兑旁边如果加上一个竖心旁的话,它就是喜悦的"悦"。因为我们看到池塘,看到泽水的时候,心情是很喜悦的,所以我们把泽叫作兑。现在更妙,你什么时候心情最喜悦?就是当人家给你一张支票,你到银行就能兑现,那真是太喜悦了,所以我们把这个叫作兑现。

这样一来,我们就知道了,这八个基本卦非常容易了解,而且真的跟我们生活息息相关,你再怎么绞尽脑汁想要想第九种,第十种,都很难。所以,我们就把这八个基本卦画成八卦图,我们的亭子也做成八卦亭,就是告诉我们,我们是生活在这八种基本元素当中,我们自己要去调适,使我们品德越来越高尚。这样就可以了解《易经》了,其他都是从这里延伸出来的。

伏羲一画开天地,代表了宇宙万物的起源,又以八卦定乾坤,把宇宙中所有的物质归纳为八种基本的元素。但是随着现代科学的发展,我们逐渐发现,世间万物如此繁多,人类社会复杂多变,那么,伏羲在几千年前所画的八卦图,真的就能包括宇宙的一切吗?

很多人不相信《易经》只用六十四卦就能统合全球的东西,有那么容易吗?我们再想想看,六十四卦每个卦有六个爻,六乘六十四就是三百八十四个爻,所以六十四又变成三百八十四。而每一个爻跟每一个爻都互动,换来换去。牵一发而动全身,这在《易经》里面随时可以看得到,一个卦里面有六个爻,随便哪个爻一改变,它又变成另外一个卦了,我们常常讲又变卦了,又变卦了,就表示卦经常在变。

爻有变动的意思,也有仿效的意思,每个爻都可以变阴可以变阳,可是一变阴或者变阳,它就变成不同的卦了。我们现在可以看得出来,六十四卦每卦六爻,六十四跟六十四互动,就有四千零九十六种变化。宇

宙一切都是动态的，随时在改变，人的命运也是动态的，随时在改变。可能你会说"没有啊，我从来没有改变过"，那很不好意思，那就是告诉大家，你这个人实在太不长进了，从来没有变就是太不长进了。所以从现在开始，不要见面说"好久不见了，你都没有改变"，那是骂人的话。士别三日当刮目相看，三天不见，就变了个样子，而且越来越长进，这个人才是可爱的。"好久不见，你都没有改变"，那这个人听见应该很惭愧才对。

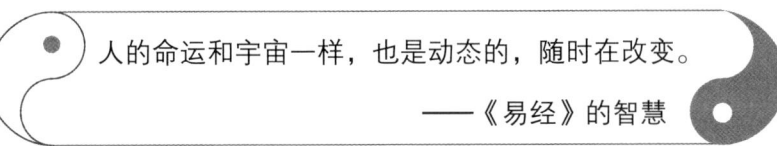

人的命运和宇宙一样，也是动态的，随时在改变。
——《易经》的智慧

天天都有新气象，叫作日日新又日新，这才是我们追求的东西。因此，真正会看一个人的命，是从动态里面去了解。我说得非常清楚，中国人的学问只要变成静态的来看，就糟糕了。有例行就有例外，可能你就是那个例外的，那你不是很倒霉吗？我想这种观念是《易经》给我们最宝贵的东西，使我们的脑筋非常灵活，千变万化，一刹那有几百个念头，甚至几千个念头。中国人脑筋动得快，跟《易经》的变化多端有很大关系。

《易经》，你看它东西很少，它可以变很多；你看它很简单，它可以变得很复杂；你看它只有一，它可以变出千千万万种不同的花样。所以任何东西都可以安放在我们的《易经》里面，一直到永远，这才是我们中华文化源远流长的关键。它就是一，非常简单，可是它千变万化，但是万变不能离开这个"一"，叫作万变不离其宗。

八卦告诉我们，天地是定位的，人不要颠倒是非。人活在一起，大家要过群体生活，总要有一个定规，不能只顾自己喜欢怎样就怎样，要彼此配合，就必须要有共识，八卦就是人类最早的共识。

八卦因为只有符号没有文字，所以被称为无字天书，而给八卦注上文字，使其成为《易经》的，是周文王。那么周文王是在什么情况下写成了《易经》的呢？我们下一集来谈：《易经》与命运。

易经的智慧・第三集

《易经》与命运

周文王在被商纣王囚禁的狱中完成了《易经》,《易经》也被称为《周易》。文王著《易》,是因为感悟到人类社会的规律与大自然的规律有很多相通之处,但是为什么《易经》从一诞生,就被蒙上了神秘色彩,甚至成为算命的工具?穿越几千年的《易经》,都经历过哪些坎坷的遭遇呢?

第三集　《易经》与命运

有一段历史，我相信大家都很熟悉，就是商朝本来也是一个很好的朝代，但是传到商纣王的时候，我们都知道纣王的品性很差，暴虐无道，做出很多老百姓非常不喜欢的事情。所以当时的老百姓反而比较欢迎周西伯，也就是周文王（图3-1）。

周西伯很得民心，所以商纣王对他有点害怕，就假借一些理由把他抓起来关在羑里。周西伯被关的时候有两个想法，第一个想法是自己有这么宝贵的人生经验，是长时间累积的亲身体验，如果丢掉了实在是太可惜，不如利用这段时间把它整理出来，将来也许对世人有一些贡献。第二个想法是他知道纣王这个人说杀就杀，不会念及以前的情面，因此他就知道自

图3-1

己是命在旦夕。当商纣王叫人把周西伯的儿子剁成肉酱做成肉包给周西伯吃的时候，实际上他也知道这就是自己儿子的肉所包成的，但是他还是吃了，他不是很残忍，他也不忍心去吃自己儿子的肉，他是为了顾全大局，要保住性命，他没有办法马上就跟纣王对抗，所以就要忍气吞声，忍辱负重，才能完成理想。这样他就在牢里开始替《易经》写一些经文。

周西伯把自己累积起来的宝贵人生经验，透过六十四卦保存下来。六十四卦每个卦他都写有卦辞，每卦六爻，每一爻也都写有爻辞来说明，就成为最早的《易经》。因为在伏羲当年是没有文字的，那时候只有简单的符号，可以说是无字天书。所以真正写成《易经》的是周文王，他在牢里头很费苦心，一个字一个字斟酌完成的。

伏羲氏当年画卦的时候是没有文字的，所以他就有很大的空白性，让后来的人可以从各方面加以补实、说明。周文王一定是体会到了空白性的乐趣，因为他可以有很大的空间去发挥，一方面他是受到纣王的压制，很难能够畅所欲言，有一点躲躲藏藏，有一点难言之隐，有一点说不出来的苦衷；另一方面，他也替我们创造了一个空间，叫作留白性，他在字里行间留了很多可以拐弯抹角的空间。

周文王写完《易经》以后，我相信很多人想改它，因为只要能够改动它一个字就能成名了，但是怎么样也改不了。就算里面有很多地方可以这样解释也可以那样解释，搞不太清楚，大家也都非常尊重周文王，所以他的经文大部分都传下来了。

伏羲八卦图因为没有文字而被称为无字天书，后世有许多人企图用文字对八卦图进行注解，但较为完整并流传至今的，只有周文王所写的《易经》，所以我们常把《易经》也称为《周易》。那么周文王是怎样对伏羲八卦进行文字注解的呢？

周文王给每个卦一个卦名，并写卦辞来解释卦名。每个卦有六个爻，每个爻他都很费心地作出注解，写爻辞。六十四卦下来，居然完整无缝、环环相扣、没有矛盾，而且可以互补，真是非常难得。

后来，周朝推翻了商朝，文王的儿子周武王讲出一句话：人为万物之灵。就是说，人本来是动物的一种，但是既然生为人，就要觉悟，要拉开跟动物的距离。因为《易经》告诉我们，人是天地之间唯一能够帮助天地来改造这个世界的一种动物，这是我们的责任。

周武王讲这句话其实是有很重很重的使命感，因为他知道他的父亲周文王把《易经》写下来，主要是为了教化。但是在当时民智未开，而且商朝是一个非常迷信的时代，要一下子破除迷信，几乎是不可能的。因此，他先把这个《易经》的宗旨讲出来。

人为万物之灵，一直传到现在，我们都知道有这句话，只是很多人搞

第三集　《易经》与命运

不清楚这句话到底是谁说的，为什么要说。周武王在告诉后代的子孙，文王这部古经是为了教化用的，但是在商朝迷信浓厚的时候，周文王才会用卜筮的词句，用卜筮的形式来写爻辞，用吉、凶、悔、吝、无咎这些话，透过占卜来了解其中的道理。他用心良苦，就是我们后来所说的以神道设教，从而给《易经》披上一件神秘的外衣。

孔子说：民可使由之，不可使知之。其实也在讲这件事情。他说要让老百姓能够完全听懂道理，恐怕有点困难。我想在当时孔子会有教无类，会那么用心地到处去普施教化，就是看到老百姓多半知识不普及，智慧未开，要他们听懂道理相当困难，因此他才用其他的方法。孔子实施教化的一个非常普遍的方法，一直沿用到现在，叫作祭祀，拜祖宗。孔子再三地讲祭祀很重要，而且历代皇帝没有一个不祭祀，没有一个不拜祖宗的。孔子说：祭如在，祭神如神在。意思是你可以不祭，我们尊重你，你如果要祭，心中就要有神的存在。这就是儒家非常重视的那个"敬"字。

我们现在要了解中华文化，要了解《易经》，这个"敬"字非常重要。一看中华文化，就觉得落伍，该丢掉了，那你永远也学不会。一看《易经》，就说"这有什么用？那么旧的东西"，那你永远也学不会。我们要恭敬，因为这是老祖宗留下来的宝贵智慧。

其实全世界的人都很重视中国的传统文化，尤其是对孔子，都是非常恭敬的。韩国的学校门口就立着孔子的像，韩国的师生每天上学先对孔子像鞠躬，然后才进学校。其实欧洲也好、美国也好，很多人听到孔子都是竖起大拇指，赞叹了不起。我们不能因为说我们对他太熟悉了，就加以轻视，孔子告诫我们敬畏大人，敬畏圣人，不是害怕他们什么，而是要敬重他们，这样才能从中学到一些道理。《易经》很不幸地被披上了神秘的外衣，但是如果从一阴一阳之谓道来看，就会觉得我们后世人真是太幸运了。

周文王在狱中写《易经》，为了避免商纣王的迫害，很多话不好明言，只能用吉、凶、悔、吝等卜筮词语来解释自然与社会的普遍规律，结果使《易经》这部包含着中华文明大智慧的书，从一诞生起，就被蒙上了

一层神秘的色彩,但为什么又说这是一种幸运呢?

《易经》因为被当作是卜筮之书,而逃过了秦始皇焚书之祸。当年秦始皇要烧掉所有书的时候,就有人告诉他《易经》这本书不必烧,因为那是卜筮的书,是老百姓占卜用的,搞迷信的,民间使用的东西。可见《易经》用来占卜,是盛行了一长段时间。所以秦始皇一听,觉得这种书留给老百姓用也没什么关系,所以就没有烧。《易经》因为本身的神秘,所以逃过了秦火,以至于很多人由此说,《易经》真神啊,连自己有这一劫都算好了,都事先能够防备。我想这个也不必这么把它神化,因为秦始皇总要留些东西给老百姓用,他所要烧的是那些读书人读的东西,他有他的用意。

秦朝以后,汉朝兴盛,汉朝最大的问题就是把《易经》分成两部分,一个叫术数,一个叫易理,这基本上就已经违反了一阴一阳之谓道的精神。因为《易经》是讲合的,所有的分都是为了合。太极可以分两仪,但是不管两仪怎么变来变去,最后还是回归太极的状态。一个静止,一个动,动了静,静了动,这样才有变化。

我们为了研究方便,把《易经》分成易理和术数来研究,这个无可厚非,如果直截了当说术数是迷信,只有易理才是对的,我想也是有一偏之见。我认识一位学者,他一生就是主张只有易理,非常讨厌算命、看风水,他认为那些都是一派胡言。可是很不幸的,这位先生最后也是自杀了。可见,一个人完全讲道理,就少一个情字,就很少有同情心,情和理是合在一起的。完全讲理讲到最后,大家会发现很多人是过分理智,最后连自己的生活都安排不了。

只讲术数就更可怕了,那真是《易经》的大不幸。可是我们民间所流传的极少是易理的,因为易理多半在读书人手上,而读书人读了半天又不会用。而民间所流行的都是什么?算命、看风水、选日子,甚至于连姓名学也搞在里面,却搞得红红火火,很热闹。这些花样就使外行人感觉到很神秘,然后就很相信,以至于迷信。我们以前把这个叫作神通,其实世界

第三集 《易经》与命运

上没有神通这回事,神通就是推理。

民间把《易经》推广得非常流行,以至于今天一听到《易经》,所有人都觉得是算命的,就好像把易理整个撇掉了。实际上读《易经》读到最后是要明白道理的,否则周文王那番苦心,周武王那句"人为万物之灵",几乎都不见了。今天我们一讲到八卦,马上就有人想到那是笑话,是荒诞不经,没有依据,扯来扯去搞不清楚的东西,这实在是愧对祖先。人类的宝贵智慧,沦落到这个地步,只是因为当年的以神道设教吗?但是我们能怪周文王吗?当然不能,很多事情要以当时的状况来判断,而不是用现在的状况来判断。

伏羲氏根据对自然现象的观察画出了八卦,周文王发现人类社会的规律和大自然的规律是相通的,于是用六十四卦推演出世间的万物万象。但是《易经》流传到现代社会,几乎成了一个算命用的工具,那么《易经》的真正用意到底是什么呢?

《易经》是古人透过对自然现象的观察,获得一些心得和体会,进而提出的假说。其实所有的学说都是从假设开始的,今天叫虚拟,只不过古代的知识实在是不发达,所以神道设教是无可厚非的,而且是当时势在必行的东西。我们用简单一句话"抬头三尺有神明",来使得每一个人有所畏惧,知道不能太放纵自己,不能为了自己的需求而为所欲为。那是为了安全,为了纪律,为了方便,为了有效。

> 人应该有所畏惧,不能为了自己的需求,放纵自己,为所欲为。
> ——《易经》的智慧

你去旅游的时候,你听那些导游在告诉你这样那样,有很多成分还是当年神道设教所留下来的。进庙的时候,导游会告诉你,这个门槛是不能踩的,当然不能踩,因为你一踩,头就碰到上面门框了,撞个头破血流谁

负责？可是如果他告诉你不能踩，踩了会把头撞破，你一定一百个不相信，然后就踩，等到头破血流的时候你还是会埋怨他，这是人性。所以我们就说踩门槛会运气不好，大家担心自己走霉运，不敢踩，那就安全了。这也是孔子所讲的"民可使由之，不可使知之"，因为讲道理大家不听，就算听懂了也不会记得，就算记得也不会去做，用这种方式，才会引起大家注意。

不要踩门槛是为了安全，有门槛设计也是为了安全。有种说法是寺庙大门不能开，只有皇帝来才能开。我们想想看，寺庙多半是在什么地方？多半是在荒山郊野，那里最多的就是强盗，强盗突然要来，官兵根本来不及防范，和尚要靠自己抵抗，那是很难的。如果中门大开，强盗一来，怎么都挡不住，所以平时就把中门关闭了，前面有一座小桥，两边有两条河，今天叫作放生池，然后把偏门打开，只要老远听到看到有强盗，马上关偏门，来得及，安全有效又方便。

有人说看到尼姑会倒霉，这其实也是好意，就是为了保护尼姑的安全。很多人不了解，说这根本没有价值，怎么会没有价值呢？任何事情用到合理都有价值。我们想想看，尼姑要不要出来办事？要不要出来买东西？要不要出来处理一些事情？总要吧？她一出来，外面只有两种男人，一种是农夫，一种是打猎的猎人。因为一般人不会出现在尼姑庵附近。尼姑一出来，农夫和猎人这两种人的体力都比较壮，然后一看尼姑，觉得蛮漂亮的，难免起色心，那尼姑就不安全了。所以我们就说看到尼姑会倒霉，不能看。农夫一看走过一个尼姑，转过身不看；打猎的人一看是尼姑，赶快不看，尼姑就很安全了。如果朝这方面去了解，我们就不难知道，一阴一阳之谓道在我们中国社会是广为流传，而且普遍地在应用。

《易经》的真正用意，在于通过一些自然现象的规律，来了解人类社会的规律，并反省自己的处境，思考应对的方法。就像寺庙里的一些规矩，虽然看起来有些迷信的色彩，但实际上有利于人群社会的安全。那么，人的命运可不可以预测？求神拜佛能改变一个人的命运吗？

第三集 《易经》与命运

很多人动不动就要求神拜佛，这是不了解拜佛的真意，如果你一拜，佛就保佑你，那这佛算什么佛呢？佛在梵文里面，原意是教授，就是一个人悟到道理以后，就修成佛了。释迦牟尼佛本来也是人，他悟到道理以后才成为佛。这就告诉我们所有的人，只要能悟到道理，又能够认真去做，终究可以成佛。

菩萨是没有到成佛的，所以菩萨比较不能开口，不太说话的，但是像观世音菩萨，像地藏王菩萨，也都具备了成佛的条件，但他们是自己不要成佛，因为他们要救世人。成佛以后就坐在那里，让人家拜，让人家参，还不如实际行动对世人更有帮助。地藏王菩萨说："地狱不空，誓不成佛。"他知道地狱永远不会空的，但他就愿意这样，岂不是比佛还伟大？所以我们要了解，我们求神拜佛，只是提醒自己有神明在，不要胡作乱为，要好好管束自己，要好好修炼自己的品性。如果送点礼品，烧几炷香，然后拜佛，佛就庇佑你们全家，那佛就是贪官污吏，那就不是佛了。

有人跟我讲：有个人算命很灵，他说我会在一个海边安定下来，那里风光很美，我的工作很稳定，现在我果然就是这样。

我告诉他：这是你受了他心理的暗示，然后全力去配合，你全国跑来跑去，一看这地方是海边，环境不错，正好是他算准了的，所以就定居下来了。就是这么简单，你如果不配合他，他就不准，你配合他，他就很准。算命不是叫你听他的话的，你听他的话那你变成他的奴隶，他就变成你的主人了，他就可以控制你了，他就是你的主宰了，那还得了？算命是说他算算看，我听听看，如果对我有利的，我就尽量去达成，如果对我不利的，那我尽量去避免。这才是《易经》告诉我们趋吉避凶的大道理。

有一个人听人说自己有血光之灾，他就躲在家里，躺在床上，把所有窗门都关起来。结果没有想到，外面有人打弹弓，弹珠穿破玻璃，一下打到他头上的镜框，镜框掉下来正好砸到他，正好是血光之灾。然后他就说真灵，算得到，躲不过。其实有那么严重吗？我那一年，有人告诉我会有血光之灾，我就按照《易经》的道理，我就拒绝接受，我说我不要让它发生，我就很谨慎，有很多地方我一看不对劲，就不去了，结果就什么事都

没有。

我们讲诚则灵，意思就说你相信它，你就要接受它的摆布，你不相信它，你就可以防备，防备到什么地步还是看你自己。所以我们回到《易经》的人本位，这才是人类的尊严。

我们的神庙很多，动不动就求神，动不动就拜鬼，那么人的自主性跑到哪里去了？如果说求神拜佛就可以发财，就可以平安，那我们什么事也不要做了，那样人类社会还能进步吗？

人们之所以去求神拜佛，之所以去算命，就是对无常的人生难以把握，希望能提前知道自己的命运，希望有神秘的力量能够保佑自己避免灾祸，《易经》六十四卦常见吉凶之辞，所以被许多人用来占卦算命，以求趋吉避凶。那么掌握了《易经》，真的能够趋吉避凶吗？

自天佑之，吉无不利，这句话我们重复好几遍了，就是提醒我们要自己去了解天理，顺从自然，就会得到吉祥。也就是说，我们所重在人，在自己。其实《易经》就是把自然的规律转移到人事方面的伦理。所以伦理是从自然来，自然那么有秩序，是谁在管呢？如果伏羲氏当年说是神在管，那我们就产生宗教了，他没有，他说是阴阳的互动，是自然的孕育，并没有什么特殊的主宰，是两种不同的力交互作用，很自然地产生万物，不断运行。

《易经》怎么能够那么神？我们用一个神字就表示它很神奇，很神妙，很高明，就是因为它有三个特性。《易经》超越了所有神学、哲学、科学，它涵盖了那么多东西，是因为它有这三个特性。

第一个，《易经》具有模糊性。说起来真的是外国人所讲的，很好笑，它很模糊，因为就那么几个系统，就几个花样，几个符号，其他都没有，给人很大的想象空间，你怎么想它都有道理。因为它简单明了，才能够作用这么大，如果它本身就很明确，它就只能适用于某一个领域，其他领域就说不通了。它的模糊性对中国人影响很深。我们讲话经常不喜欢讲

第三集 《易经》与命运

得非常清楚,都是点到为止。大致如此,这四个字很重要,对中国人影响太大,大致如此,其他的你自己去想。为什么?因为我们知道一切都在变,如果事先都说得非常清楚,又说不能变,那一定行不通的。这就是制度化没有办法应变的最大的苦恼。这样我们才知道,小孩要出门了,中国的父母只讲一句话,小心一点,就这一句话,永远不会错的,因为我们无法预料得到未来的变化。

《易经》的模糊性,让我们怎么解释都对,但是要言之成理,而且要会通到本源上面来。只要不违背太极生两仪,一阴一阳之谓道,这个根本的道理就好了。

第二个,《易经》有很大的灵活性。周文王所写的卦爻辞,我们这样解释也对,那样解释也对。所以《易经》非常灵活,怎么讲怎么对,怎么讲怎么不对;对的里面有一些不对,不对的里面有一些对。道理是活的,《易经》是讲道理的。

这一点对中国人影响太大了,大家真的要花点心思去想一想。西方人right is right, wrong is wrong,不可能说对里有错,错里有对。因为西方是讲分的,对、错就是分开的。中国人没有,我们知道绝对对的部分太少了,圣人有时候也会犯错的,神仙打鼓有时候也会打错的;绝对错的人太少了,终归有一些道理的。所以清官难断家务事,哥哥打弟弟,谁对谁错真的搞不清楚,因为一个巴掌拍不响,能说谁对谁错呢?而且就是因为不清楚,所以我们才要慎断是非。是非要慎断,而不是明断。我们今天很喜欢用明断是非,那是很难的。

关于唯心、唯物,我们中国人是不会去争的,我们会认为两种都有道理。但西方人是要争的,有外国人问我:"你们是什么主张呢?"我跟他们讲:"我们很少在这方面去琢磨,因为这都是你们西方弄出来的学问,如果要我们讲,中国人只有一个论,叫唯道论。唯道里面有唯心,也有唯物,只是轻重不同。"

第三个,更妙的,叫作空白性。你看西方人画画,他一定全张都要涂得满满的,否则就是未完成的作品。中国人哪里有?中国人一张纸上,这

里画一只鸟,那里画一朵花,旁边点几点,就是下雨。然后盖个图章,签个名,留下很多空白。我们会不会觉得中国人这样子是偷懒?不会,我们觉得这样才有想象的空间,如果全部都布满了,那我们还想什么?那就只是看了。

一张有空白的画,西方人认为没有画完,要把它补全。我们却认为这个画家尊重看的人,所以一张国画的意境是怎么样,十个人来看,就有十种意境,这才是符合自然的。

这样,我们就慢慢更深一层地了解《易经》,以及它对我们中国人的影响。可是,这套学问在很早很早以前,民智未开,知识不普及的时候,如果这样讲,谁听得懂?所以《易经》本身的命运也是很坎坷的。这跟《易经》里面所讲的一切事物变化过程中都会不断地出现险阻、艰难,是一样的道理。艰难险阻,不是很艰难就是很危险,常常受到阻碍,这样好不好?看起来不好,实际上这样才是好的,因为这样人类才能够学习,才能够磨炼,才能够增进自己。一个人从生到死都很顺,他等于白活了,他来这一趟,就只学会了四个字:吃喝玩乐,其他什么都没有,这算什么人生?人生经过更多的磨炼,才会更成熟。《易经》本身也是经过磨炼的。

 人生经过更多的磨炼,才会变得成熟。
　　　　　　　　　——《易经》的智慧

《易经》共有六十四卦,代表着宇宙中的六十四种情境,占卦其实就是一种定位的手段,那么我们应该如何了解卦象,明白其中的道理呢?我们下一集来谈谈:破解占卦。

易经的智慧·第四集　破解占卦

《易经》作为中华文化的群经之始,一方面从哲学的角度指导着中华文明几千年的发展;另一方面,《易经》的占卜功能始终神神秘秘、隐隐约约。那么《易经》的占卜到底有多大的精准性?孔子是如何评价《易经》的占卜功能的?我们又怎样才能卜到属于自己的那一卦呢?

第四集　破解占卦

《易经》的占卜功能从它诞生的那一天起就神神秘秘、隐隐约约，如果我们在生活中遇到某个人说自己会卜卦，那么我们会不由自主地觉得这个人顿时神秘起来。作为至圣先师的孔子，因为喜欢《易经》而韦编三绝，但他却忠告世人：不占而已矣。既然占卜是《易经》的功能之一，为什么孔子又劝我们不占呢？

孔子说不要占卜，有三个含义。

第一点，不可以完全相信占卜的结果。孔子说不占，但他自己是会占卜的，而且也常常占卜，否则以他的个性，他自己不会的事情，绝不会去反对的。他会占，自己也常占卜，却还告诉大家不要占卜，这是为什么？就是在告诉我们，不可以完全相信占卜的结果。熟悉卜卦的人从一开始就知道第一爻到最后一爻这当中的变化有多少。你请人家帮你占一件事情，如果那个人占的时候就老想这次不要成功，会不会影响到你的结果？当然会影响到。而且有的人甚至会做假，倘若背后有人给他钱，收买他，操控他，明明是阳他可能跟你讲阴，那你不是更受害吗？这是第一点。

不要完全相信占卜的结果。
　　　　——《易经》的智慧

第二点，如果卜出来的结果是大凶、不利，我们还要不要做？有人说不管怎样就是要做，尽管如此，卜出来的结果还是会影响你，你会感觉到糟糕，这个做不好的，那何必卜呢？既然决定要做，就不要卜了。

第三个，占卜为什么老被人家当作迷信？就是因为它只有少数人会，

多数人一看都觉得它很玄妙,看不懂,而占卜的人往往又只能告诉我们结果,无法告诉我们道理,只是铁口直断——卦说这样就这样。这样我们根本不能从中找到应变的方式。

我们应该卜了以后作参考,该做的还是要做,但是要会从当中找到那种迂回的,能趋吉避凶,能把损害减到最小的方式去做,这才是占卜的意义。

 占卜是为了帮助我们趋吉避凶,减小损害。
——《易经》的智慧

所以,我们今天没有违反孔子的主张,并没有鼓励说样样要去占卜,绝对没有。我们只是说要自己占,自己解卦,然后每占一次,会有不同的卦出现,从而了解一个卦,认识这个卦的道理,重要的是透过占卜来理顺自己的思路。因为所有事情在中国社会,四个字讲完了:合理就好。所以只要合理就去做吧。

原来孔子会占卜,并且常常占卜,他说"不占而已矣",目的是让我们不要完全相信占卜的结果,避免失去自主性。那么我们占卜的目的究竟是什么呢?

我们卜卦是为了找到自己现在的定位。《易经》把360度的空间,分成了64个不同的情境(图4-1)。

我们今天常讲的情境,是从英文翻译过来的,叫作situation,situation就是处境,就是情境。我们现在只懂得英文,不知道中国人怎么讲,看到《易经》又不知道外国人怎么讲,所以始终互动不起来。每一个人都要明确自己处在什么状况,应该做出什么样的行为才合理,这就叫作道德修养。八八六十四卦,也就是64种情境,正好分布在360度的空间里面,可是我们怎么知道自己现在处于哪一个卦位呢?如果我们不知道自己处于哪个卦位，也就是不明白自己所处的情况到底是怎么样的，只能凭感觉而已，至于真实是不是这样，无从得知。

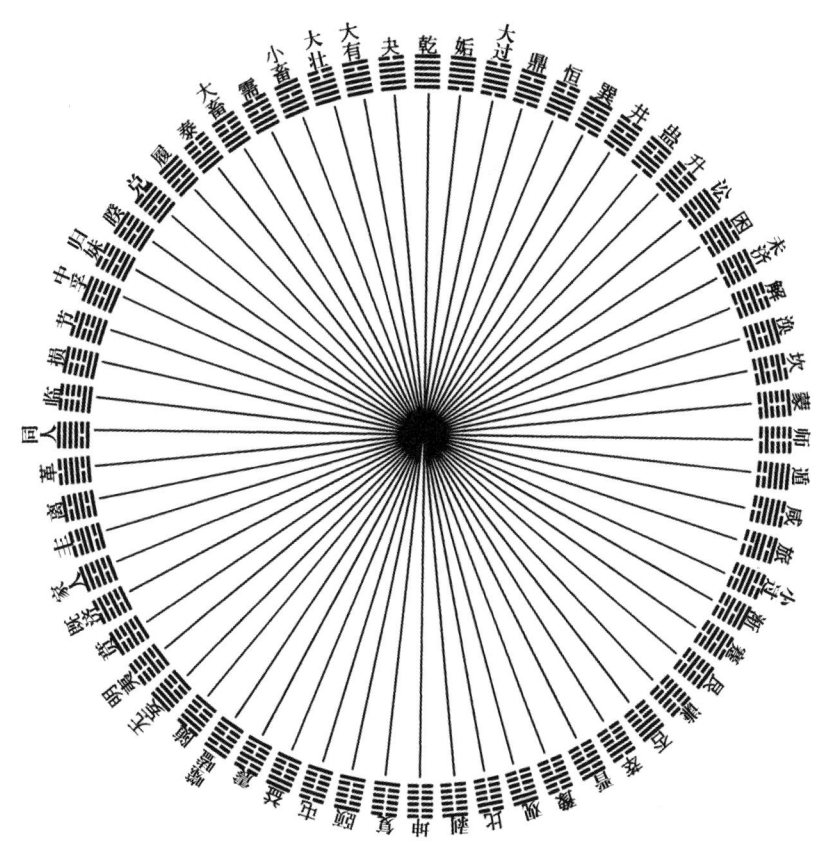

图4-1

西方人现在也讲定位，叫作position。我们就是因为没有找到自己的定位，往往处于各种各样的顾虑中：我这样说等于打人家，那人家会不会告我？我这样出去有没有市场？我这个样子以后会不会招来什么麻烦？全世界的人都知道position叫作定位，但不知道《易经》就是让我们找到定位的。

如果我们弄清楚了这一点，跟人家打官司时，我们就知道去翻《易经》，《易经》里面有一个讼卦，就是讲的打官司这种状况，从中找到要用什么智慧来化解当前的困境，这样就对了。

每一个人,都要有方法来了解自己。因为了解别人很容易,了解自己很难。知人已经够难了,知己是加倍地不容易。我们看别人的时候都是清清楚楚,讲得头头是道,因为旁观者清,可是自己的事情经常是迷迷糊糊,叫作当局者迷。当局者为什么会迷呢?因为我们真的看不清楚自己。为什么会看不清楚自己呢?因为眼睛是向外长的。所以我们现在很聪明,把自己的处境悬挂起来,放在前面,当作一面镜子,这就叫作卦。把自己的状况,自己的处境,自己现在的一切一切用卦悬挂在眼前,我们就变成旁观者清,就知道该怎么样去因应,该怎么样去处理。这样对每个人都是很有利的。

原来占卜就是把自己所处的情境悬挂起来,放在面前当作一面镜子,看镜子里的自己就像看别人的事一样,就能做到旁观者清。但是《易经》总共只有六十四个卦,不同的人占卜肯定会得到不同的卦,这种结果怎么能对于某一个具体的人都适用呢?

算卦准不准?老实讲,一件事情十个人来算,会算出不同的卦,甚至会算出十个不同的卦,就表示虽然每个算卦的人用的工具一样,所查的书是同一本《易经》,里面的内容完全相同,但是每个人的品德修养不一样,占出来的卦也就不同。

以前如果好久不下雨,干旱了,老百姓穷苦,大臣就会建议皇上去求雨。如果你是皇帝,当你的大臣请你亲自去求雨,你会感觉怎么样?你会感觉很慌张,很惶恐。因为你整个的声誉就看这一次了,万一求不到雨怎么办?求不到雨,天下人就知道你这个皇上品德有问题,不然为什么人家来求能求得到,你求却求不到。所以,皇帝在求雨前都要吃斋,要沐浴,要规规矩矩,什么事情都不敢乱想,要诚诚恳恳去求。

中国人为什么这样想?就是我们从《易经》得到的启发:人的德性可以感动天地。我想这句话信不信也是个人自己去选择的。你如果说没有这回事,那我们也没有话讲。但是那又如何解释同样去求雨,有人去求就下

第四集　破解占卦

大雨，有人去求就下小雨，而有人去求就没有雨呢？

所以，不是随便什么人都可以去求雨的。而求到雨以后，我们要好好去反省自己——就算求到雨了，也不能太高兴，而是要更加爱惜——好不容易老天看上我，我以后更要修养自己，不然下次又求不到了。如果求到小雨，我回去最起码要检讨三天，想想这是怎么回事，问题出在哪里，然后去补救，有什么不对的去改善。

历史告诉我们，一个人运气好或运气坏，其实决定于个人的品性。各位常听到一句话叫作邪不敌正，邪不胜正，只要一个人的品性好，心正，那个邪入侵不了的，这个就叫作正气，浩然之气。如果一个人要去打仗，还没有打就先想：糟糕了，我这一次去可能活不了了，结果大概也就是死了，因为他那个气一开始就不壮，看到敌人就怕，然后就想逃，那还打什么？浩然之气，不是说我比他行，而是正义在我这边，所以我一定打得胜，这样才对。是不是武艺高强的一定打得赢？不见得；是不是配备好的人做出来的产品一定好？不见得；是不是吃了好的药病一定好？不见得，同样一个医生，同样一服药，有人吃好了，有人吃坏了。

我们中国人讲：先生才，病人福。先生就是指医生，医生的才干是很重要的。但是，病人福，病人有没有那个福气更重要。同样的病，能不能治好，是病人在决定，不是医生。当然，如果找了坏医生那就是自己找麻烦了。如果找到好医生，我们还要想想自己大概做了些什么坏事，调整一下，然后药吃了才会有用。这跟迷信一点关系都没有。道德是最高的信仰，不是随便说说的，我们今天就是太忽略了这一点，只重视客观的东西，其实主客观是互动的。《易经》除了明象位以外，还提供给我们一个很好的资讯，叫作建立自己的品德。

原来占卜还和每个人的品德修养有很大的关系，怪不得面对同一件事，不同的人占卜就会有不同的结果。那么神秘的占卜究竟有哪些基本的概念呢？

　　我们现在从西方学了很多，其中有一样叫作游戏，动不动就说我们来玩一个什么游戏。实际上，占卦也是一种游戏，这个游戏的名称就叫作由一、二、三、四推出六、七、八、九，听起来蛮有趣的，做起来也很简单。我们先来看一个铜板，它有两个面，我们假设一面为正面，一面为反面，随便假设哪一面是正面，哪一面是反面都可以，就是一阴一阳。一个铜板有正反两面，现在我们用三个铜板，同时转动起来，然后就可能会出现四种结果，而且只有四种。

　　一个铜板是一，有正反两面是二，三个铜板是三，四种结果是四，所以一、二、三、四就出来了。

　　我们假定一个铜板的正面代表三，反面代表二，那么三个铜板转动后出现的四种结果是什么？三个都是正面的，就是3+3+3=9；两个是正面，一个是反面的，就是3+3+2=8；一个是正面的，两个是反面的，就是3+2+2=7；三个都是反面的，就是2+2+2=6。所以只有六、七、八、九这四种变化结果。简而言之，一个铜板，每个铜板有两面，三个铜板一起转，然后就转出四种不同的结果，四种不同的结果就是六、七、八、九。

　　在《易经》里面，阴阳有老少的分别，我们把六叫作老阴（☷），把七叫作少阳（☲），把八叫作少阴（☵），把九叫作老阳（☰）。阳，由少阳慢慢长大，到了老阳才能变阴，因为阳极才能变阴，而刚出来的阴叫作少阴，少阴再成熟了以后变老阴，老阴再一变就成少阳。

　　阴极成阳，阳极生阴，阴阳是会变化的，这个我们从一天的过程可以看得出来。早上太阳刚出来，我们叫它初阳，初阳其实就是少阳；到了中午，太阳很烈，就叫老阳；到了黄昏，阳气就慢慢减弱了，地下也慢慢凉快起来，那就叫少阴；到了半夜很冷，要盖被子，那就叫作老阴；然后天亮又到少阳，中午老阳，黄昏少阴，半夜老阴，这是一个循环。

　　我们现在用数字来代表，半夜是六，清晨是七，中午是九，黄昏是八。我们发现它不是按照六、七、八、九的顺序，而是按照六、七，可是下面是九跟八，这是因为从少阳到老阳是从七到九，而阴很奇怪，阴是收缩的，所以从少阴到老阴是由八到六。由此可见，阴阳变化规律就是阴从八慢慢缩到六，阳从七慢慢放大到九（图4-2）。所以，我们常讲的一句话叫作七上八下，就是从这里来的。

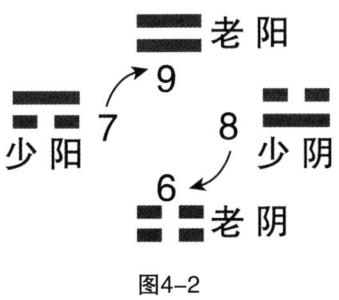

图4-2

为什么用六跟九来代表阴跟阳，而不说七跟八呢？这个在《易经》里面其实是很清楚的。阳九阴六是《易经》很固定的一个代号，六十四卦中凡是阳爻我们都称它为九，凡是阴爻，我们都叫它为六。

为什么阴用六，阳用九？

一种说法是八个经卦里面有一个纯阴卦，就是坤卦，它的卦象就是三条断掉的直线，加起来一共就是六段，所以阴称为六（图4-3）。而纯阳卦乾卦的卦象是三条连续的直线，照理说阳应该用三表示，怎么用九呢？我们都知道，阳统阴，说到天的时候，绝不能忘记地，因为只有天没有地，天是没有作用的，所以阳不能离开阴。阳的三画再加上看不见的阴的六画，三加六就是九，所以阳称为九（图4-4）。

图4-3　　　　　图4-4

还有另外一种说法，我们表示一、二、三、四、五这几个数的时候通常都用手指，一只手一共有五个手指，超过五后，六、七、八、九、十怎

43

么办？那就只有拿另外一只手的指头来凑数了。所以，一、二、三、四、五叫作生数，六、七、八、九、十叫作成数，成数就是凑合起来而成的数。

一、二、三、四、五，按以前人的写法是分不太开的，以前的一就画一条横，二就画两条横，三就画三条横，四就画四条横，只有五稍微有一点变化（图4-5）。这样一来，一、二还好，三、四比较难区分，所以我们就用成数六、七、八、九来代表阴阳。这四个数里面，六跟八是偶数，偶数就是阴，七跟九是奇数，奇数就是阳。

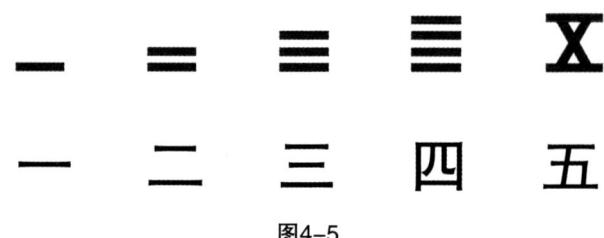

图4-5

六跟八哪个大？从阴的特性来讲，阴是收缩的，所以八比六小；阳是扩张的，所以九比七大，这是因为它们的性能不一样。

从现在开始，我们一定要了解，《易经》的性质是要看当时当地的状况决定应该有什么表现，而不是说全部一个样，凡是扩张的就是好，凡是收缩的就不好。该收缩的时候一定要收缩，该扩张的时候一定要扩张，才叫作适合，才叫作适宜，才叫作应变得宜。

数是随时空而变化的，是不一定的，所以我们说数是活的。现在我们把它变成数学，就成死的了，数学家曾经是雄心万丈，想要用几个简单的公式就把世界上一切一切都拉进去，但是做不到，就是因为数学太僵化了，没有弹性，而宇宙所有的事情都是有弹性的。你看有没有哪两棵树是完全一样的？狗有没有哪两只是完全一样的？宇宙万物只能很近似，只能差不多，只能大致如此，要百分之百一样是不可能的。

少阳、少阴、老阳、老阴，这些平时极其生疏神秘的词汇在曾仕强教

第四集 破解占卦

授的讲述中竟是如此的简单明了,仅仅用六、七、八、九四个数字就清晰地代表了。那么每一个卦究竟由几个"六、七、八、九"构成呢?这些"六、七、八、九"又反映了《易经》对我们日常生活的哪些影响呢?

我们用时、位、性质这三样东西来代表每一爻,时就是时间,位就是空间,性质就是阴跟阳的不同。大家可以随便拿一个卦来,我们可以看到里面有初六或者初九,六二或者九二,六三或者九三,六四或者九四,上六或者上九等数字,有些人搞不清楚,不知道这些数字是干什么,好像很神秘。

其实这并不神秘:从第一爻到第六爻都有各自的"时",即初、二、三、四、五、末(图4-6),也都有各自的位,就是下、二、三、四、五、上(图4-7),而每一爻的性质则不是阴就是阳,也就是六或者九(图4-8)。《易经》每一爻都用两个方面来代表三方面,用二代表三,这是《易经》的智慧。

图4-6　　　　　图4-7　　　　　图4-8

比如泰卦(图4-9),泰卦第一爻,位置是下,时间是初,性质是阳,标记为初九;第二爻,位置是二,时间是二,性质是阳,所以叫作九二;九三,表示位置是三,时间是三,性质是阳。这样由下而上,就形成了一个下卦。由下而上,先说下卦,然后才说上卦,这是《易经》一个不变的规律。接下来的三爻就是上卦,第四爻位置是四,时间是四,性质是阴,所以是六四;六五,表示位置是五,时间是五,性质是阴;第六爻,位置是上,时间是末,性质是阴,叫作上六,这三个阴爻构成了泰卦的上卦。

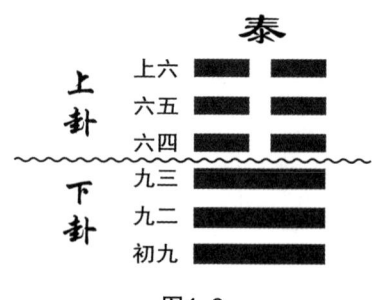

图4-9

《易经》一翻开来就是乾坤两卦。乾卦六爻怎么表示？它一定是从初九开始，然后九二、九三、九四、九五、上九，因为它从底下往上的每一爻都是连续的不中断的直线，都是阳爻。初九，初代表时，九代表性质是阳爻；九二，九代表阳爻，二代表它的次序，它的位置，它所占的空间。上九，上代表位置，九代表阳爻（图4-10）。

图4-10

那大家一定会问，为什么初九要把初摆在前面，而不叫九初呢？那为什么第一爻要用时间和性质，而不用"位"来表示呢？为什么九二、九三、六四、六五却要把九或六摆在前面，为什么不叫二九或四六呢？我想这个也是很容易了解的——任何事情刚开始的时候，时比较重要，空间比较不重要，而性质则是从头到尾都比较重要的。

一个小孩生下来，我们二话不说，赶快记下几点几分，那个生辰非常重要。一个人死了，没有人说赶快记下来几点几分死的，否则人家会觉得

第四集　破解占卦

这人太没有感情了，这时候死了一个人比较重要，几点几分算什么？

为什么生的时候我们很重视时，死的时候不重视时？因为死的时候我们比较重视这个人这一辈子的成就是什么，他的地位是什么。是"死了一个好人"，还是"这个坏人终于死了"——这才是我们的感觉。至于几点几分死的，就没有那么重要了。

一个商店要开张也是一样的，开张要算日子，要选好日子，要放鞭炮，图个吉利。公司倒闭要不要这样？公司倒闭也请人算一个日子，那不是神经病吗？从这些事就可以知道，我们受《易经》的影响实在是太大，因为它非常有道理。任何事情刚开始的时候，"时"很重要，有没有好的时机很关键，至于占有多大的空间无所谓，只要有立锥之地，就能慢慢地去扩展，以至稳当经营。这个将来我们讲到《易经》第三卦屯卦的时候，会讲得非常清楚。一开始就要做强做大，那是违反道理的，先占好地盘，先站稳自己的两只脚，然后增强实力，再去扩大市场，这才是正确的。

七和九代表阳，六和八代表阴，《易经》的每个卦由六个不同性质的爻组成，这些《易经》的基本概念我们都已经了解了，那么，怎样才可以卜到相应的卦呢？

我们现在拿三个铜板，每转一次可以得到一组数字，加起来不是六就是七，或者八，或者九。每转出来一组数字，就得到一个爻，这个爻可能是阴也可能是阳，如果是六或者八，那就是阴；如果是七或者九，那就是阳，然后由下而上把它记载下来。

我们先来假设一下，我转了六次，它的数字从第一次到第六次，由下往上，分别是九、七、九、八、八、六，那我们就可以画出这个卦的卦象：九，阳爻；七，阳爻；九，阳爻；八，阴爻；八，阴爻；六，阴爻，这就成了一个六画卦，到《易经》里去查这个卦，就知道这个卦象是《易经》的第十一卦，叫作泰卦（图4-11）。所以卜卦非常简单，三个硬币一组，转动六次，每次一爻，积爻成卦，由下而上，把六个爻看成一个整体

就得到了一卦。

当然,每次转出来的结果可能都不一样,如果三个铜板转出来的结果是八、六、六、九、七、七,我们就能画出这个卦象:八、六、六,三个都是阴爻,九、七、七三个都是阳爻,这个卦是《易经》的第十二卦叫作否卦(图4-12)。跟刚才的泰卦刚好是上下颠倒过来的,一个是地天泰,一个是天地否。

图4-11　　　　　　　　　　　　图4-12

这个方法学会以后,我们随时可以卜出一个卦来。

曾仕强教授并不主张我们背诵六十四卦,因为《易经》作为一部人生的宝典,就像《新华字典》一样是用来备查的,否则背错了岂不更麻烦?了解了卜卦的基本技巧,我们每次卜到一个卦就去查找相应的卦辞和爻辞,去解决心中的疑惑,学习践行其中的人生道理,这不正是《易经》给我们的真正智慧吗?

有了这些基础,我们就可以开始一卦一卦地分析它到底在讲什么道理。一般人都认为乾卦是《易经》的第一卦,其实我们应该把乾卦跟坤卦合在一起看,因为天不能离开地,地不能离开天。但是还得有个次序,所以把乾摆在第一卦,把坤摆在第二卦,但这样并不是说哪个重要,哪个不重要的意思,两者都很重要。所以,我们下一集要从乾坤并列开始研究,有天有地,人才会活得好。

易经的智慧·第五集 乾坤易之门

伏羲氏一画开天，代表开天辟地，之后万物始生，而人为万物之灵。中华民族的智慧先人仰观俯察，又自然推演人事，创造了天地之学——《易经》，阐释天人合一的生存之道，福泽子孙。圣人孔子曾说："乾知大始，坤作成物。"天地是宇宙的基础，而《易经》中的乾坤两卦也是开天辟地的两扇大门。那么，在《易经》之中究竟有着怎样玄妙的乾坤之学？借助乾坤两卦，我们又能洞悉怎样的人生之道呢？

第五集　乾坤易之门

我们一翻开《易经》，就看到前面两个卦，一个叫乾卦（图5-1），六个爻都是阳的，由下往上六爻的代号是：初九、九二、九三、九四、九五、上九。另一个叫坤卦（图5-2），当乾卦的六个阳爻，一下子统统变成阴爻，就是坤卦。坤卦的代号，马上由初九变初六，九二变六二，九三变六三，九四变六四，九五变六五，上九也变成上六。

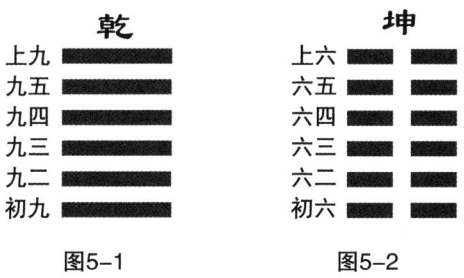

图5-1　　　　图5-2

像乾坤两卦这样，六个爻阴阳都完全相反的两个卦，在《易经》里面叫作错卦。乾坤两卦彼此互错，是六条阳爻全部变成六条阴爻，这种现象只有一种（图5-3）。还有一些卦是有的阳爻变阴爻，有的阴爻变阳爻，然后将两个卦排在一起的时候，我们可以看出它们是相错的。

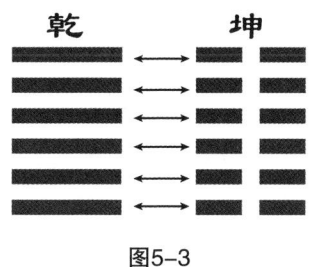

图5-3

乾坤是同时出现的，我们把这个叫作开天辟地，有了天就一定有地，有了地我们才看得到天。现代的科学认为地球本来是一团能量，天地不分，就是我们所讲的混沌、无极，后来经过一次大爆炸，我们用"爆炸"这两个字实在不足以形容当时的状况，因为在我们的脑海里面，爆炸就是"砰"的一声，但当时的爆炸是同时的，而且是非常剧烈的，空前绝后的一次大爆炸，科学家给它一个专有名称叫作大霹雳，英文叫作Big bang。大爆炸之后，万物就开始出现了。

开天辟地有两种力量，一种叫作创造，一种叫作演化，演化要根据创造做充分的配合。所以，我们就用乾卦来代表创造的那股力量，而用坤卦来代表帮助创造的力量落实、适应，并不断地演化的那一股力量。这就是我们常常讲的乾坤配，它可以应用到很多地方。

中国人讲无三不成礼，因此我们可以说六十四卦只有三类，一类就是纯阳，就叫乾卦；一类是纯阴，就叫坤卦；另外一类是有阴有阳，就是其他六十二卦。我们可以了解到，就数量来讲，乾只有一卦，坤只有一卦，有阴有阳的乾坤配会产生六十二卦；可是，就值来讲，这三类各占三分之一，可见乾坤两卦就占了三分之二。所以，我们才会讲乾坤易之门，把乾坤称作易学门户。而易学的门实在太大了，所以有两扇，一扇叫乾，一扇叫坤，两扇大门同时打开，里面六十二卦全部呈现，清清楚楚，那就是宇宙万象。

《易经》六十四卦看起来复杂难辨，其实很简单，乾坤门户内的六十二卦就是不同的乾坤配，也就是乾坤之间的六十二种变化和组合。所以，要参透《易经》，首先就要弄懂代表易之门户的乾卦和坤卦。六十四卦是八卦重叠组合而成，所以曾仕强教授告诉我们，六十四卦就是八卦，八卦就是六十四卦，所以要打开乾坤之门，我们还要从八个经卦入手。那么八个经卦中，代表天地的乾坤两卦，与巽、离、兑、震、坎、艮六卦又有着怎样的关系呢？

第五集　乾坤易之门

所有人类当中，家庭观念最浓厚的就是我们中华民族，中国人为什么特别重视家庭？因为《易经》告诉我们，八卦是一个大家庭，其中乾卦是父亲，坤卦是母亲，凡是跟乾卦有关的巽卦、离卦、兑卦都是女儿，凡是跟坤卦有关的震卦、坎卦、艮卦反而都是儿子（图5-4）。

图5-4

可能有人会觉得很奇怪，其实这没有什么奇怪的，我们去看现实好了，儿子多半长得像妈妈，女儿多半长得像爸爸。如果女儿像妈妈，儿子像爸爸，那男女就分成两种：一种越来越男性化，叫作男人类；一种越来越女性化，就叫女人类。所以乾坤所产生的六十二卦都是有阴有阳，阴阳交错的。

乾卦三爻，都是阳刚的，从最底下往上，叫作下、中、上，当乾卦的最底下那一爻变成阴爻的时候，它就是巽卦，就是风，就代表长女。

一个家庭如果先生女儿的话，这个家庭会有一个好处，就是大家比较和顺。因为女儿很可爱，父母很喜欢她，大家都喜欢她，她就带来了和顺的气氛。所以，一个家庭如果只生一个小孩的话，那男孩跟女孩是一样好，如果生两个以上的，那大家都比较喜欢老大是女儿。

乾卦三个阳爻当中一爻变成阴爻就叫中女，就是第二个女儿，它是离卦，离卦会带来很美丽的景象。老大出生了叫千金，老二出生了，又来了一个仙女了，她会让一个小家庭有三个漂亮的女性：妈妈、长女、二女。可这离卦也给我们带来了一些问题，就是家里面开始闹意见了。

等到第三个女儿出现,就是乾卦的最上面那一爻,变阴爻了,就是少女,我们就把它叫作兑卦。兑卦就是说你不要不高兴,你要很喜悦的,多一个女儿有什么关系呢?实际上各位就知道,这时候已经有很多的问题在心里头了。我就看到一个人,他非要生一个儿子不可,一连生了五个女儿,他心想第六个该是儿子了吧,生了第六个,还是女儿,大家就安慰他了,也不错啊,六仙女,他一想六仙女以后该来个儿子吧,再生一个,七仙女。我们是不赞成有这种男女不一样的感觉的。

孔子说:"生生之谓易。"阴阳的互动变化,生出了万事万物,《易经》中各爻的阴阳变化来自于自然规律,也蕴含着生动而经典的道理。既然乾卦因为三条阳爻的改变,而生出了三个不同含义的卦象,代表了家庭中的三个女儿,那么,坤卦因为阴爻的改变,又会衍生出怎样生动的意蕴呢?

在中国社会里面,一个家庭总觉得如果有一个儿子,会带来一番震动。坤卦三条阴爻中,最底下那一爻变成阳的,就是震卦,就是长男。所以,如果一个人姓王,名字叫王震,我们就知道他是排行老大的儿子,否则不会叫这个名字的,名字单字叫震的,比如李震,孔震,程震,都是长子。长子的出生往往会给家里带来一番震动——总算有传人了,总算祖宗有人祭祀了。所以,不要把它想到重男轻女上面,女儿有女儿的好处,她会带来很多的和顺之气,女儿从小还会帮忙家事;而儿子就要发奋努力,就要有一番表现,因为所有的希望都在他身上,怎么能不震动?

坤卦的中爻由阴变阳,就是中子,它是坎卦。为什么是坎卦呢?我们都知道,老二跟老大,意见经常不相同,老二对老大是不服气的,而老大对老二也是诸多不满意。越有钱有势的家庭,长子跟二子,越是始终处不好。一个来的时候带来一番震动,一个来的时候就告诉大家要家和,否则家里不和,兄弟阋墙,将来是麻烦的。

幼子是什么?就是坤卦的最上面那一爻从阴变阳,叫艮卦。艮卦有好

第五集　乾坤易之门

几个意思：一个是说，一个家庭有三个男的，就够了，不要再生了，人口够多了；第二个就是说，如果现在要停止，这个家庭就要做一番规划，看看怎么样使它变成一个团体，而不是一个阻碍。可见，一个小小的变动，对我们中国人的影响实在是很大的。

作为《易经》的两扇门户，乾卦和坤卦，在其一开一关之中，衍生出六十二种卦象，如同天地交合、阴阳互迭，生出了万物。而就是在如此微妙的阴阳变化中，却蕴藏着亘古不变的大道理。那么，从乾坤两卦的变化中，先人阐释了怎样的永恒之道？我们又该如何顺天地之律而行呢？

乾坤互错，这种非常激烈的六爻全部发生变化的现象，在《易经》里面是很少见的，这就告诉我们：人世间的事情变毕竟是少数，不变的还是多数，否则天天变，样样变，人人变，我们是吃不消的。

这句话对于很喜欢求新求变的现代人，是应该好好去思考思考的。《易经》三画卦，代表天、人、地三才。那六画卦呢？一阴一阳之谓道，我们就知道，天有阴阳，人有阴阳，地也有阴阳。所以，我们把最下面的两爻叫作地道，当中的两爻叫作人道，最上边的两爻叫作天道，天道是讲阴阳的，人道是讲仁义的，地道是讲刚柔的（图5-5）。

图5-5

大家可以仔细去看一看，地道的刚柔，"刚"是在第一爻，"柔"是在第二爻，这是因为地表层是比较柔的，我们用锄头就可以挖动它，而越往下越硬，否则如果上面硬，下面越来越软，那太危险了，盖高楼一下就

垮掉了，我们盖高楼的时候，地基要打得很深才能够牢固，所以地道的初爻是刚的，第二爻才是柔的。

那人道呢？人是先讲义还是先讲仁？人要以义作基础，讲话合理，做事情合理，言行都合理就是合义。合乎义的要求，才能够证明人的心是有仁慈的，有仁爱的。

言行合理就是合义，人要以义做基础，才能有仁爱。
——《易经》的智慧

天道讲阴阳，最上面那个爻是阴，而第二爻是阳。中国人只讲阴阳，从来没有人讲阳阴，这是什么道理？因为阴气是往下走的，你看我们冷气机多半挂在上面，冷气才会往下吹，否则如果冷气机放在地上，那冷气就只往地面钻了，上面还是热的。而热气是往上扬的。所以，阴往下，阳往上，阴阳才能交流。

人的头只有一个，是奇数，所以它是阳。人的脚有两只，是偶数，所以它是阴。但是，虽然头是阳，它的气要阴一点，就是头脑要冷静一点，不要太热了。而脚需要热，这个人才是健康的。这也是一阴一阳之谓道。

世间万物皆为阴阳，这是万事万物的根本规律。对于我们人类来说，更应该懂得自身生存的阴阳之道。孔子说："易与天地准，故能弥纶天地之道。"是说《周易》的阴阳之道是天地之理，掌握了这个道理就掌握了天下的根本规律。那么，在现实生活中，我们如何才能做到顺应规律而行？又如何对待多变的种种状况呢？

我们可以把一个重卦，也就是六画卦分成两段，因为它本来就分两段。任何一个重卦都是把两个单卦重叠在一起的，才由三画卦变成了六画卦。下卦是代表物质的，上卦是代表能量的（图5-6）。因此我们可以看出一个人，上半身是能量，下半身是物质。

第五集 乾坤易之门

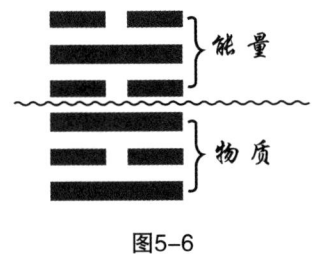

图5-6

卦有六个爻，就代表六个位置，在一个时间段里面，我们把它分成六个阶段，给它六个不同的位阶，每个位阶就叫一个爻。一、三、五这三个爻，是奇数，阳的比较好，才叫当位。所以，我们去看卦，发现凡是第一爻是九，叫初九，第三爻是九，叫九三，第五爻叫九五，它的爻辞都比较让人放心。二、四、上，上就是六，这三个爻它是阴位，阴位如果用阳爻来居就叫不当位（图5-7）。

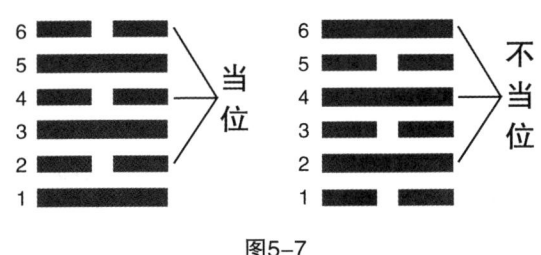

图5-7

我们说得更清楚一点，一、三、五爻的位置上，如果是阳爻就属于当位，如果是阴爻就属于不当位。二、四、六爻的位置上，如果是阴爻就叫当位，如果是阳爻就叫不当位。

现在我们就清楚了，六十四卦里面，六个爻全部当位的只有一个卦，叫既济卦（图5-8）。既济卦是《易经》里面的第六十三卦，它是初九当位，六二当位，九三当位，六四当位，九五当位，上六也当位，六个爻都当位，叫事情完成了——既济。也有一个卦是完全不当位的，就是《易经》的最后一卦，叫未济卦（图5-9）。未济就是还没有完成的意思。未济卦第一爻，本来应该是阳的，它阴；第二爻本来应该是阴的，它阳；第三爻本来应该是阳的，它阴；第四爻本来应该是阴的，它偏阳；第五爻是阴居阳位；上位应该是阴，它出现阳爻。没有一爻当位，所以叫未济。

图5-8　　　　　　　　　　　　　图5-9

我们再回头看乾卦，虽然乾卦是《易经》中的第一卦，但是乾卦从头到尾都是阳刚，我们马上就知道有三个爻是不当位，只有三个爻是当位的（图5-10）。不当位就是那个位置跟身份是不配合的，跟性质也是不配合的。一个人有能力去做一件事，做得好就表示是当位的；一个人没有那个能力，又占着那个位置，当然做不好，就是不当位。

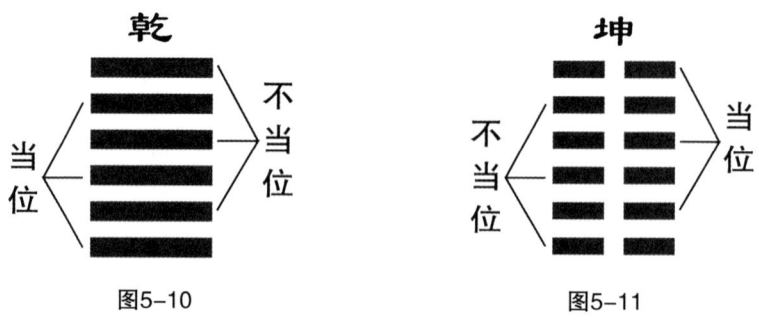

图5-10　　　　　　　　　　　　　图5-11

坤卦也有三爻不当位（图5-11），如果乾卦、坤卦都当位，那它们都安安静静，都各做各的事情，就不会产生交错了。所以读到这里大家应该很清楚，《易经》里面是没有好坏的，好会变坏，坏会变好，也就是说好就是坏，坏就是好，因为好的里面也有很多坏的因素随时会产生，坏的里面它也有很多好的因素，随时会翻过来，然后把所有坏的成分统统取代掉，就变好了。像这种话，要非常小心的解释，否则就变成没有是非了。

一个人的新陈代谢，就好像卦的变化一样。每七天细胞大部分都改变

第五集 乾坤易之门

了。所以,我们随时可以做一个新的人。《易经》给我们的启示就是,我们不要只看眼前,要知道未来的变化。就算我们现在的状况不是很好,这已经是既定的了,那我们抱怨也没有用,要想办法让它转好,才是要紧的。

不要只看眼前,要知道未来的变化。
——《易经》的智慧

小小的卦爻象数,包罗万象,蕴含乾坤。《易经》的智慧,存于天地之间,深藏在六条卦爻的阴阳变化之中。自下而上,依次排列的六条卦爻,或阴或阳,其中却蕴含着独特的意义和微妙的关系。那么,六条卦爻分别代表着什么?我们又能从中参透怎样的是非道理呢?

每一个卦有六个爻,就是在一个时间段里面,我们给它六个位阶,表示不同阶段的变化。我们先说六十四卦爻通例,这个对每个卦都是通用的。

初爻跟上爻对起来,叫做有始有终,一句话,初难知,上易知。第一爻它到底代表什么,很难清楚,因为事情刚刚开始,谁也看不清楚将来会有什么变化。可是上易知,因为发展到最后一个阶段,种种形态都已经很显著了,而且大家都看得很清楚,当然就很容易了解了。对于年轻的小孩子,我们不要一眼断定他没有用,因为他还有发展的空间,而且往往小时了了,大未必佳,反而小时候没有什么作为的,后来越来越行,可见它是会变化的。

第二爻跟第五爻,又是相对的。二多誉,五多功。大家有没有发现,我们中国人一开会就讲这件事情是由于上级领导的指示很明确,领导有方,我们才能够做得这么好,就是我们很习惯于把所有的功劳都归于上级领导。中国人是不会去跟上级领导抢功劳的,因为抢也抢不过,一个人要抢领导的功劳,那他一定倒霉,我们只能是把功劳都做给领导,然后得到一些赞美。

一个老板会很放心地去赞美工地主任,或者是生产线的一些老领班,他大概不会轻易去赞美一个经理,一个科长。我们在这里是要提醒大家,

我们现在最大的问题就是我们的是非标准已经错乱掉了，我们把对的看成错的，一直骂，一直笑，我们把错的反而看成是对的，这是非常糟糕的。你看今天只要有一个人站起来说，这件事情承蒙上级领导的指示，大家就笑他拍马屁。哪有什么拍马屁呢？没有上级领导，我们有天大的本领也是无用武之地的。我们要把功劳给领导，让领导知道"我心中有你"，领导感觉到了下属心中有自己，就会放心地赞美下属。如果下属认为这件事情是自己的能力，自己的本事，自己所花的心思所出的成果，那领导就心想：我下次不给你做，我这次也不会赞美你表扬你。这样的案例大家随处可见。

三跟四是最麻烦的，三多凶，四多惧。三，它是不上不下的；四也是，四虽然是上卦，但它跟下卦很接近。三要小心，因为从下卦来讲，三已经发展到一个卦的最顶端了，要提防物极必反，防止很快产生大的变化。而四呢，是上卦的刚开始，此时根本不知道这个变能不能变得很顺利。

初难知，二多誉，三多凶，四多惧，五多功，上易知（图5-12）。我们把这个去对照乾卦、坤卦或者其他的六十二卦的爻辞，八九不离十。但是，还要记住一句话：一定有例外，《易经》如果没有例外就不叫《易经》了。所以，现在很多人说"就是这样"，"一定是这样"，铁口直断，是违反了《易经》的精神的。

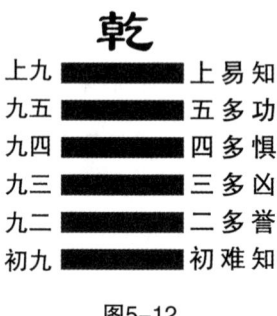

图5-12

乾卦是《易经》的第一卦，我们把它叫作天下第一卦，它里面有太多的东西非常普遍地影响到今天的中国人，所以我们要把它的六爻好好来分析一下，我们下一集来谈：乾卦六龙。

易经的智慧·第六集　乾坤六龙

自古以来，龙作为中华民族的象征，被中国人所尊崇，中国人也将自己称作龙的传人。在被尊为"群经之首，诸子百家之源"的《易经》中，首卦便是以龙为代表的乾卦：乾卦以六条阳爻为象，表示宇宙的广阔和层出不穷。那么，我们中华民族为什么将自己称作龙的传人？而《易经》首卦的六条阳爻之龙又暗含着怎样的人生道理呢？

第六集　乾坤六龙

我们中国人为什么把自己叫作龙的传人？特别是当我们跟西方人交流得多了以后，我们更是充满了疑惑，因为欧美人对龙的观感是不好的，多半认为龙是很邪恶的。但是我们任何地方都要把龙的形象显示出来，甚至于把自己的子女都当作龙子龙女来看待。中国人如此喜欢龙，是因为我们知道龙最起码有三个特性：第一个，变化多端，龙是最会变化的，一会儿这样，一会儿那样，任何一种动物都没有它那么多变化；第二个，它很难缠，人掌握不住它；第三个，它显得神通广大，什么样的困难都难不倒它。

龙的这三个特性让我们有了两种思考：第一种就是说既然龙这么神通广大，这么难缠，这么变化多端，我们如果跟它敌对，就会一辈子痛苦，因为我们斗不过它，倒不如抱着龙，跟它合为一体，然后借力使力，随着它翻转，反而比较方便也比较安全。

第二种就是我们对龙很羡慕。我们都知道人生要面临很多很多的困苦、艰难、阻碍，如果我们像龙一样那该有多好。龙是地上能活，空中能飞，当中也可以安顿自己。而中国人最希望的就是自己能够像龙一样的神通广大，随时应变，无所不通。因此我们就把乾卦这个具有充分创造力的能量，用六个阳爻的卦来加以模拟。

乾卦的大象是：**天行健，君子以自强不息**。天空最主要就是云行雨施。天空空无所有，所以叫天空，如果天上有物质，就会掉下来。但是，天上有云有雨，云雨要动，也就是说天要运行，否则空气不流通，天气凝固，草木也很难生长。所以，天空中的云要行，雨要施，所以叫作天行。健不只是刚而已，还要持久，才叫健。一个人很刚，很容易被折断的，因此持久地运行才叫作天行健。我们看到太阳持久地、不停地东升西落，空气不停地流动，有时候有云，有时候有雾，有时候下雨，从来没有停止过。我们就觉悟到，要做一个君子，就应该向天学习自强不息的精神。

天在中国人的心中有着至高无上的位置，《易经》中的乾卦，正是寓意着宇宙自然万物统领于天，体现天的意志。那么，乾卦的六条阳爻究竟都寓意着怎样的含义？自下而上，乾卦的初爻，又是什么意思呢？

我们看到乾卦有六条连续不断的直线，都是阳爻，我们就可以想象，处于这样的状况下，应该怎样一步一步地去走出自己的路。我们分成两方面，一方面是做人的基本原则，一方面是做事的基本原则。因为一个人不外乎做人做事，大家从做人的角度来看乾卦，从做事的立场来看乾卦，应该可以看得很清楚。

乾卦的重点一共只有六个字，从底下开始，初九是潜，九二是见，《易经》里面这个"见"是读"现"的，九三是惕，九四是跃，九五是飞，上九要小心，是高亢到极点的亢（图6-1）。

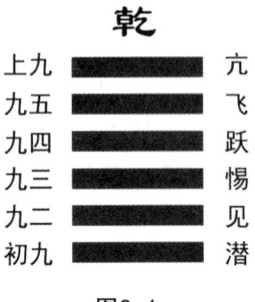

图6-1

初爻叫潜龙，这个"潜"就是《易经》六十四卦爻通例所讲的初难知。初难知有三方面意思：一方面就是刚刚冒出来，将来到底会怎么样，谁也料不到；第二个，这个刚刚冒出来的人也好，事情也好，自己本身也没有把握将来会怎么样；第三个，整个的环境对他合适不合适暂时还不知道。潜龙，我们现在把它叫作潜在的能量，是说这个人很有潜力。初九潜

第六集　乾坤六龙

龙的爻辞（图6-2）是：*潜龙勿用。*

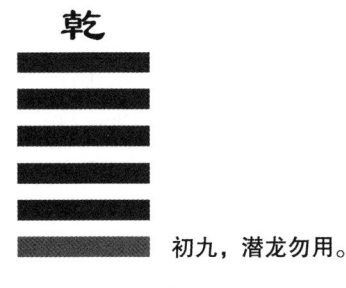

初九，潜龙勿用。

图6-2

很多人一看潜龙勿用就火大：有能力也不用，那有能力有什么用？很多人不理解，这个勿用不是不用，勿用就是要用。但是为什么不说要用，而说勿用呢？就是因为不能用，所以大家可以看到中国人不用，不能用，要用，不要用，这当中有很细微的差别。

乾卦的第一爻为潜龙，而潜龙的爻辞是潜龙勿用。从字面上看，勿用就是不要用，但曾仕强教授却说这是错误的理解。那么，潜龙勿用的真正含义是什么？在实际生活中，我们又如何巧妙地做到潜龙勿用呢？

一个人如果没有能力就没有资格称龙。要把自己当作龙的传人，第一个，要先问问自己够不够资格当龙的传人；第二个，既然要做龙的传人，就要充实自己、提升自己，让自己有资格变成中华民族的一分子。现在有很多人看起来是中国人，实际上是没有资格做中国人的，因为没有潜力，没有龙德。所谓龙德就是指元、亨、利、贞。《易经》里面乾卦的卦辞很简单，就是"元、亨、利、贞"四个字，这四个字就是做龙必须具备的四种美德。有人说，既然乾卦具有了元、亨、利、贞的美德，怎么还要勿用？这不是很奇怪吗？答案太简单了，你刚到一个地方就开始发表很多意见，当地人一听就知道你是刚来的，你对当地是完全不了解的，那你的处境岂不是很危险？一个人来到一个新的地方，一定要平心静气，多多了

解，叫作入乡问俗，先搞清楚状况，有意见再说也不迟。

孔子是礼的专家，最懂得礼，他对周礼不仅最花力气，而且最有心得，他最有权威来讲周礼，可是"子入太庙每事问"。孔子经过太庙看到很多礼器，一直问这个是做什么的，那个是做什么的，他这样问不是他不懂，才去请教人家，他是想知道别人对礼器到底了解到什么程度，自己又能跟他们配合到什么地步，而且礼器有没有随着时间的流动而改变，孔子总要了解一下，以便与时俱进。

潜龙勿用，是《易经》八八六十四卦的第一卦乾卦的第一爻，即天下第一爻。入境问俗就是潜龙勿用。一个没有能力的人，是没有资格讲潜龙勿用的，因为根本不算龙，无所谓潜龙，也不能用。潜龙勿用就是一个人有潜在的能力，并能充实自己，做好准备之后，本来可以用的，但是为了整体的安全，暂时不表现出来。有太多人是盲目进入，然后把整个局都扰乱掉，大家就骂他莽撞、鲁莽。

潜龙勿用对中国人影响很深，但是后来读书人只会读文字，就把潜龙勿用解释成潜龙不要用。其实不是，中国人说勿用，用现代话来讲，就是站在不用的立场来用，而不是不用，不用就是废物。

潜龙勿用，有话暂时不讲，先听人家讲，如果自己一讲出来，人家马上给你难堪，或者你讲完后别人讲得都比你高明，那不糟糕了？你自己就无地可容了。所以中国人经常说"我没有意见，我没有意见"，听来听去听到大家意见都比自己好，很庆幸——幸好我没有讲。如果听来听去觉得大家意见都不如自己，那要不要讲？也不一定，为什么？因为不一定非得现在公开讲，可以稍后偷偷地跟领导讲。像这些都是潜龙勿用在我们日常生活当中很灵活的运用。但是一直勿用，一直潜在里面，要不要现？要不要表现出来？答案很简单：应该表现的时候才要表现，如果不应该表现的时候还是不要表现。

如果我们在生活中能够做到潜龙勿用，将自我的才华在最恰当的时机展现出来，那么依照乾卦，我们就上升到了第二爻见龙的境界。那么，我

第六集　乾坤六龙

们该如何将潜龙勿用运用到极致？达到见龙的时候，又该如何理解当前的处境呢？

历史上运用潜龙勿用最成功的人就是诸葛亮。诸葛亮自号卧龙——我是龙，但是我卧在这里，我不急，你们来求我，我还要衡量衡量，琢磨琢磨，要我去求人，我不干。诸葛亮是非常了不起的，整整潜了27年。人家说曹操很好，让他去投曹操，他不去；说孙权不错，让他去投孙权，他也不去。他在等谁？他在等刘备，刘备三顾茅庐，就是他潜出来的。三顾茅庐，诸葛亮给了刘备整个未来的展望，告诉他天下的事情是怎样。刘备听得简直是叹为观止，然后就请诸葛亮下山帮忙。诸葛亮还是没有答应，他让刘备另请高明。这是最后一关考验了，他就想看看刘备怎么讲，如果刘备说"你不下山我怎么办呢"，那样诸葛亮绝对不会下山——你怎么办是你的事，我又没有欠你的。刘备也很了不起，他跪下来说："你不下山，天下的苍生怎么办？我刘备无所谓，不成就不成了，可是天下的老百姓着实可怜。"诸葛亮是冲着这句话才答应的，不是刘备来看他三次他就下山了。

诸葛亮一下山，他就知道自己非现不可了，不现的话关公和张飞看不起他，而且自己准备了27年就是为了要好好表现，不表现一下，他下山等于没有下山，所以第一次大战，就让曹军吃了很大的亏。一个人第一次做不好，人家对你就没有信心了。所以九二的爻辞（图6-3）写得很清楚：见龙在田，利见大人。

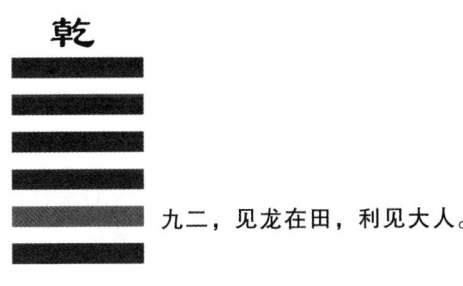

图6-3

潜了很久，一出来就是个大人的样子，不是说"抱歉抱歉，我刚下来，让我磨炼个几年……"，那样人家请你干什么？一个人不表现则已，一表现就要做好心理准备，因为四方八面的打击都来了。老实讲，你表现得不好，没有人打击你；但你表现得好，所有的人都不高兴，因为你抢到他的光彩了——未来的机会都被你垄断掉了，老板的心也被你抓去了，我们算什么呢？我想这是人之常情，当一个人表现得越来越好，你就要知道自己已经进入第三个位阶了，叫作惕龙。九三爻辞（图6-4）：**君子终日乾乾，夕惕若厉，无咎**。就是提醒我们，此时暗藏危机，防不胜防，必须要高度警惕。

图6-4

在《易经》之中，乾卦第三爻的爻辞为：君子终日乾乾，夕惕若厉，无咎。它的中心意思可归纳为四个字——忧患意识。那么，当我们达到乾卦第三爻惕龙的境界时，我们该如何做人行事？从诸葛亮的身上，我们又能得到怎样的启发呢？

诸葛亮第一次大败曹军以后，曹操就把他当作主要的对象，就开始研究他，就使他站在了亮处。一个人站在亮处是非常危险的，因为人最怕就是自己的状况被敌人知道得一清二楚，而敌人在哪里自己却不知道。其实敌人在哪里知道了还不用怕，反正自己跟他面对面，他的状况自己也很清楚，知道怎么去防备。而如果敌人在哪里都不知道，还大言不惭地说："我才不用警惕呢，做人轻松一点，那么警惕干什么？你看像我就用

第六集　乾坤六龙

不着。"其实这种人就叫作没有人把他当对手。一个人如果没有人把他当对手，这个人还有价值吗？所以很多人说中国人小气，见不得人家好，稍微好就嫉妒，就打击人家，其实就是因为这样，我们才会锻炼又锻炼，提升再提升，一点都不敢放松自己，否则的话到了九二以后就开始放纵，就自以为了不起，那就完了，这个人就提前报废掉了。人没有名，没有赚到钱，自我报废的机会比较小，有名有钱有势以后，就要知道自己快要自我爆破了。

一个人如果没有人把他当对手，这个人根本就没有价值。
——《易经》的智慧

所以《易经》告诉我们，当你有名有势有利，表现得非常好的时候，你要提醒自己已经进入惕龙的阶段了。第三爻把"龙"都去掉了，不是龙了，处于这个阶段你已经高度危险了，即使是龙也没有用了。白天要警惕，晚上也要警惕，好像随时会发生灾难一样，这是中华文化里面最了不起的，叫作忧患意识。忧患意识不是说怕东怕西，畏首畏尾，而是说当我们有了一点点小小的成就时，自己要珍惜，不要自己毁掉，我们把它叫作爱惜羽毛，要爱惜好不容易有的名声，不要让它毁于一旦。

如果有人四方八面打击你，你应该这样想：幸好有人抹黑我，幸好有人打击我，幸好有人把我祖宗八代都查得清清楚楚，我才有机会证明我是清白的。所以很多人骂向上面打小报告的人是小人时，我都劝他："那个人才是你的恩人呢。因为他去打了小报告，你的领导才会来查你，查到最后才知道你没有，那个人是乱讲的，那你不是多一层保证？如果平常你去跟你的领导讲，我的祖宗八代怎么样，我怎么好，你越讲他越怀疑你。而有人去打小报告，领导来调查，他自会还你清白，你好不容易有这么好的让领导了解自己的机会，你还骂人家？"这就是一阴一阳之谓道，就是一件事情可以从两方面去想。很不幸的，我们现代社会读书读得越多的人，越是有负面的想法，觉得那些打小报告的人可恶。其实不妨换个角度想：

幸亏有人打我的小报告，幸亏有人拼命地抹黑我，领导才会还我清白。

一个人警惕的目的就是希望再上一层楼，但我没有鼓励大家都要再上一层楼，因为《易经》的乾卦分成下乾跟上乾，大家如果自得其乐，把下乾做好，就心安理得了，也是很好的，至于有没有必要再上一层楼，各人自己要好好去斟酌斟酌（图6-5）。如果要，就要做好心理准备，准备接受更严格的考验，那到了乾卦的九四，叫作跃。而这次的跳跃跟当初的潜龙现出来是不太一样的。当初潜龙潜到对环境很熟悉，有把握可以表现的时候，就见龙在田，这是顺理成章的事情。可是，当你要更上一层楼的时候就要小心了，因为高处不胜寒，越到高层越孤单。中国人建的塔多是越往上塔身越细，这就告诉我们越底下空间越大，越往上空间越狭小，要不要往上面挤，各人自己要好好去想。

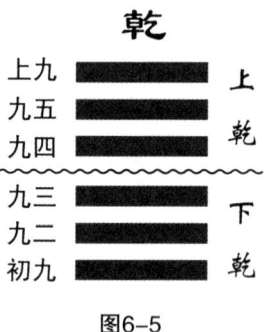

图6-5

在人生之中，不是每一个人都可以经历乾卦所说的六爻境界。当人生达到乾卦第四爻所说的高度，人生的风险也就加大了。第四爻的爻辞为：或跃在渊，无咎。这就表示，倘若要跃，就有两种结果，或者高飞上天，或者跌落谷底。如果能够跃过此境界，人生就可以到达乾卦的第五爻：飞龙在天，利见大人。那么，乾卦的四爻和五爻所说的人生高度究竟是怎样的处境？《易经》对此又有着怎样的提醒和启示呢？

到了九四（图6-6），就有机会跃了。九四爻辞：**或跃在渊，无咎**。这一跃，要么飞龙在天，要么就掉入深渊，掉入深渊可能会一直掉到初

第六集　乾坤六龙

爻。有的人要争取向上，要跃，结果跃不上一下被打落下去了，前功尽弃。我没有阻止任何人去跃，因为每个人的志向不同，但是我也不会鼓励任何人，因为这是高度危险的。现在的很多人盲目地往上升迁，认为那是光荣，其实是不了解真相。

九四，或跃在渊，无咎。

图6-6

一个人要不要往上走最好自己决定，不要由人家摆布，捧你的人多半是为他自己好，他把你抬起来，让你坐在轿子上，他替你抬轿子，你就听他摆布，如果你愿意那样，我无话可说。但是如果你以为坐轿子可以为所欲为，那你就糟糕了，他把你抬到哪里你都不知道。所以，年轻人可以立定志向，说自己最起码要当到主管，这个我不反对，但当你当了主管以后，又要求自己五年之内当到总经理，我奉劝你大可不必，因为一个公司总经理毕竟只有一个人，副总可能有七八个，最后说不定这七八个没有一个升上总经理的。跃是可以的，但是你要接受那可能的结果，能飞上去固然好，摔下来怎么办？有人说摔下来也心甘情愿，那当然可以跃。

九四一跃之后便是九五（图6-7），九五爻辞：飞龙在天，利见大人。能飞龙在天，如愿以偿，自由飞翔，当然是大家梦寐以求的，飞龙在天可以说是人生最高的境界。但是说自由飞翔都是骗自己的。作为一个领导，下面有很多人，到底是他们在捧你，还是你在指导他们？其实这是双方面的，水能载舟，水也能覆舟，这是我们非常熟悉的一句话。今天捧你，替你抬轿子的，明天一不高兴一下把你从轿子上甩下来了，那你只好自己爬着走了。飞龙要千万注意，眼光要开始看下面，照顾下面的人，紧要关头下面的人才会一心一意地替你做事情，这样大家才知道领导平常要时不时去关心底下的人，照顾他们，是有道理的。否则的话，只认为自己高高在上，可以为所欲为，哪一天从轿子里面摔下来，没有人会同情你，即使同情也没有用了，因为救不了。爬得越高摔得越重，这是事实，是物理现象。

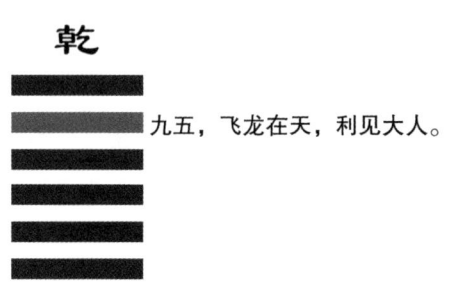

图6-7

一个人到了飞龙后千万记住，适可而止，度量要大，不要再把自己拱到像乾卦上九（图6-8）一样的高亢。高亢的意思用今天的话来讲就叫作脱离群众。一个人一旦脱离了群众，他就像断了线的风筝一样，风筝放得再高，还要有那条线才收得回来，线断了，高而无位。一个人失去了群众基础，说话也没有人理，那时候就非常麻烦。因为物极必反，当一个物体往上抛，抛到抛物线的顶点，后面一定是快速地往下坠，而当一个人一路跑到最高点的时候后面是怎么样，大家心里已经很明白了。所以**亢龙有悔**，这是大家都很清楚的事情。

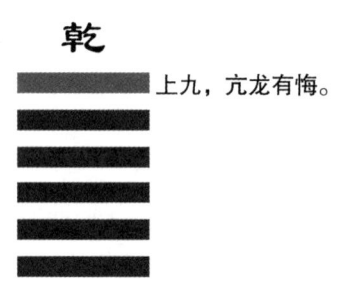

图6-8

第六集　乾坤六龙

历史上最能够证明亢龙有悔的人就是秦始皇。秦始皇统一六国，集天下的权势于一身，这是前所未有的。所以他算是高亢到了极点，但是这对他有什么好处？我看坏处比好处还大。最重要一点就是没有人敢跟他讲真话，因为他把自己的位置摆得太高了，人家对他表示尊敬都来不及，哪里敢跟他讲实在话？当他功成名就的时候，他的干部跟他讲：中国历史上的统领者要么叫作皇，要么叫作帝，您实在是了不起，所以我们尊称您为皇帝。但秦始皇还是不满意，说皇帝不行，上面要加个"始"，叫始皇帝，因为自己是开国的第一个皇帝，而且帝位要传到千秋万世，子子孙孙。没有人敢讲话，结果不幸而言中，他很快就成了"死"的皇帝，这个"死"与那个"始"同音。任何事情从开始一路走下去，最后都是死路一条。一个人生出来，最后都会死，一件事情出来，到最后是没有了，办完了。一家公司开张，最多一两百年，一定是倒闭的。秦始皇那么聪明的人，他要立他的儿子居然立不成，有两个人，一个叫李斯，一个叫赵高，硬是把他的旨意改掉，以秦始皇的权势与威力，本来是没有这种可能性的，但就是因为他把自己摆得高高在上，最后孤立无援。可见靠一个人单独的力量是高度危险的。连秦始皇都会亢龙有悔，何况其他的人呢？

所以我们说上易知，就是一个人到了一定的地位，接下来会怎么样，其实大家都看得很清楚，没有什么变化了。所以一个人到了七八十岁还去看命，去算八字，那就完全是笑话了，因为到了这个时候，最后会怎么样已经很清楚了，用不着算了。

《易经》作为先人智慧的结晶，与其说是可以分析未来的先知之学，不如说是警醒和启示人们做人行事的睿智锦囊，那么，通过学习《易经》的乾卦，我们应怀有怎样的心态处世，并增进自己的修为呢？

乾卦六龙整个的发展状况大家在社会上随时可以看得到，做事情刚开始要了解现况，就是潜龙勿用。潜龙勿用不是叫我们不要做事，而是叫我们不要一味地求表现。现代人是一味地求表现，只要在公众场合，请他上

台讲几句话,他拿了麦克风多半舍不得下台,即使按铃说时间到了,他也不理你。更妙的就是前面那个人把时间拖了,第二个站起来说,他超过五分钟,结果自己又拖了十五分钟还是不下来。人不了解自己,不了解自己给人家的观感是那么难看的样子。凡是一个人骂人的话最后都在自己身上表现出来,那就是丑态。把自己的丑态完全表现出来,就是连第一卦都没有学会,《易经》六十四卦的第一卦都过不去。一个人到了一个地方,先安静下来,了解当地的状况以及领导的个性,然后再熟悉一下环境,跟其他人打打交道,一句话讲完了,等到大家都支持你,你就放心地表现,就是见龙在田。如果你没有把握大家会支持你,你最好不要表现,你不表现才不会出丑,你一表现,肯定出丑。所有人都经历过这样的状况,但是大多数人一直骂别人小气、嫉妒、见不得人家好,却不知道检讨自己。

中国人不讲能力,西方人是专门讲能力的。西方社会是只要你有能力就可以表现。中国人不讲能力,不是不重视能力,而是中国人讲一种比能力更深一层的东西,叫作本事。我们常说"这个人真有本事",什么叫本事?就是尽管一个人有能力,还要表现得让人家很欢迎、很接受、口服心服,才叫有本事。

有能力有什么用?有能力的人都死得特别快。很多人听了这话就很气,说在美国爱表现的人就上去了,而在中国社会,一表现就被压制,就被打死。不要这样想,我们有更深一层的内涵——一个人要表现得大家都欢迎,才是最重要的。我们绝对欢迎有能力的人表现,但是这个人自己要活得下去。现在有能力而没有本事的人太多了,整天在抱怨,觉得社会不公平,觉得中国这种传统文化是使人不能出头的,其实都是自己不了解。

我们以这样的态度来了解《易经》,把六十四卦的道理都弄通了,就不需要用占卜来了解自己是处于哪一卦,因为一想就能知道自己处在哪一卦哪一爻,这才是《易经》真正的功能。为了使大家对乾卦有更深的了解,体会为什么孔子特别替乾卦写了文言,用那么多文字来解释,下一集就要来研究:六龙御天。

易经的智慧·第七集

六龙御天

《易经》六十四卦中，首卦乾卦有六个阳爻，就好似六条龙。从大的来看，乾卦六龙代表着天地万物变化的规律；从小的来看，六爻就代表着人生发展的六个阶段。那么，我们自己处于其中的哪个阶段？现阶段的自己是知足安命，还是急流勇进？一番拼搏之后，最终又该如何功成身退呢？

第七集　六龙御天

我们都知道《易经》的学问是从大自然生发出来的，自然是活的，所以《易经》的学问也是活的，是有弹性的，不能按照字面去解释。六龙御天不可以解释说有六条龙，把整个的天空都控制住，这是不合适的。天并不完全指天空，天代表整个天地自然，整个宇宙，和各种变化的情境，是让我们捉摸不透的。任何事情都是千变万化的，我们的人生境遇也几乎是瞬息万变，充满了难以预测的变化情境。龙就是变化的过程，它不一定是指一种动物。六也不一定特指六，它是代表我们很难去掌握的那一个领域，那一个部分。讲五的时候我们都产生一种队伍的感觉，因为一只手有五根手指头，可以掌握的部分就叫五，而说到六，就有一根手指头在外面，不能掌握，超出了所能掌控的部分就叫六，所以我们只讲队伍，从来不讲队六。

之所以讲六六大顺就是在告诉我们，一旦到了六，很可能是不顺的，要特别小心。因为很不顺，所以才说六六大顺，这也是一阴一阳之谓道。我们如果用这样的思维来了解中国人的学问，大概不会错到哪里去。六龙不是六条龙，它可能只有一条龙，也可能有千千万万条龙，很难掌握到底有几条龙，而龙是变化的过程，就代表整个的天地自然，这就是六龙御天。

我们今后看任何卦，最好都画出一张体检表，就知道这个卦的状况是怎么样的。首先我们翻开《易经》就看到乾，下面四个字：元、亨、利、贞（图7-1）。乾是什么？乾就是这卦的名称，叫作卦名。六条没有间断的、连续的阳爻，就是乾卦的卦象。六爻都是阳的，这是很难得的，六十四卦里就这么一个纯粹的阳卦。元、亨、利、贞四个字是解释乾这个卦名的，叫作卦辞，卦辞就是把一个卦的要点说出来让我们去体会。元、亨、利、贞四个字代表什么？它可以代表一个人一生的成长过程，也可以代表一个团体或一个人群里每个人之间的互动关系，还可以代表一件事情从开始到最后的阶段性的变化。

图7-1

乾卦六龙代表着整个天地自然的变化规律，为了便于理解，我们可以把乾卦的六个爻看成是人生发展的六个阶段。而每个阶段都有着各自对应的变化和特点，只要我们逐个掌握了它们的规律，合理利用，就可以像龙一样飞黄腾达。那么，人生的第一个阶段是什么呢？

初九是第一个阶段，我们把初九到上九看成一个人的不同成长阶段，而出生到出社会之前这个阶段叫作初九，初九的爻辞是潜龙勿用，因为此时还在求学阶段，只能多去打打工，学到一点小经验，如此而已。潜得越久，将来成就越大，也就是我们说的大器晚成，潜得越短就表示个人的基本功还没练好，本事还不够充实，却要踏入社会。老实讲，这也是每个人不同的处境所决定的，我们不能说好也不能说不好，有的人家境贫寒，必须出去赚钱来补贴家用，只好很早就涉足江湖，这是每个人不同的命运。潜得久也不见得功夫就一定够，如果潜得久，却没有下功夫，没有学到东西，那就叫温室里的花朵。

初九，阳爻居阳位，是当位的。六十四卦中，一、三、五爻如果是阳爻，就叫当位，二、四、六爻如果是阴爻，也叫作当位。这样我们就知道，第一卦乾卦六爻中就有一半是不当位的。所以如果一个人就是正直，就是讲诚信，他这辈子就要吃尽苦头，因为正直、诚信在这个阶段是合适

第七集 六龙御天

的，到下个阶段就不一定合适了。于是越是开始很诚信的人到最后越是虚伪，就是因为他经不起考验，对诚信失去了信心，觉得老实人吃亏，认真的人没有用，这岂不糟糕？

现代人受教育的时间越来越长，一般人读到博士后，已经是二十七八岁了。我当年看《三国演义》的时候，看到孔明潜了27年，觉得这个人了不起，现在看来，今后潜到30岁还没有出来工作的人会越来越多，这表示什么？表示社会越来越不是我们所能够掌握的，我们必须要长期地潜。可是潜并不是什么都不做，潜是要深入社会，但是要身在其外，才能够客观地去了解它。与此同时，我们要有个观念——我所学的将来不一定有用，所以我们要增强智慧，而不是充实知识。

六十四卦是八卦相重而来，所以一个卦可以分成上下两个经卦，乾卦分为下乾上乾，为什么我们不说上乾下乾？因为下乾是基础，然后才能建立上乾。有的人一辈子就在下乾里面打滚，从来没有到过上乾，有些人很快就进入上乾，这也是每个人的命运不相同。一定要记住：卦是活的，会有各种不同的变化。

《易经》中六十四卦中每个卦的上卦跟下卦都是始、壮、究的演变过程（图7-2）。任何事情都有个开始，进而发展，茁壮成长，然后一个结果出来，如果这个结果你满意，那就重新再开始，然后又是始、壮、究这样一路发展下去。

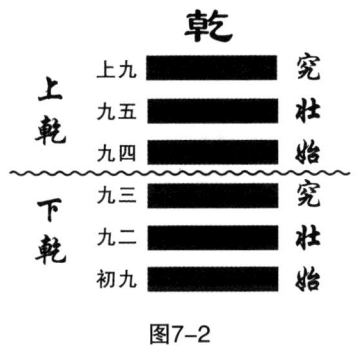

图7-2

有的人一辈子只有一个始、壮、究，有的人有两个，有的人有三个，

有的人有四个，都可以连续下去。六十四卦中，下卦的初爻跟上卦的初爻（也就是第四爻）有密切关系，二、五有密切关系，三、上有密切关系。如果第一爻跟第四爻，第二爻跟第五爻，第三爻跟上爻，都是一阴一阳的话，关系就很良好，因为异性相吸，这样就叫作相应（图7-3）。

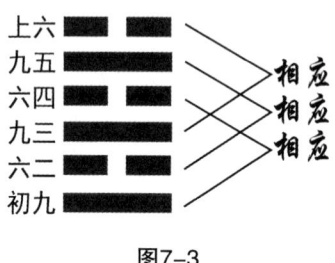

图7-3

但是乾卦每一爻都是刚的，都是阳的，同性相斥，初爻跟第四爻根本不相应，二爻跟五爻也是硬碰硬，不相应，三爻跟上爻都是阳刚，你看不起我，我看不起你，也不相应，所以乾卦没有一个爻是相应的（图7-4）。这就告诉我们，一个人硬脾气，就一辈子倒霉，人家不会赏识他，也不会提拔他，他只能孤军奋斗。这样我们就完全了解了，太多事情其实都要自我反省、自我了解、自我检讨、自我改善，才能体会到孔子讲的不怨天不尤人的真义。

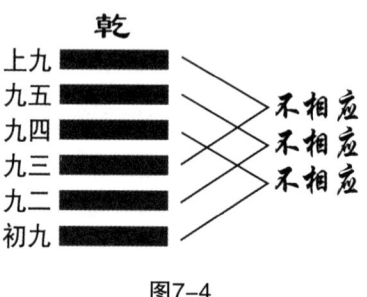

图7-4

乾卦的第一爻：潜龙勿用，指的是人生的第一个阶段——潜，意思是：在人生的初始阶段，不要急于表现，而应当放低姿态、努力积累能量，以待合适的机会再充分地展现自我，这样就能进入人生的第二个阶

第七集　六龙御天

段——见（现）。那么，我们应该选在什么样的时候来展现自我？在自我展现的时候，又应该注意些什么问题呢？

一个人潜潜潜，潜到机会来的时候要抓住机会，这是很大的考验。有人一辈子没有得到机会，反而比较安全，了不起就是默默无闻，没有什么出息，但也不会做什么坏事，平平安安一辈子。可是一旦有机会，有人抓住了，这机会就有阴有阳了，到时候是抓住机会去做好事，还是抓住机会去做坏事？是抓住机会就表现得很好，还是抓住机会就表现得让人家贻笑大方？可见九二爻是很麻烦的。爻辞特别在见龙在田之后加上四个字，叫作利见大人，整个乾卦第二爻跟第五爻两个对应爻的爻辞都有利见大人。意思就是说一个年轻人潜得够久了，时机到了，上面提拔，考试及格，被录用了，当了主管了，所有人都会看这个人怎么表现。其实表现好与坏是谁在决定？很明显地大家就知道，是九五在决定，上面看他很顺眼他就表现得好，上面看他不顺眼他表现再好也是不行的。所以我们中国人到最后悟出来：朝中无人莫做官。上面没有人支持你，你怎么去表现，你怎么知道该怎么做？这是非常清楚的事情。

诸葛亮潜了27年，刘备三顾茅庐，他才出山，那他表现得有没有利见大人？有，他像个大人物，头头是道，连不服他的关公、张飞都口服心服，刘备更是没有话讲。诸葛亮的利见大人就是得到刘备的赏识，可是他也种下了日后的恶果。诸葛亮一生就是在九二爻的利见大人没有掌握好，过分表现，当时刘备确实非常高兴，但是事后想想：这还得了？这样下去天下到底是你的还是我的？人家会怎么看我？所以他就开始牵制诸葛亮——这个我有原则，我不听你的，你劝我要荆州我就是不要，你劝我不要带老百姓迁移，我就是要带。这都是诸葛亮自己找来的麻烦。所以当我们得到机会，受到上面的提拔，得到很多人的赏识时，要特别小心，不能表现过度，否则以后日子就很难过了。

从《三国演义》中诸葛亮的案例可以看出，人生的第二个阶段——见

（现），不仅要把握好表现的时机，更要掌握住表现的分寸，否则过犹不及。在此之后，就是人生的第三个阶段——惕。那么，在这个阶段我们又该注意些什么呢？

诸葛亮到了九三爻就开始很辛苦了，第三爻连龙都称不上，叫君子。第三爻第四爻没有"龙"，六个爻只有四条龙，在天道地道都叫龙，在人道，不称龙。很多人说人心太坏，其实不是人心太坏，而是人的本性就是这样。很多人太理想化，认为只要自己正直、诚实，一切都照规矩来，人家就会欣赏，有功劳人家就不会忘记，其实这样的人把人生看得太简单了，就是没有经过磨炼，了不起就是个普普通通的人。

我们要知道，诸葛亮从九三爻开始就已经不是龙了。他在没有下山以前，是卧龙，名声在外；他在见龙阶段，连张飞都对他服服帖帖。可是到了第三爻他不是龙了，是君子，因为他可以要性子了——你爱听我的就听我的，不听我的我就回家去了，我叫你取荆州你不取，那我回家了，你自己去干。但他没有这样做。诸葛亮到了九三是君子终日乾乾，夕惕若厉，每天都好像会有危险一样，高度警觉，一会儿这个人来了，他要费尽脑筋去想他为什么来，自己怎么去因应他，即使是自己哥哥来了也是如此。这就叫作终日乾乾，连晚上也不敢大意，保持高度的警觉性，不敢有一点差错。

九三爻辞最后告诉我们：无咎，无咎就是没有后遗症，诸葛亮是没有后遗症的，他很辛苦就是为了没有后遗症。《易经》里面这个无咎是最了不起的，它告诉我们，人天天都有艰难险阻，这才叫人生。我们讨好地去应对不见得好，因为后面的结局怎么样很难预料，所以九三爻告诉我们，人要考虑得长远一点，不要只看眼前，眼前很好，明天就坏了，后天就坏了，五年很好，十年就糟糕了，所以中国人为什么想得很长远，就是这个道理。我们要很深入地去了解这些事情，才算勉强过了下乾。

我们可以讲，小老板一生就在下乾，好不容易发现一些市场，找到一些产品，有了一些人员，然后他就见龙在田，生意越做越好，就这样过一辈子了，好不好？当然好，有什么不好？因为每一个人都有自己的分，

第七集　六龙御天

有人天生就是当小老板的，你的本分就是这样，还往上走干什么呢？如果每个人都往上走，那下面的事情谁干呢？有些人摆地摊的时候做得很起劲，朝气蓬勃，家里人都很和气，一旦要开店，要进入上乾就完了，那就是不甘于自己的分。一开店就完，就算开店很成功了，然后又要扩大，要连锁，最后是一败涂地，这就叫不守分。人生最难的就是知道自己的分在哪里，读《易经》就是告诉我们分在哪里，这叫作定位，用英文讲叫作positioning。

乾卦共分六爻，为了方便理解，我们可以把这六爻分为上乾和下乾两部分来看。人生走过下乾的这三个阶段，应该算是小有成就了，这时候明智的人，应该学会思考自己的位置到底在哪里，是知足安命，还是急流勇进？如果继续往上走，就会迈向更高的层次，也就是从下乾进入上乾。那么，在上乾的三个阶段里，人们会面临哪些问题，又该如何因应呢？

九三上去就是九四了，九四就进入了上卦的开始，凡事起头难，又是一番的困难，因为我们在九四碰到的人跟以前碰到的人不一样，以前那些人好像很好商量，现在这些人就是不好商量，在九四碰到的问题跟以前碰到的问题也不一样，那怎么办呢？那只好或跃在渊，就是自己既然上来了，就不能放弃，不能半途而废，不跃会后悔，所以就准备要跃，如果能够飞龙在天，一切的苦难我们都甘之如饴，但是也要考虑到如果飞不上去掉下来怎么办。所以我们就要开始想了：究竟是要进还是要退？再往上走走到哪里去？回归原来的地方是不是更好？可见或跃在渊的这个"或"跟疑惑其实是有关系的。很多人就是因为觉得没有面子，所以回不到原来的地方，被面子害死了。如果能撇开面子，考虑清楚了，那就回去原来的地方，以后再不必为这些事情困惑，这辈子就很愉快，如果认为自己一定要跃，那就去跳，也可以无咎。

人生努力到最后就是从九四到九五，这个孔子讲得很清楚了，如果一个人到了四五十岁还跃不上来，这辈子就不要跳了。从九四跳到九五就是

飞龙在天，飞龙在天又出现一个利见大人，这个利见大人就是说这时候要赶快去找九二，在底下建立核心团队，要有一些对你忠心耿耿而且能够跟你讲真话的人，这时候自己要耳朵清楚一点，要能够听人家的话，而不是忠言逆耳。凡是忠言逆耳就不是利见大人，这样的人往往飞不久，很快就会栽下来。飞龙在天多半是靠嘴巴，已经没有手脚了，如果下面没有人支撑，飞龙在天有什么用？九二是要凭实力去做，但是上面要有人赏识，所以九五跟九二是呼应的，可是这两个都是阳的，不是一阴一阳，所以同性相斥，可见乾卦完全靠自己，只要一步走错了，就会粉身碎骨。到了九五我们要知道自己所能掌握的东西已经尽了，再往上走就超出自己能够掌控的范围，第六爻只能看看，求得善终，不要再求什么发展了。再伟大的人都会老，这句话就是提醒我们要适可而止，不要再拼老命了。

所以我们现在有任期制，就是不让我们太劳累，万一到年纪大了以后，体力不行了，精神也不济了，就会被底下人所包围。历代的君王到最后，就是年纪越大越昏庸，就是上九的亢龙有悔。

每件事情也是这样一步一步地发展的，跟做人是一样的道理，而整个的组织，整个的群体、理念，每一个阶层都是一条龙。每个人都觉得自己很正直，很有朝气，很积极，可是都是好人为什么还会搞得乱七八糟？就是因为我们乾卦没有读通，一个人太刚了，上下都处不好的。所以我们刚中要有柔，乾卦里面看得见的六条都是阳爻，但是我们要去抓看不见的空隙的部分，那都是阴爻。

乾卦是《易经》六十四卦中唯一一个没有阴爻，全是阳爻的卦。如果我们只看到这个卦象的表面，而一意孤行，最终必定是亢龙有悔。而实际上，《易经》的思维是阴阳辩证的思维，所谓阳中有阴，阴中有阳，就是指看事物不能只看一面，而应该综合地来看。就乾卦而言，我们不能让目光只停留在这六条阳爻上，而应当看到阴的部分。那么，我们该如何从看得见的部分里，去发现看不见的东西，从而调整自己呢？

第七集 六龙御天

如果把乾卦九二、九四、上九由阳的变成阴的,我们会发现乾卦就变成既济卦(图7-5)了。可惜很多人调不过来,在九二就出事了,认为自己得到赏识,表现良好,就有机会了,但往往是从此就没有前途了,这是物极必反。所以人千万记住要适可而止,要守分,那个分的拿捏就叫度。如果没有掌握好元、亨、利、贞,再好都会出事情,再好的团体最后都是一败涂地。

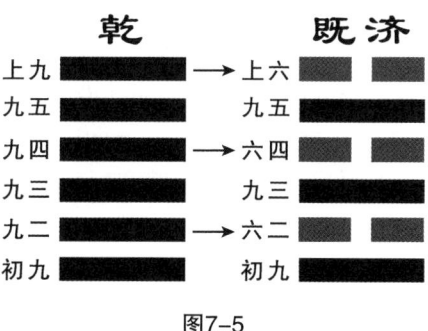

图7-5

什么叫作元?用现在的话来讲叫作慎始。一个朝代开始的第一年叫元年,一年的开始叫元旦。元就是开始,所以我们中国人造出来最古老的神叫作元始天尊。元告诉我们不要随便去开始做任何事情,要事先盘算盘算,我们都知道良好的开始是成功的一半,但是我们不知道谋定而后动,如果没有谋定就动了,怎么会是良好的开始呢?很多人很草率,说只要开始就是良好的,哪有那回事情?开始之前要有一段准备时间,是非常重要的,要找找合适的人,大家盘算盘算,计划计划,去测试测试,才能开始。

现在很多商店油漆还没有干就开始营业了,这样合不合法?当然不合法,因为安全检查一定是通不过的,可是他居然开业了,说只是试卖,还没正式卖,这就是不懂什么叫作元,然后客人一进来,第二次就不来了,这叫作欲速则不达,太急躁。很多人《易经》会背,但不会用。元,就是要求我们做好准备。我们现在读英文都读得很好,Are you ready? 下面就有人yeah,那都是嘴巴在yeah,这种人是没有出息的。听到Are you ready,

要想一想，检查检查，怎么可以随便yeah呢？

亨是什么？我们做好准备，有了很好的基础，选择合适的时机，就去做了，自然亨通顺利。亨是从元来的，没有慎始怎么可能通达呢？随随便便开始，最后肯定是一塌糊涂。元能不能亨，关键看我们元做得好不好，元做得好，亨是自然而然的事情。

亨通以后就会获利，这个利不是利益，不是利润，也不是好处。利，用现代话来讲叫作和谐，和谐从哪里来？就是利益要很公平地分享，自然就和谐。现在很多人讲和谐，但没有想到利，没有利怎么能和谐？大家没有饭吃，过不了生活，没有好处，是不可能和谐的。乾具有这个美德，我们从天的运行可以体会到，四个字讲完了，叫作大公无私，利就是大公无私，但不是不要利益。为什么不要利益呢？我们种稻子就是为了要有饭吃，工作就是为了要有收入。

很多人说儒家反对利，我觉得很奇怪，难道孔子不要吃饭？利是义之和，就是合理的，大家同甘共苦，大家都感觉很合理，很公正。

现在人都满脑子要公平公平，很多人说"老天，你真是没有眼，你这么不公平，对别人那么好，对我这么坏"，然后苦恼万分。其实老天是公正，不是公平，而且根本不可能公平。怎么公平呢？全地球都下雨能行吗？哪有那么多水？这边下雨那边一定干旱，才调整得过来，如果全地球都下雨，陆地就淹掉了，人也死光了。只能公正不可能公平，我们追求的是合理的不公平，而不是不合理的公平，这一点是现在人很难了解的。我们现在都在盲目地追求不合理的公平，几乎害死所有的人。《易经》告诉我们，我们是合理的不公平，因为本来就不可能公平。

大家各守其分，自己该得的得到了，别人怎么样没有我的事，这就和谐了。如果说人人都想你有钱，我要比你更有钱，最起码要跟你一样，这样怎么能和谐呢？那是不可能和谐的，因为不可能每个人赚同样的工资，就算赚同样的工资也不可能都成富翁。其实老天有时候也在笑人类：你们说我不公平是不是？好，现在我把你们的钱全都收回来，让你们都没有钱，然后你们重新开始去赚……结果会怎样？五年以后，有钱的又很

第七集　六龙御天

有钱,没有钱的还是没有钱。我们看到历史都是这样的,本来都没有钱,怎么不到十年,有的人很有钱而有的人还是没有钱呢?我们要从这里去了解,老天很公正,可是不公平,能够了解这个也就能和谐了,否则一肚子气怎么能和谐呢?

要想做到六龙御天,首先要理解乾卦的卦辞"元、亨、利、贞"这四个字。元、亨、利、贞的元,是提醒我们慎重开始;亨,是指慎始才能够亨通;而利,则是告诉我们,获得的利益要正当、合理。那么,最后一个字"贞"又是什么意思呢?

贞是一切的关键。始壮究的过程中,老天是在检验我们贞不贞,贞了,就贞下起元,有个更好的开始,从而进入上卦;不贞,下卦就完了,就死了,或者就去坐牢了。有的人飞黄腾达只到九二,九三没有做好就进了牢房,根本没机会走到上卦。

贞以前其实就叫贞操,现在很多人听到贞操就害怕,说那是传统,我觉得很好笑。什么叫贞操?贞操就是固正的操守,固就是很牢固,永远一个样,不会一会儿这样一会儿那样,但是又很正,这有什么不好?贞操是男人女人都要守的,男人跟女人贞操表现的方式不一样,这叫作男女有别,这一点我们在讲到乾坤两卦的时候会深入地研讨,因为这对人类社会,尤其是对现代人的未来具有关键性的影响。

所以元、亨、利、贞四个字很容易了解,元就是动机要纯正,不管做人做事,动机不纯正的话,就不元了。亨就是处事要谨慎,有的人往往机会良好,却不一定做得好,就是太大意了,关系很好被你搞坏了,品牌很好被你砸掉了,只要当中出一次事情就砸了,出两次事情人家就不信任了,怎么能亨呢?利是最大的考验。如何分享,如何使得大家心平气和,关键就在这个贞上面。贞才是关键。贞,就可以贞下起元,然后又有一个新的发展,比以前还好(图7-6)。不贞,那就不能再元了,就起不来了,公司是这样,个人也是这样的,事情更是如此,一旦方向错了,整个免谈，空忙一场。

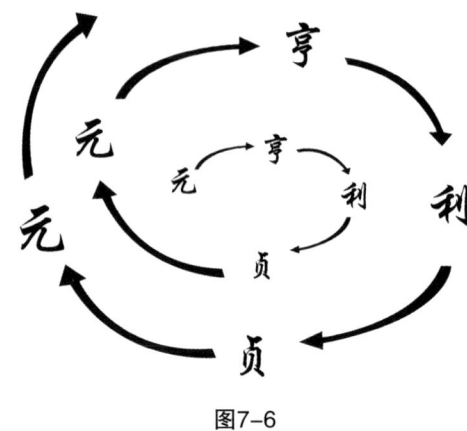

图7-6

有了元、亨、利、贞的美德，才叫作乾卦。元、亨、利是自然给的，只有贞是人为的，人跟动物不同就在贞与不贞，动物没有贞。孔子对乾卦特别重视，因为只要我们将乾坤两卦搞懂，其他六十二卦都可以触类旁通，所以孔子特别地为乾坤两卦加上《文言传》。乾卦文言内容尤其丰富，我们要进一步了解乾卦的内涵，必须要把乾卦的文言看一看。所以我们下一集就要来谈谈：孔子《文言传》。

易经的智慧·第八集

孔子《文言传》

孔子批阅《易经》韦编三绝，绑竹简的牛皮都被翻断了很多次。他对乾坤两卦的卦辞进行了详细的注解，留下了旁通四达的《文言传》。《文言传》中究竟蕴含着怎样的深邃哲理，何以被后世学者奉为"千古文章之祖"？包含着宇宙人生奥秘的"元、亨、利、贞"与儒家所讲的仁、义、礼、智、信，又有着怎样的内在联系呢？

第八集　孔子《文言传》

《易经》是谁创造的？它又是什么时候完成的？我们有两句话可以概括：人更三圣，世历三古。人更三圣是指：伏羲、周文王、孔子。但是真的是他们三个人完成了这么伟大的创作吗？我想不太可能。三圣只是一个代号，是一群人的代表，所以"人更三圣"告诉我们，《易经》是集体创作的，不是个人的创见。每个时代有很多人做《易经》的研究，然后把所有的功劳都集中在伏羲氏、周文王、孔子身上，这是我们中国人的作风。伏羲在上古，文王在中古，孔子在近古，所以叫作"世历三古"（图8-1），这告诉我们，《易经》是经过很漫长的时间，慢慢孕育而成的，最要紧的是它经得起长时间的考验。

图8-1

《易经》分成"经"跟"传"两大部分（图8-2）："经"比较简单，就是卦象、卦名，还有周文王写的卦辞、爻辞。"传"比较丰富，我们把它叫作《十翼》。翼就是翅膀，就是给《易经》加上了十只翅膀，让它更加有价值，更加有内涵。

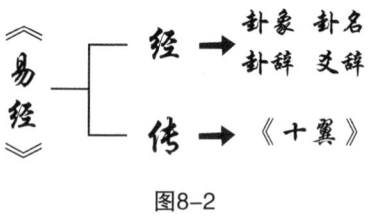

图8-2

《十翼》(图8-3)实际上只有七种,不过其中有三种分上、下两部分,所以称为《十翼》。

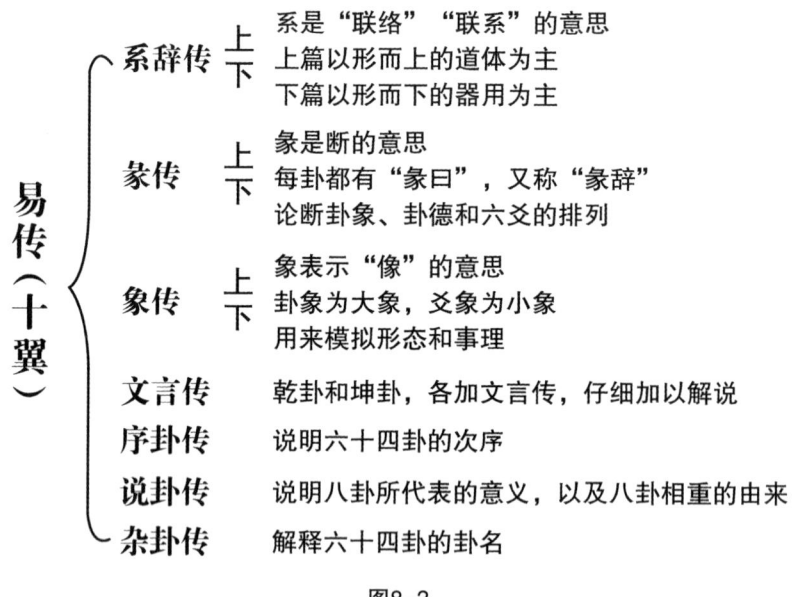

图8-3

首先是《系辞传》,系就是把《易经》联系起来的,孔子写的《系辞传》,是《易经》全盘的大要,也就是我们今天所讲的概要或者导论,因为"经"分上经、下经,所以《系辞传》就配合"经"分上、下,即《系辞上传》和《系辞下传》。然后有《彖传》,彖辞是解释卦辞的,解释全卦的大要,上、下经各有彖,所以也分成上、下。接下来是《象传》,分成大象跟小象,解释全卦卦象的叫作大象,解释每一个爻的爻象的叫作小象。以上三种各分上下,就成为《十翼》的六个部分。

第八集　孔子《文言传》

除此之外还有：《说卦传》，专门解说八个基本卦的真正意思；《序卦传》，用以说明六十四卦为什么从乾、坤开始，最后到既济、未济结束，它的次序非常有道理，脉络也很清楚；《杂卦传》，对六十四卦不按照古经的排列方式，自己创出一套排列的次序。最后就是我们要介绍的《文言传》。《文言传》是孔子看到周文王所写的卦辞非常精练，怕很多人不是很了解，所以特别加以解释，只在乾坤两卦有。

《文言传》中，孔子解释乾坤两卦的"元、亨、利、贞"四德说：*元者，善之长也；亨者，嘉之会也；利者，义之和也；贞者，事之干也。*

*元者，善之长也。*善之长是什么意思？就是指人的元气。元就是开始，气就是我们平常所呼吸的空气。元气为什么重要？因为当人是胎儿的时候，在子宫里面是靠脐带呼吸的，只能吸收母亲体内的气，吸收不了外面的空气。可是一出生，脐带剪断了，婴儿就没法呼吸了，所以就哭，就开始练习用嘴巴来呼吸空气。可见人一出生就面临着生死关头，很多婴儿出生不久就死了，说明过不了这一关，一口气上不来，有再大的本事都没有用。

元是元始，元气就是生下来的那一口气，而元气是很重要的，所以我们一见面就说"你气色不错"，"你很有元气"。天最大的善，最大的好，就是它给了我们足够的气，如果空气不够，那会很糟糕。我们要好好地爱惜空气，不要去污染它，这是我们保护环境的最根本的一种做法。元和仁是分不开的，就是人一开始就要凭良心，才叫作元。自己吸空气，还要考虑到别人也需要空气，不能一个人把空气都吸光了，也不能说自己不要的地方就把它污染掉，这就叫元。

所以"元者，善之长也"，意思就是我们每一个人都要使自己做一个堂堂正正的人，这样才对得起老天给我们的这一口气。

乾坤两卦有一个重要的共通之处，就是卦辞里都包含着"元、亨、利、贞"四德。如果说元是开始的意思，那么亨代表什么？《易经》又启示我们应该如何处理社会关系，过一种更加合理的生活呢？

亨者，嘉之会也。亨是什么？就是大家在一起互相照顾、互相帮忙、彼此尊重，自然就会亨通，就不会产生阻碍。自然的阻碍已经够多了，现在人与人之间还设下种种阻碍，这是非常不明智的做法。

嘉就是美的意思。会是聚集，人跟人聚集在一起，动物跟动物聚集在一起，植物跟植物聚集在一起。万物聚集在一起，才能过美好的生活，植物有植物的生活，动物有动物的生活，人有人的生活，大家互相包容、互相照顾，不去侵害别人，这叫作嘉之会也。我们做生意就是把这里有的送到没有的地方去，把我们没有的从别的地方运过来，这个也叫作嘉之会也。天底下有各式各样的东西，我们互通有无，保存它们原来生存的环境，才能够长长久久地生活下去。"亨者，嘉之会也"告诉我们，每一个人要各尽所能，而又各取所需，不能因为自己有钱就什么事都不做，还专门去买人家的东西，甚至囤积居奇，那是不对的。钱是要流通的，货物是要交换的，任何东西都要考虑到别人也有需要，而不是只想自己一个人独吞，否则人一聚集就乱了，就不和谐了，就开始争夺了，那样人跟动物有什么不同？较之动物，人应该过一种更加合理的生活。

天下熙熙，皆为利来；天下攘攘，皆为利往。互通有无之后，"利"成为横在人生中的巨大考验。如果说赚钱是靠机会，那么花钱就要靠智慧。那么富起来的人们应当如何花钱？为什么说生活豪华奢侈是一种罪过呢？

利者，义之和也。义的意思就是适合不适合，适宜不适宜，合理不合理。义能够很合理，大家就比较和谐，尤其是中国人，合理的就口服心服；不合理的，表面上也许不敢、不方便或者不愿意说什么，但是心里有数，到时候就找你麻烦。因为义是我们非常重视的。

利是老天对我们最大的考验，老天给我们利就是在考验我们。赚钱并不可耻，赚钱其实是可爱的，因为它对人类的生活有正面的贡献，可是怎么去用钱，这才是智慧。赚钱凭什么？有人说凭能力，我不认为有能力就能赚到钱，赚钱其实是靠机会。机会来了，钱怎么来的自己都不知道，可

第八集　孔子《文言传》

是用钱那是靠智慧，所以一个人要赚钱之前，最好先学一学怎么样去花钱，怎么样去用钱。其实《易经》告诉我们怎么样去用钱，八个字就讲完了：当用不省，当省不用。

该用的，就算没有钱，想办法也要用。老实讲，一个人要么不结婚，结了婚，当了家长，就要负起自己的责任，就要让一家老小最起码可以过温饱的生活，否则这个家长就没有尽到责任。但是我们也没有必要把生活弄得很豪华，很奢侈，那样反而是罪过，是浪费资源。资源是有限的，地球现在将近六十几亿人口，大家都要活，一个人把资源囊括到自己家里面，利就不能和，大家就不能和谐。一个社会贫富的差距越大，这个社会越不稳定，越不安全，但我们不能勉强使全民都一样，因为那是不合自然的。但是有钱的人一定要想办法去跟大家分享，去照顾那些比较穷困的人，这样就对了。但是又有人想错了，想自己先去赚一些昧良心的钱，然后去做善事，这个行吗？不行，因为功过不相抵，一个人做了坏事就是做了坏事，想用这个来补偿那个，是不可能的。现在很多人赚了钱，赶快去烧香拜佛，求神保佑，这是不合理的，因为如果这样可行的话，那神就不公正，不公正就不叫神，而叫魔。

利关不破，则得失惊之。想要经受住利关、名关重重考验，保持恒久的正直，贞就成为重要一德。为什么说把正直理解为守规矩，是我们对于原典的误解？《易经》中讲曲折迂回反倒是办成大事的最有效路径，这又是怎么一回事呢？

贞者，事之干也。我们说经得起利的考验的人就叫贞，贞就是一个人赚了钱，还能规规矩矩。一般人在穷的时候保持规规矩矩都很难，因为穷会使人不择手段；可是有了钱，要保持规规矩矩就更难了，因为财大气粗。所以穷会害死人，富也会害死人，这样大家就体会到上天是用金钱、财富来考验我们每一个人的。

见利忘义、见钱眼开的，都是经不起考验的人。钱财是工具，不是目

的，目的要看正不正，正不正就是能不能摆平，摆不平，问题就出来了，所以中国人很喜欢说"你摆平了没有"。摆平不是用强制的手段，强制的更摆不平。每个人立场、身份、需求不一样，要摆平就必须要求圆满，所以我们一直讲做人要正直，而且要持久，正直一分钟，正直一天，有什么用？正直三年也没有用。很多人就是一段时间很正直，然后吃了亏以后就觉得是因为自己正直才吃亏，所以要比谁都狠，那就完了。很多在学校操行很好的人反而经不起社会的考验，于是我们就制造很多名词，说"社会是染缸，我们被它污染掉了"，这是很奇怪的说法。一个人行得正，染缸能把你怎么样？人要出污泥而不染，靠自己，不能靠环境，如果完全靠环境，就只能接受环境的摆布，这是对自己不负责任的表现。

我们现在都很清楚，正不正在自己，别人不知道，可哪个人不说自己正？现在的问题就是我们不了解什么叫作正。正不是说一个人很正直、一丝不苟、样样都守规矩，但是两千年来我们都是这样解释的，所以才会满口仁义道德，而表现却是龌龊卑鄙。我们曲解了圣人的意思，《中庸》说"曲则全"，就是告诉我们要走出那条太极线，走出那个弯弯曲曲的路，否则就没有办法正直。

我们以为二分法是对的，直就是直，曲就是曲。其实不然，曲才能直，越是直的公路，出车祸概率越大，越是山路崎岖，九弯十八拐的，越是安全得很。因为人一看到歪歪斜斜的路，就不敢睡觉，很认真地把稳角度，大家都小心，自然安全了。而一看到路很直，自以为没问题，就说话了，就开始打电话了，结果"砰"一下就出去了。这种现实告诉我们，越直越容易出问题。全世界没有哪个地方高速公路的交流道敢用直道，都是弯弯曲曲的，这样大家才会乖乖减速、认真地开车，下了高速才能适应平地的交通。人类的智慧就表现在交流道永远是弯曲的，曲是直的必要过程。

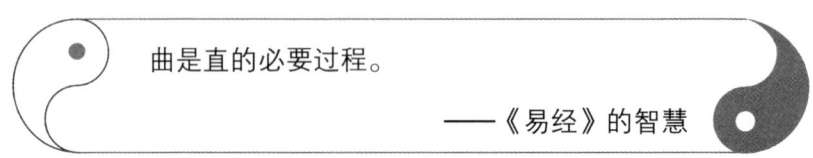

曲是直的必要过程。
——《易经》的智慧

第八集　孔子《文言传》

上卦跟下卦当中有一个交界处，这个交界处是曲线的，不是直线的。西方人最大的问题就是把水平线当作是直的，实际上水平线是弧形的，也是起起伏伏的。世间没有直的东西，两点之间直线最短，但是永远达不到。中国人一听直话就火大，就听不进去，因为太极线是弯弯曲曲的，所以我们不妨稍微婉转一点，稍微转个弯，对方就能听进去了，就有效了，就安全了。所以《易经》使我们的生活更加安全、有效、方便。

但是现在我们都认为有话要直说，不要拐弯抹角，也不管人家有什么反应，却不知道那就是目中无人。一个人正直不正直，跟我们所想象的有很大的差距，孔子费尽苦心去解释，但是我们却没有体会到贞的真义。我们要有效，要让大家能够照着去做，就非要采取一种迂回的方式，否则是达不到愿望的。

贞就是虽然自己很正直，但是也会替别人想，会外圆内方。这样各位才知道圆就是方，方就是圆，越小就越方，越大就越圆，同样一个东西，小小的一定是方的，而到了很大的时候就圆了。所以当我们说"做人要大方一点"，中国人就听懂了——做人要圆通一点。中国人的观念是：方就是圆，所以说一个人很圆通，就是他很大方。

智圆行方，曲中求直，《易经》的智慧以通达明变为贵。那么，人生世事是如何在元、亨、利、贞之间往复变化的呢？元、亨、利、贞与儒家五常"仁、义、礼、智、信"之间又有怎样的联系呢？

春天，万物开始发芽，就是元。到了夏天，万物就会成长，就会茂盛，叫作亨。秋天就开始有收获，叫作利。"利"字就像一把刀在割成熟的农作物。冬天要把收割来的东西藏起来，第二年才会有新的种子。如果冬天把收回来的东西全都吃光，连种子都没了，来年春天靠什么去播种？从这里我们就可以知道，元、亨、利是比较自然的。

人只要慎始，大概就会比较圆满。圆满就是无咎，就是没有后遗症，就是顾虑到每一个人的角度和立场。做人要面面顾到，而每个人站的方

向、立场、位置都不相同,这是在中国社会做人特别辛苦、特别为难的重要因素。圆满这两个字,是我们中国人特别要小心的,西方人只有是非,没有圆满。中国人不是没有是非,中国人最痛恨没有是非的人,但是中国人告诉你,是非要分得很圆满,只要分得不圆满,还不如不分是非。一般人就是没有这个概念,一味坚持对就是对,错就是错,所以最后都不会圆满。

元就是仁,仁就是元,种子好,长出来的东西就好,种子不行,再怎么努力去耕耘,去浇水,去照顾,还是不行,所以选种很重要。今天大家都喜欢当一方之长,校长、厂长、厅长、处长、首长,不管是什么长,最起码当个家长,但是千万记住,要慎始,一开始就要重视那个元,元就是仁心。一个人如果没有仁心,不管做什么长,最后都是害己害人。

有了仁心,才会去照顾关心其他人,然后办事就会很顺利,很亨通。所以我们发现一个人只要仁政爱民,自然就会官运亨通。但是"利"之所在就要小心了,而且利越大越要小心,要能够经得起利益的引诱。所以当商人送一个官员一百万的时候,这个官员要记住自己不是拿一百万,最起码算在自己头上的是两百万,因为商人自己如果不拿一百万,就不会给他一百万的,很可能是商人拿了一千万才给他一百万,最后要他背着很重的负担,这就叫作利。

贞就是一个人公正地照顾所有的百姓,这样一来,内心贞不贞就得到证明,见利忘义就是不贞。

因此我们可以看出,儒家把元、亨、利、贞发展成了五个字,叫作仁、义、礼、智、信。仁就是元,义跟礼就是亨。一个人有礼有节,处处都合理,就很亨通。礼是一般人能看得见的,做人要有礼貌,做事情要重视礼节,礼要有节制,而义即合理不合理,只能是心中有数,外面看不见。孔子说:不知礼,无以立。一个人只要不学礼,就没有办法在社会上立足,什么事情都办不通。而智就是利,利益当前的时候,我们要用理智来判断该要不该要,能要不能要,要了以后能不能无咎。如果不能理智判断,要到不该要的时候,自己的心就开始不安了,晚上睡不好,白天脸色不对,眼睛也没有光亮,看到人就好像怕人家看见一样,就低头,可见

第八集　孔子《文言传》

这种"要"到最后都是后悔的。贞是什么？就是信，人家对你信不信就是看你正不正，你正，就算他觉得不公平，也觉得你有你的道理，也还是会拥护你；你不正，就算你对人家再好，人家都会怀疑你是不是又要利用他做什么事情，他会怕，会躲得远远的。所以信就是我们自己给人家的印象正不正。现代人最大的危机其实是互信危机，就是人与人之间不能信任，爸爸害怕儿子，长官怕部属，左右邻居都互相提防，上下楼都是提心吊胆的，去买药，担心是假药……我们没有互信了，这都是人类自寻苦恼，而自己又很难解决的问题。

我们一定要从《易经》的道理，从乾卦开始，先要求自己，不要老要求别人，把自己做好了，别人自然会受影响。一个人最了不起的不是控制别人，不是教导别人，不是命令别人，而是发挥自己的影响力。而影响力的发挥是不分身份地位的。任何一个人，只要行得正，只要得到大家的信任，都可以发挥相当的影响力。哪怕是一个建筑工人，只要大家看到他说"你盖的房子一定没有问题"，就够了。任何一个售货员，我们看到他就说"你卖给我的东西，我不用担心"，就够了。可见信是非常重要的。

君子坦荡荡，并用一身正气影响着身边的人。君子在人生的各个阶段，都会适时调整，凡事并不会做得太满。要在生活中游刃有余，每个人都要有"两把刷子"。"两把刷子"是什么？六六大顺这样的吉祥话又潜藏着怎样的危机呢？

仁、义、礼、智、信，就是元、亨、利、贞，就是天地的正气，叫作乾元。乾元就是先天一气，是天地之间最无私的。比如空气没有因为谁是好人才给，谁是坏人就不给，也不会因为谁对它好就让谁吸，谁对它不好就不让谁吸，但它不是不分是非，它是在告诉我们，要爱惜自己，要修养自己，否则到时候一口气不来，怨它也没有用。

《文言传》里面特别提到一句话：*乾元用九，乃见天则*。什么叫作乾？为什么能够自强不息？就是因为它会用九。用九用现在的话来讲就叫

作阶段性的调整。一个人不能老一套，这一套在这个阶段合适，但到了下一阶段就可能遭遇到重重困难。这样大家才知道为什么我们中国人赞美人都说"这个人了不起，有两把刷子"，我们从来不说"这个人了不起，有一把刷子"。一把刷子管什么用？一个人最起码要有阴阳两把刷子，能刚就刚，要柔就柔，能高就高，该低则低，这叫作能屈能伸。

中国人最了不起的就是能屈能伸，刚柔并济，恩威并施，内方外圆，我们始终是阴阳配合的。因为乾卦告诉我们：亢龙有悔。阳刚过盛，马上就成阴。阳极成阴，就是当一个人不可一世、非常神气的时候，突然间掉下来了，就会凄凄惨惨。所以到五我们还可以掌握，六最好是算了，不要贪得无厌。千万记住，可以掌握的东西掌握到就好了，掌握不了的东西还是不要为好。不要太过相信六六大顺，就是因为六不顺才称为六六大顺。《易经》的道理就是这样，我们很顺的时候它就告诉我们要小心了，顺的后面是有后遗症的，我们要追求没有后遗症的无咎境界。

《易经》每一个卦都是有条件的，也都提供了一个希望，人是活在希望里，而不是活在梦想里，有希望要靠我们自己去落实，所以有了乾的自强不息，就必须要坤的厚德载物，乾在前面创造，坤在后面落实配合，所以阳极成阴是有道理的，我们下一集就来讨论：阳极成阴。

易经的智慧 · 第九集

阳极成阴

太极动而生阳，动极而静，静而生阴。象征动静两极的乾卦与坤卦有一个重要的相通之处，那就是都包含"元、亨、利、贞"四德。乾道自强不息，坤道厚德载物。乾坤之间究竟是如何相互转化的？动静有常、刚柔并济的哲学观念，对我们为人处世又有怎样的深刻启迪呢？

第九集　阳极成阴

乾卦六个爻都是阳爻，是纯阳卦。如果六个阳爻一下子都变成阴爻，就变成了纯阴卦，坤卦（图9-1）。乾错坤，就是乾坤两卦之间阳变阴，阴变阳，二者是互错的关系。乾卦的卦辞是：元、亨、利、贞。坤卦的卦辞是：**元亨，利牝马之贞。君子有攸往，先迷，后得主，利。西南得朋，东北丧朋。安贞吉**。乾卦只有元、亨、利、贞，坤卦多了一点条件——利牝马之贞，多的这么几个字，就是它的限制。

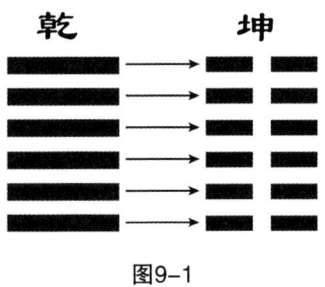

图9-1

乾是创造的，该怎么做就怎么做。而坤是配合的，必须要有方向，有导引，有正确的方法。所以，利牝马之贞，就是说人的贞，要像母马一样。母马有一个特性，就是永远追随着公马，公马往哪里跑，它就跟着往哪里跑，公马跑多快它就跟多快，不会给公马一点点的负担，不会变成公马的累赘，反而会变成公马的伴侣。这就叫作夫唱妇随。但是今天有很多人听到夫唱妇随就火大，说妇唱夫随不可以吗？当然可以，反正这是夫妻两人之间的事，夫妻自己去商量。只不过社会有一个主流价值，你有自由坚持妇唱夫随，可是你不能标榜自己，也不能去否定人家，说时代不同了，现在不可以再夫唱妇随了，应该妇唱夫随，这样不对，因为坤卦的卦

辞"元亨，利牝马之贞"告诉我们，坤的主要精神还是在于配合。

乾是天，龙才能飞上天，所以乾用龙。坤是地，用马，因为马在地上跑得很快，只受一个限制，就是龙往哪里走，它就往哪里跟，这样就叫作龙马精神。而龙也有责任，要走向正确的方向，如果带错了，将来就会和马同归于尽。所以，龙马精神，就是要求领头的人要端正方向，要保持良好的速度，同时要看左右有什么障碍，并事先加以排除，这样牝马才有办法一路地追随上来。

常言道，俯首甘为孺子牛。在中国人的观念中，牛应该比马更能吃苦耐劳，更加顺从。既然坤卦讲究安顺守正，那么为什么它的卦辞用马而不用牛？坤卦"利牝马之贞"的卦辞背后，又包含着哪些深刻的哲学意涵呢？

《易经》告诉我们，任何事情都是有条件的，不是绝对的。坤卦卦辞为什么不说"利母牛之贞"？马跟牛有什么不同？在大家的印象里，牛是比较负重的，要牛紧跟不舍恐怕有点困难，而马是比较轻快的。而且虽然牛是顺从的，马也是顺从的，可是牛，你不管叫它做什么，它都顺从，这就是盲从；马不一样，虽然马忠贞不贰，但是会坚守原则，该跟从的才跟从，不该跟从的还是不跟从。

所以我们用马不用牛是有深刻意义的。做妻子的不能是丈夫让做什么就做什么，只有丈夫的要求是正当的，才能全力配合；如果丈夫的要求不合理，就坚决不能跟从，这样才叫利牝马之贞。

坤有个美德，就叫成全，我们现在很少有人懂得什么叫成全。太太虽然不一定比先生能力弱，但是为了整个家庭，要集中力量，所以太太要让先生没有后顾之忧，成全先生，这才是比创造更伟大的，叫作妇德。但是，因为现在大家只计较功劳，那种看不见功劳的事情都不愿做，当然就谈不上成全。

第九集　阳极成阴

坤有个美德，叫作成全。
——《易经》的智慧

乾卦讲的是乾元，坤卦讲的是坤元。只有乾元，就会只有理想，而始终不能落实；只有坤元，虽然能够吃苦耐劳，但是却没有理想。所以，乾元跟坤元配合，才能使得理想落实。前面有人引导，后面有人能够把事情做好，这就叫作乾坤配。

老子的主张大家都很清楚，叫作不敢为天下先。不敢为天下先，就是讲坤卦的。因为坤卦一定要追随在乾的后面，否则，有时会得到反效果，越努力，事情反而越糟糕，这叫帮倒忙。

老实讲，真正懂得中华文化的人，都知道老子讲不敢为天下先，就是要为天下先，这两句话是一样的，这才叫一阴一阳之谓道。

老子在《道德经》中写道：一曰慈，二曰俭，三曰不敢为天下先。这是他的三大法宝。为什么按照《易经》的道理，不敢为与要为，反倒成了一样的呢？我们应该如何理解进与退、入世与出世这些看似对立的人生策略呢？

老子讲无为，孔子就不讲无为吗？无为不就是有为吗？这些其实都很容易理解，只是我们常年以来，没有按照《易经》的思维去处理，才会产生很多扭曲和误解。《易经》告诉我们，一阴一阳同时存在，勿用就是要用，就是站在不用的立场来适当地应用。

不敢为天下先，就是要为天下先。先衡量状况，不该领先就不要领先，让给比较合理的人，这叫作礼让为先。可是如果让来让去发现自己先最合理，别人先可能会把事情搞糟，那就当仁不让。所以中国人让来让去，最后当仁不让，就是因为受到了坤卦的影响。

夫唱妇随，如果半路上先生生病了怎么办？太太也不能出去吗？当然

出去。在家里半夜有人敲门,先生对太太说"你去开门",算先生吗?但如果先生病倒了,不能动了,说不定是医生来敲门,太太也说"你去开门",那岂不累死先生?可见夫唱妇随还是妇唱夫随,这是变动的,不是固定的,才叫《易经》。

我们要得到乾元的指引,才可以全力向前。如果没有得到乾元的指引,不为天下先是比较安全的。

元亨,利牝马之贞,后面是:**君子有攸往**。有攸往就是有所往。当一个君子打算往哪里走的时候,要记住,**先迷,后得主,利**。

一个人走在前面,假定她是坤元的话,就可能迷失方向。但如果能找到乾元,而且发现这乾元是可靠的,就跟着,反而是有利的。其实现在大家可以看得很清楚,一个女人要去哪里,上了车就开走了,比较容易迷路,因为她方向感不好。男人的方向感远比女人要好。所以女人不能急,要让男人告诉你向左向右,而且要让他提前告诉你,不要到了拐弯才说,那时候是拐不了的,要把责任给他。这个就叫作先迷,后得主,才有利于坤元。

坤元宽厚能普载万物,德性宽厚能久远无疆。然而周文王在画八卦时为什么要故意改动坤卦在伏羲八卦中的方向?为什么说"西南得朋,东北丧朋"的卦辞中弥漫着讨伐商纣的历史烽烟呢?

坤卦的卦辞接下来说:**西南得朋,东北丧朋。安贞吉**。这里所说的西南跟东北是按照文王八卦来的。我们都知道当初周文王写《易经》的时候,他最大的想法是要发挥其政治的功能。因为他要反商纣,要推翻商朝,建立自己的王朝,当然这不是为私人,而是为天下百姓。因此,他就把伏羲的八卦稍微改了一下。

我们都知道周文王的领土是在我们整个中国的西边,因此后天八卦也就是文王八卦就把乾、坤都挪到西面去。西北叫作乾,西南叫作坤。乾坤挪过去以后,北跟南怎么办?很简单,北比较冷,所以用水,用坎;南比较热,所以用火,用离。而且有更妙的,因为商纣王在东边,所以他就告诉老百姓,如果要往东走的话会受到震动,如果往我们西边来会很喜悦。所以,震卦在东边,兑卦摆在西边(图9-2)。这么一来,整个八卦的位置就跟先天八卦不一样了。

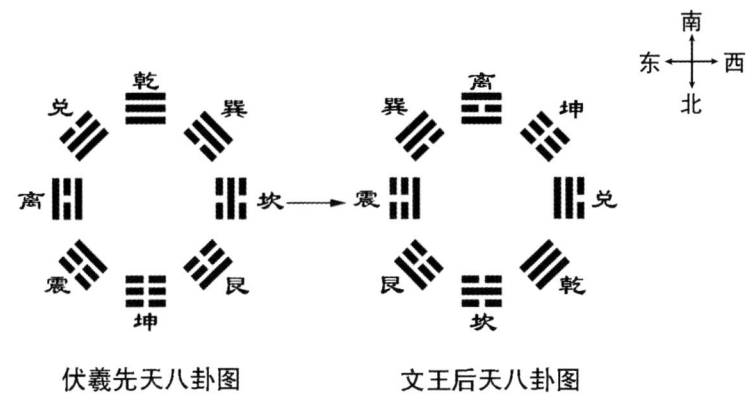

图9-2

其实,我们如果从这个角度来解释后天八卦,就知道文王当时想做什么。而且坤卦的卦辞很明显地告诉我们,到西南就会得到同志,而如果往东北走,就会碰到障碍,因为东北是艮卦。周文王无形当中希望老百姓能够相信他的话,然后都投奔到他这儿来,壮大他的势力,他就比较有把握把商纣灭掉。

我们再从《易经》大家庭来看,可以看到西方的兑卦是少女,南方的离卦是中女,东南的巽卦是长女。这几个卦跟坤卦是一样的,都是阴卦,属于同类,因此,西南就得朋。相反,其他的都属于阳卦,跟坤是不相合的,所以就会丧朋。

如果从这个角度来看的话,我们可以很清楚地看出当时的文王八卦代表着政治号召。所以坤卦就代表一个人要找志同道合的人做朋友。但是,有志同道合的人,就一定有人跟你唱反调,你就对他敬而远之,保持安全的距离。

安贞吉,就是我们要反省自己够不够柔顺。如果自己是坤,又不够柔

顺，还要强出头，那迟早把乾气走。一个人如果够柔顺，对自己是有利的，不柔顺，没有朋友反而有利。夫妻吵架，没有朋友在场尽管吵好了，有朋友在的时候夫妻还吵架是很不利的。所以从这个角度，我们也可以知道坤卦所讲的柔顺也是乾坤配应有的一种配套。

坤道讲究配合与执行，但是这种服从是无条件的吗？如果乾道指向不对的时候，又应该如何行坤道呢？按照《易经》的智慧，待嫁的女子应该如何选择自己未来的丈夫呢？

凭良心讲，乾有时候也是不对的，所以坤完全顺从是不好的。可是坤要发挥作用的时候，一定要顾虑，一定要了解这个环境以及自己能够发挥到什么地步。乾卦的大象是我们非常熟悉的，叫做天行健，君子以自强不息。

天空，最主要就是空无所有，但是它有云有雨。云雨要动，否则天气凝固在那里，草木很难长大，所以云要行，雨要施。所以天重行，就是天如果不运行，空气不流通就糟糕了。

健不是说刚而已，还要持久。持久地运行才叫作天行健。我们看到太阳持久地、不停地东升西落，空气不停地流动，有时候有云，有时候有雾，有时候下雨，从来没有停止过。我们就觉悟到，要做一个君子，应该向天学习自强不息。

中国人很勤奋，就是跟天学习自强不息。那地呢？地有没有行呢？地不能行的，地一行那就地震了。地势坤，地完全是看势，有高山，有丘陵，有峻岭，高高低低。所以，天重行，地重势。

中国人常说，形势比人强。很多人认为自己很有能力，自己很有办法，自己做了很多贡献，其实都是形势的帮助。所以，中国人谢天谢地是有道理的。地势坤，就是地势有高高低低的变化，我们看地理都是看地势的。

君子看到了地势坤，跟看到天行健一样，要向地学习厚德载物。地很可爱，无私地承载万物。人们随便挖洞，它就让你挖，人们把有毒的东西埋进去，它也毫无条件地接受。地上有树，有山，有高楼大厦，什么都

第九集　阳极成阴

有，它从来不讲话。可是，人类不能过度欺负它，否则它就山崩地裂。所以你看女人，她很柔顺很柔顺，等到惹火了，她就像山崩地裂一样的，那就够瞧的。柔极成刚，刚极成柔，乾坤两卦相互转化的道理，我们真的要好好去想一想。

人要顺乎自然，但是不可以听其自然，听其自然就什么都不要做了，可是顺乎自然，就是安贞吉。做事情，该刚的时候才刚，该柔的时候一定要柔，只有柔才能够解决的就柔，非刚不可就刚，可刚可柔，刚柔并济，内外配合，才能掌握"贞"这个字的要义。

贞以前叫贞洁，叫操守，或者叫贞操。男人的贞操就是责任。很多女孩子不知道怎么选丈夫，其实有什么好选的？就看这个人可靠不可靠，有没有责任感。怎么知道有没有责任感？到他家看看他爸爸就知道了，如果他爸爸一天到晚不在家，小孩也不管，家里事情都是妈妈在操劳，你就知道这种人迟早也是他爸爸这样的。男人要可靠，要有责任感，既然这个女人是你娶的，糟糠之妻不可弃，辛苦的时候她跟你在一起，你现在有钱就嫌她老了，你算什么乾元呢？

天地有大美而不言。天的美德是：天行健，君子以自强不息。而地的美德是：地势坤，君子以厚德载物。那么天地"可进才进，当退则退"的美德，又给今天的人们以怎样的启迪呢？

女性坤元的贞操是什么？就是忠贞不贰。男人最不能忍受的就是自己的妻子跟别的男人有性关系。别的女人跟别人有性关系，他不在乎，反而认为，这有什么关系？干吗那么计较，时代不同了。凡是讲这种话的人，一旦发现他太太跟别人有性关系的时候，他肯定刀子都拿出来了。我们从这个角度可以知道男女有别。对贞操的观念，我们是同时要求的，因为一阴一阳同时存在。后来慢慢演变成只要求女人，不要求男人，这是违反《易经》的道理的。

君子看到天，就想到天的乐善好施：雨不吝啬，滋润万物；风不吝

嚣，到处吹。所以，看到天的公正无私，君子应该想到，自己应该度量宽广，能帮人家忙，尽量不要计较。看到地的厚德载物，应该想到自己有责任使每样东西都各安其位，所以，我们要地盘时，还要想到别人也要有地盘，尽量扩大自己地盘的同时，还要想想别人的感受。

这样一来，我们就有天地的美德，时时刻刻都知道可进才进，当退就要退，就会受到大家的欢迎。现在很多人把这些道理都当作耳边风，老拿"现在时代不同了"这句话当借口，认为该表现就要表现，这就违反了乾卦的第一爻。老实讲，乾卦六阳爻每一爻都随时可能变成阴爻。乾元用九，就预示阳极成阴。初九随时可以变成初六，只要没有按照初九的规定去做，就会变初六。

乾卦如果初九变初六，那就变成一个阴爻在下，五个阳爻在上，叫作姤卦（图9-3）。

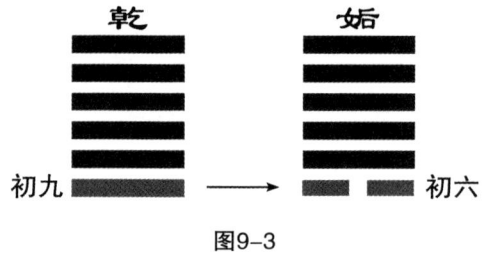

图9-3

姤卦的意思就是一个女孩子同时交到五个男朋友，没有做到潜龙勿用，没有准备好就出去跟人家约会了，不知天高地厚。姤卦告诉我们这个女孩子不能娶。这就是现在所讲的一夜情。一夜情的女孩子，谁敢娶？因为她与你是不期而遇，你根本不了解她，就跟她同游，必然受到侮辱。

一卦中，阴阳随时有可能转化，也就是我们生活中常说的"变卦"。在六爻中，奇数为阳，偶数为阴，如果第1，3，5爻为阳爻，2，4，6爻为阴爻，那就称为当位；但是如果反过来，就称作不当位。乾卦中的六爻全是阳爻，可见其中三爻是不当位的。那么当遇到不当位的时候，在处理问题时应该注意什么呢？

第九集 阳极成阴

乾卦第二爻是九二。可是九二不当位，反而六二是当位。我们来模拟一下，假定乾卦第二爻由阳转阴，就变成同人卦（图9-4）。同人卦的意思就是虽然你有功劳，虽然你表现得很好，可是同事们都不嫉妒你，而是都很欣赏你。九二不当位，有时候会冒过头了，风头太健，所以要适可而止，要柔一点，身段稍微放下一点。人家夸你了不起，你说都是大家帮忙；人家说你能干，你说运气好，正好碰到这个机会……

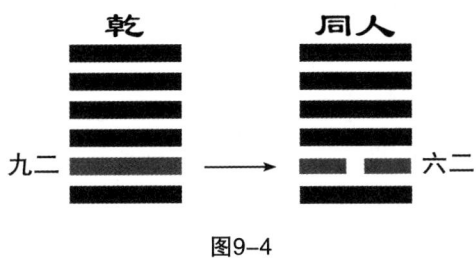

图9-4

可见我们得到一个很清楚的概念，就是当位时，照它这样去做会很好，如果不当位，就稍微往柔的方面去修正一下，就会很好。九三当位，但是我们要警惕，连晚上也不能大意，才会没事，否则就会九三变成六三了。如果乾卦的九三变成了六三就成了履卦（图9-5）。履卦就是履行合约的意思。我们只知道人跟人、人跟公司要有合约，其实人跟老天也是要有合约的——老天让我们做人我们就好好做人；老天让我们长成人的样子，我们就要像个人样。所以，履的意思就是履行天道，按照天道去做，我们就可以稍微缓和一点，不用操心。但是，我们没有那么大本事一下子就能够履行天道，所以还是要谨慎，谨慎到什么时候为止？谨慎到真的履行天道为止。可见阴阳是配合的。

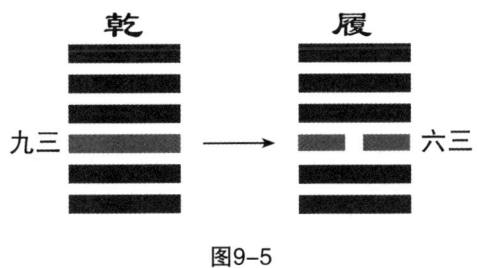

图9-5

我们再看第四爻,九四,还是不当位,因为第四爻应该是阴的,现在阳占在那里了,即阳居阴位。眼看着就是九五了,一心想往上爬,那是自讨苦吃。到了第四爻的时候,就应该知道上面的就是九五。中国人常说伴君如伴虎,陪在大老板旁边,固然很得意,很得宠,有机会,但是也是高度的危险,因为大老板跟老虎一样,随时会咬人的。所以一个人跟老板很接近,就要特别小心,你事情做不好他先看到,底下人做不好他不一定看得到。而且所有人都要来找你,都要拜托你,你只要一动心,老板就会怀疑你。

上九更不用说了,爻辞是亢龙有悔。就是说该退的时候还不退,退了还要再管事,那是自找麻烦。如果上九变成了上六,那就是夬卦(图9-6)了,情况会乐观得多。

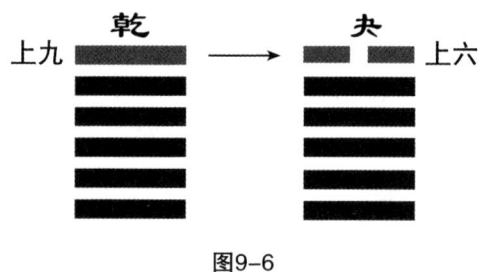

图9-6

所以,每一个爻发生变化,阳变阴,阴变阳,整个的卦就会变得不同。我们看一个卦的时候,要同时看这些变来变去的卦,才能够了解整个卦的意思。

天是天道,重行,所以一个人如果不动,就会出问题。地道是柔刚,不是完全柔顺,坤元柔到最后是很刚的。所以,我们平常讲孝顺,其实这两个字也是很有问题的,我们长期以来有很多观念是一直错下来的。父母的话不对,你也要顺他,那也是不孝的,但是父母不对,你去当面说,那就更不孝。孝敬父母,不一定要顺。像这些道理,现在的书本里面几乎都没有。所以,我们这次要把《易经》从头说起,就是想把我们平常所碰到的事情,借由卦来找出一条可行的道路。我们下一集就要来谈谈:地道柔刚。

易经的智慧 · 第十集　地道柔刚

自然有阴阳之变，人道以中和为常，我们在处世的时候也应该学会刚柔并济。那么在明白了阳极成阴的道理之后，我们又能从坤卦六个阴爻的演进中获得怎样的启示？又该如何采借乾坤智慧，来经营幸福生活呢？

第十集　地道柔刚

我们每一次看卦都可以看出它们的体检表，可是每一次体检表内容都不大一样，为什么？因为要提供给大家各种不同的看法。我们研究坤卦，重点在提醒大家，坤卦的六个阴爻都是不相应的：初六跟六四都是阴，同性相斥，不是阴阳异性相吸，所以不相应；六二跟六五也是不相应的；六三跟上六通通是阴性，也是相斥的（图10-1）。

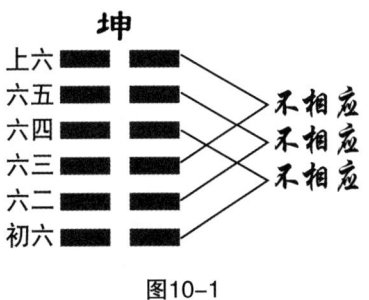

图10-1

我们都认为乾卦跟坤卦是好卦，其实没有什么好坏。我们看坤卦，从下到上，六个字：动、入、深、显、静、代（图10-2）。

图10-2

初爻讲的是什么？是动。任何事情不动的时候，我们不太会被它吸引，一动我们才注意到。第二爻是入，任何事情动就是开始，开始都只是表象而已，动了以后就会比较深入，所以为什么通常下卦的中爻都是比较好，也是比较重要的，就是因为它深入了。老实讲，一个人做一门学问，光靠一本书那就是动一动而已，不算深入，等看了几十本书，经过十几年的实际操作、体验，就已经到了下卦的中爻，这就是入。入了以后还要更深一层去挖，挖里面真正的意思是什么，第三爻就是深。所以，坤卦下卦整个的过程可以表述为：我们看到一个洞，要深入去了解这里面有什么东西，看到以后就循着再进去一些，我们才能够慢慢地接近那个真相，否则就会经常被自己的眼睛欺骗。下卦三爻，以前叫作始、壮、究，现在我们说动、入、深，道理是一样的（图10-3）。

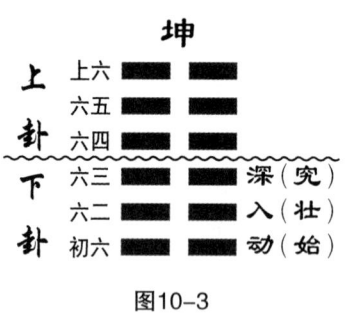

图10-3

上下卦毕竟有一点区别，到了上卦，就得比较明显了，我们也能明显地看清楚了，所以第四爻就是显。到第五爻的时候就开始由动到静，老是动的话，消耗得太快了，是保持不住的，所以就会慢慢地静下来，第五爻就是静。今天的人很普遍地犯了一个毛病，就是能动不能静，所以往往很难从初爻走到第五爻。到了上六这一爻是代，就是准备要新陈代谢了，因为此时整个发展到差不多以后，就该休息了，就该换别人了。我们不要把所有事情都做完，留点事情给后代子孙做，这才叫公德。否则如果我们这辈子把所有煤炭都挖光了，那我们后代子孙靠什么？

我们再看坤卦六爻，最上面两爻是天道，中间两爻是人道，最底下的

第十集　地道柔刚

两爻是地道（图10-4）。我们接下来逐一分析坤卦每爻的爻辞。

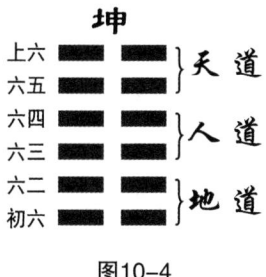

图10-4

《易经》六十四卦三百八十四爻，象征着宇宙万物一切的变化。坤卦动、入、深、显、静、代的循环，演绎着世事由喧腾归于和静清寂的发展规律。那么，坤卦的六个爻辞中又包含了哪些智慧？我们如何才能游刃有余地把握坤道的尺度呢？

初六的爻辞（图10-5）大家很熟悉，叫作履霜坚冰至。

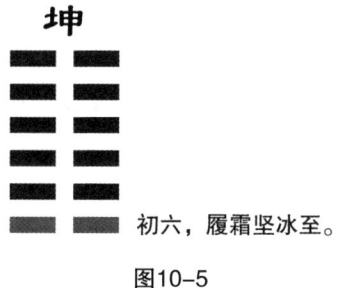

图10-5

大家想想看，如果自己脚上踩到霜，会有什么感觉？我们知道霜如果不清除的话，迟早会结成冰。下霜的时候，每天都要有车子清除霜雪，因为只要不清除，它就结冰了，一结冰，车子就打滑了，就可能撞到一起，那高速公路也不通了，所以下雪天高速公路会履霜坚冰至，我们要及早把它清除，保持道路的畅通。

看到小孩有一点坏习惯，我们就要想到履霜坚冰至，坏习惯如果不趁早改的话，会越来越严重，到最后就是想改也改不了。现在小孩喜欢玩电

子游戏，就要防范他长大了以后会不会乱杀人，因为电子游戏只有一个原则——杀，看一个杀一个，看谁杀得快，看谁杀得多。这样的小孩长大后也会拿个枪到处"砰砰砰"，太多美国的中学生杀人的案例证明了这一点，这就是没有弄懂履霜坚冰至的道理，到时候孩子被抓去判刑，再后悔也没有用了。

坤卦已经很清楚地告诉我们，当事情刚开始发生的时候，就要注意它将来会怎么样。一个人要有高度的警觉性，中国人因为有了《易经》，所以怀疑心很重。一个人如果说"中国人警觉性很高"，就表示他有同胞的爱，他对中华文化有敬意；一个人如果说"中国人怀疑心很重"，那这个人就是外国人，一点同胞的情分都没有，专看中国人的缺点。其实哪有什么缺点呢？警觉性高就是怀疑心重，怀疑心重也不过是警觉性高，这两句话是完全一样的。

当发现一个小人动恶念的时候，我们及时防备，就能及时地躲开，就没有事了。否则掉以轻心，不当回事，结果大难临头，那就是自作自受，怪不着谁。

履霜坚冰至，一看到霜就要想到要铲除掉。要铲除霜很容易，只要一点点热气它就不见了，阴就变阳了，所以坤卦的初六如果变成初九，就变成复卦了（图10-6），叫做一阳来复，整个状况就不一样了。所以做任何事情一定要趁早、及时防范，不要到时候才后悔，这是坤卦的初爻给我们的启示。

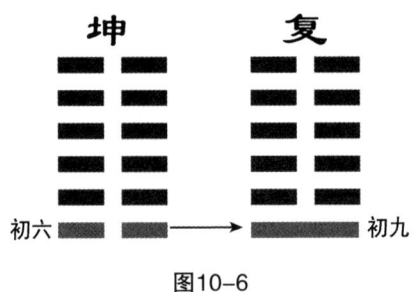

图10-6

第十集　地道柔刚

初爻将动处，万物未生时。坤卦的第一爻就是提醒我们要防患于未然。然而当事物露出苗头进入第二爻的时候，我们应该如何应对？如果说标准化的礼仪培训磨灭了人与人之间真诚的情谊，那什么才是真正的以礼相待呢？

六二的爻辞（图10-7）叫作直方大，不习，无不利。

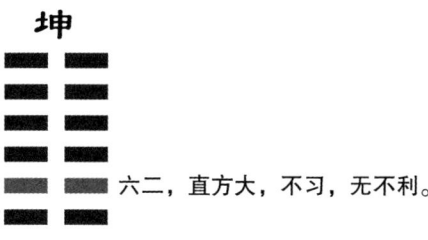

图10-7

地的本性就是广大无边。我们现在看天可以看出天是圆的，可是看地能看出地是圆的吗？除非我们站得非常高，才可以看出地是圆的，而一般人站得很低，所看到的地都是平的、有界限的，而且都是方的。所以直、方、大，是地给我们的直观概念。

不习的意思就是说地的直、方、大是自然而然的，没有经过人工做过，所以我们人与人的关系要出乎自然，要出乎内心的真诚，而不是说学一套礼仪，鞠躬多少度，引领的手怎么弄法，看到人就给他拿椅子，那都是形式。礼貌是由内心发出来的，是不能伪装的，如果一个人看到谁都笑，那谁看到他都怕了，那就是虚伪了。我们要看到这个人笑，看到那个人不笑，看到这个人微笑，看到那个人很亲切地笑，一定要有不同，因为人跟人的关系不一样，感觉不一样，当然要有不一样的表现。

地道跟天道有什么不同？天道是明，地道是光。我们常常讲光明，实际上光跟明是有点不一样的。天上有个发光体叫作太阳，地上没有发光体，如果地也发光，那我们晚上不要睡觉了。地不会发光，可是它会反映：太阳照下来，大地就光明；地球转动了，太阳不见了，大地就一片黑

暗。地道光，天道明，光的意思就是说我本来就是这个样子，我赤裸裸地把我的本性显示出来，这才是真正的美德。

识心见性，方能显露自己的真性情。坤元贵静，更贵真。那么依据坤卦第三爻的启示，君子应该选择同什么样的人交往呢？当发现上级指令不合理的时候，下属应该如何摆脱两难境地呢？

坤卦的第三爻爻辞（图10-8）：**含章可贞，或从王事，无成有终。**

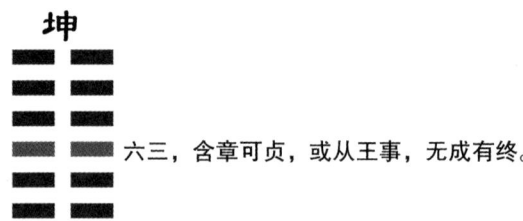

图10-8

"含"就是我们把糖果含在嘴巴里面的那种感觉。吃糖果应当没有人会一个一个吞，也不会很快就把糖果咬碎吃掉。吃糖果就是要含，慢慢地含，慢慢去享受去体会，那个过程就叫含。

"含"主要是不急于把话说出来，不急于表现出来，要把所有的内涵，所有优美的东西都很含蓄地保留着，人家自然会欣赏。一个人的内涵比外在的东西更重要，不要把自己的内涵通通都露光。有些人猛看不得了，再看没什么，越看越讨厌，这种人就是没有了解什么叫含章可贞。有些人是一开始怎么看也没什么，可是跟他在一起久了以后，就觉得他好像宝藏一样的，怎么挖也挖不完。大家喜欢跟哪一种人在一起，自己要慎重决定。

六三是不当位的，而且上下都是阴爻，在这种情况之下，它会进退两难。老板交代的，我们一向都尽量去做，可是这次他的命令好像有点不合理，那我们怎么办？这个时候就要再仔细地去了解一下，并找适当的机会

第十集　地道柔刚

向老板去汇报一下，如果老板非要我们那样去做，我们就在合法的范围之内去完成，这才叫含章可贞。这样的人是有内涵的，不是为了表功，不是为了得到老板的信任，就不顾合理不合理，盲目地去顺从。

我们一定要记住，我们"或事王事"的时候一定要带着一种疑惑，疑惑不是怀疑行不行，而是质疑这样做合理不合理，因为发号施令的人不一定样样对。如果一个人认为发号施令的人一定样样对的话，那他就是盲从，而盲目的顺从是最不负责任的。

我们为什么不用牛而用马来代表坤德？就是因为牛是盲目地服从，叫它做什么它就做什么；马不一样，马会看主人，主人好，它会替他拼命，主人不好，它说不定什么时候就把他甩下去了，也就是马有一种疑惑。或从王事的"或"，就是疑惑的意思，这就提醒我们部属去配合老板做事情时，要疑惑：平常都是很合理的，这次不合理，是什么原因呢？这样才叫作合理地顺从，叫作利牝马之贞。

比较重要的是无成有终。我们只是从头到尾把老板交代的事情做好，个人没有一点点成就感。现在的年轻人动不动就讲成就感，年纪轻轻就有成就感，就表示这一辈子只能做小事。我每次看到有的人上台拿奖品时骄傲得不得了，我就知道这个人就到此为止了，一个小小的奖品就搞得他这样子了，那还有什么出息呢？这种人就是不懂什么叫含章可贞。我们要把这次的奖励当作一个新的开始，提醒自己以后会有更多的机会，就不会那么激动了。老板称赞我们时，不要马上就像飞上天了一样，不然老板就开始觉得这个人不能捧，一捧就不得了，然后就会冷却一下，泼泼冷水，这也是自作自受。一件事情有始有终，功劳要做给老板，做给上级，这样就对了。

坤道至静德方，然而，这是在独立思考基础上的顺从，所以我们说地道柔刚。而按照坤卦第四爻的启示，应该什么时候刚，什么时候柔呢？在因功得到上级赏识的时候，哪一点是必须要注意的呢？

六四是当位的爻，它的爻辞（图10-9）是：括囊。无咎无誉。

图10-9

六四跟六五非常接近，就好像乾卦的九四跟九五是很接近的一样，所以那句话我们还是要放在脑海里面——伴君如伴虎，因为这里也是一样的状况。六四跟六五很接近，六五有很多话不跟别人讲，会跟六四讲，有很多事不方便给别人做，就交代六四做，那六四应当怎么办？

六四就要想想，我们的口袋都是口比较小，而下面装东西的部分比较大，这样东西才不会掉出来，如果口袋口很大，里面很小，装什么东西都掉光了。所以六四就要明白，如果老板告诉自己的话很快就传出去了，老板要自己做的事情大家都知道了，老板以后就不敢叫他做事情了。

六三没有功劳，也没有赞美之词。而六四呢？六四就比较容易得到上级的赏识，而比较重要的是没有后遗症，至于对错好坏，都只是过程而已。老板要求六四的是最后没有后遗症，否则就算六四很听话，但最后有很多问题出来，照样会挨骂的——我叫你这样做你就这样做了，那你不是想害死我吗？我让你做好，你搞了这么多后遗症出来……

而且六四最大的困难是什么？就是别人会来请托六四，因为他们不敢直接跟老板讲，一定找六四，他们认为六四离老板近，可以帮他们忙。所以一个人到了六四就知道麻烦了，四方八面的，合法的不合法的请托都来了；老板交办的，合法不合法的也来了，这都要六四自己去看着办。怎么办呢？就是有很多话不能讲，很多事不能让人知道，至于该做不该做都要考虑长远一点，考虑到最后没有后遗症，否则只要后面有后遗症，就会吃不完兜着走。就是这么简单的事情，但是说起来简单，要做到是高度困难的，做好了没有人说你好，但是出了差错，一切的后果都要你负责任，而你的权力又很有限，这就是六四爻。

家里面妈妈慢慢老得不管事了，媳妇当家了，我们可以想象到那个状况。当家三年连狗都讨厌，我们就知道人怎么样了。所以当好几个媳妇在一起，有一个媳妇特别得到婆婆的宠爱，大家就问她原因，这时她就要赶快看六四这个爻：括囊，很多话不能讲就不能讲，但是又不能让人家看出来她故意不讲，否则就得罪人家了，但她一讲又得罪婆婆了。所以在这种情况之下，我们一定要记住，我们要用各种方法来使自己能够无咎，就要面面俱到，要瞻前顾后，来龙去脉都要搞得很清楚。

六四平常要非常地用心，既了解上面的意思，也知道底下的辛苦，怎么样把两边都照顾得宜，这个是要六四自己好好去体悟的。

六四最要紧的就是谨言慎行，少惹事，但是还要加上不怕事，不要让大家认为你一天到晚在制造问题，一天到晚在干扰别人，但是又要让大家感觉到你会好好地照顾他们，这个其实我们可以从很多现实面去体会。历代都不乏在这方面做得非常好的人物，我们可以拿来借鉴。

动极而静，静而生阴，人生境界也随之逐渐提升，在这个时候，就要少惹事，但也不要怕事。眼看影响力逐渐扩大，功高即将震主时，坤卦第五爻又给了我们哪些重要启示呢？

六五的爻辞（图10-10）就是**黄裳元吉**。

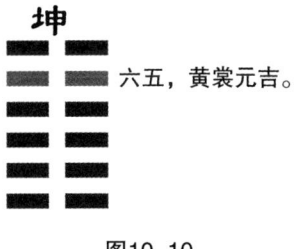

图10-10

　　大家应该可以看出来,诸葛亮到最后没有走上九五,虽然刘备跟他讲了"若嗣子可辅,辅之。若不可辅,君可自取",让他当九五之尊,可诸葛亮心里想:倘若自取,我这一生的辛苦,不整个完蛋了吗?所以他再三讲,自己会好好辅佐阿斗。于是阿斗是九五之尊,他就变成了六五,实际上他就是一个领袖,可是他样样都尊重阿斗,这就是坤卦六五应该注意的地方。九五是龙,可以飞龙在天,六五不是龙,而要变成协调的能手。黄裳元吉,为什么用黄?因为黄色跟每一种颜色都很好搭配,不像黑跟白那样对比强烈,不像有的颜色摆在一起格格不入,黄色在五色当中代表泥土的颜色。所以我们为什么叫黄种人,为什么是中土,其实跟这个都有关系。六五爻告诉我们要善于跟四方八面的人协调,找到一个共同的合理点,然后大家和平共存,互相帮助。

　　黄裳元吉,最要紧的就是对上要忠,不能让上面怀疑,而且要很会协调,否则九五就会认为六五搞党派,就要开始清除六五了,因为所有九五的人都会有这种想法:你六五为什么跟大家处得这么好?你有什么想法,想威胁到我吗?一句话讲完了,六五要让九五感觉到你心中有他,你是为他好,这样六五越会协调九五才越放心;六五如果让九五感觉到你心中没有他,他就开始怀疑了,而且他很快就会下手修理你了。

　　代表乾道的亢龙与代表坤道的坤龙交战厮杀之时,必定是一番惨烈的景象。风霜在这个时候已经积累成了坚冰,阴极渐渐要向阳转化了。坤卦以马代表,为什么到了最后的上六一爻,卦象中突然出现了龙?我们又该如何掌握人生的乾坤之道,找回生活真正的幸福呢?

　　初六告诉我们地上有霜了,霜会越来越坚厚,越来越冰冷,而到了上六的时候,就已经凝结成冰了,非常地坚牢。上六简直跟亢龙一样,所以整个坤卦的前五爻都在讲"马",只有到了上六(图10-11),突然间出现一个"龙",叫作龙战于野,其血玄黄。

第十集 地道柔刚

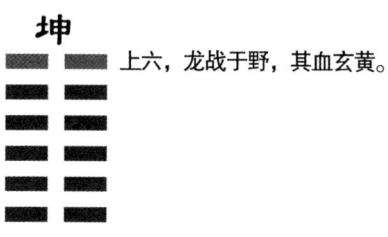

上六,龙战于野,其血玄黄。

图10-11

玄黄是两种颜色:一种是亢龙的血的颜色;一种是坤龙的血的颜色,天龙地龙一交战是很激烈的,惨不忍睹,两败俱伤。就好比一个首长,跟他身边的幕僚长,两个人平常配合得很好,可是慢慢地有了误会,误会越来越深,就好像霜慢慢变成了坚冰以后,一定是决裂的。决裂的时候都是不好看的,有时候首长会非常残忍地把幕僚长赶尽杀绝,就是因为他的秘密幕僚长都知道了,他整天担心幕僚长传出去,还怎么能安心做事呢?为什么以前的皇帝常常会诛九族?就是因为他只要留了一个活口,就永远不得安宁。所以当一个人配合人家,配合到大小事情都知道,知道的秘密越多,就越要小心了,要提醒自己这辈子最多到黄裳元吉,就要停下来了,在适当的时间要告老还乡,而且告老还乡还不能让上级怀疑。

因此,我们才知道,一个人要求上进是应该的,但是求上进最安全的就是修养自己的品德,而不是说非要一级一级升上去,什么事都要做得很大,势力要很强。因为品德不好,势力越大越倒霉,财富越多越危险,地位越高,摔得越重。

上六的"龙"跟乾卦的亢龙是一样的,只要飞上去了就要有掉下来的准备,马也是一样的。马要追随得很快,但要小心不要跌入深渊,所以做任何事情都要注意适可而止,量力而为。我们要尽心尽力没有错,但是我们一定要记住,我们的力量毕竟是有限的,双方面要做合适的配合。老板要知道这个干部能够抬多少斤,给他稍微多一点叫作有挑战性,这个还无可厚非,但是如果太多,迟早会把他压死。

读完乾卦坤卦以后,我们就知道什么是天长地久,地久天长。任何事情,做强、做大不如做长久。否则强一阵子,没有了;大一阵子,垮了,

有什么用？要做久就要配合，所以乾坤怎么样配合才能天长地久，我们看完乾坤这两卦以后，应该可以做出一个小小的归纳，并将其真正地用在我们的生活中。

任何事情做强做大不如做久。
——《易经》的智慧

乾坤两卦在生活中的运用，我们从哪里开始讲起？从男女开始讲起。乾就是代表男性，坤就是代表女性，接下来从夫妇来看，乾代表夫，坤代表妇，有夫妇才有父子，有父子才有君臣，然后才有朋友，才有兄弟。因此，我们从乾坤两卦来看男女的关系，从乾坤两卦来了解夫妇的关系，然后就可以推及到父子、君臣、朋友、兄弟，这样整个儒家的道理就从这里找到根源了。有些人怀疑：孔子讲了一大堆，到底能行不能行？只要读完《易经》，我们就知道孔子的主张非行不可，没有别的路走。所以，为了拯救我们的生活，回归我们的幸福，我们下一集就要来谈谈：乾坤之道。

易经的智慧·第十一集 乾坤之道

乾卦至阳，坤卦至阴，乾坤是《易经》六十四卦中最特殊的一对卦。正如孔子所说：一阴一阳之谓道。因此，乾坤两卦也被称作易之门。其中不仅包含了天地运行之道，还包括国家之道，男女之道。那么，《易经》中的乾、坤两卦到底说了些什么？其中，对于男女之道又有着怎样的诠释？乾坤之道对于现代男女的行为方式，又有着怎样的指导意义呢？

第十一集　乾坤之道

《易经》告诉我们，天地的造化，独阴独阳是不成气候的，是没有作用的，叫作孤阴不生，独阳不长，所以一定要有交易。我们讲《易经》多半在讲变易、不易，实际上还有一个很重要的就叫交易。交易就是相错，乾卦纯阳，坤卦纯阴，阴阳一交错就产生六十二个卦。任何一爻交错就会产生另外一个卦来，这就是我们常讲的牵一发而动全身。

这样我们就能够理解为什么把乾坤叫作易之门。只要把乾坤两个卦搞懂了，我们就很容易进入易学，否则只把每个卦当作单独的卦来看，很难看出全体联系和脉络，我们也就只能看到一点，没有办法很周到全面地看到一个卦可能产生的状况。

《易经》的六十四个卦，每一个卦都有错卦，所以就有三十二对错卦（图11-1）。从这张图表中我们可以看出，乾跟坤是相错的，姤卦跟复卦是相错的，遁卦跟临卦也是相错的。我们最熟悉的否卦、泰卦正好是你是阴我是阳，你是阳我是阴，也是相错的。所以我们要一对一对地来看卦，而不是一个一个地去研讨。

这个表是让大家有一个大致的印象，等到大家对六十四卦的道理都初步了解以后，看见一个卦，就很容易马上想到它的错卦。错卦之外还有综卦，综卦是指两卦之间刚好是倒过来的关系，我们以后碰到的时候再来说明。所以我们发现一个卦可以生出好几个卦来，同时卦里面还有卦，慢慢我们就会了解，道理不是那么简单的。一般人讲道理都只是讲到很表面的东西，却不知道，再深下去，就会发现四个字，叫作妙不可言。

乾	坤 错	履	谦 错	复	姤 错	睽	蹇 错
屯	鼎 错	泰	否 错	无妄	升 错	震	巽 错
蒙	革 错	随	蛊 错	大畜	萃 错	艮	兑 错
需	晋 错	临	遁 错	颐	大过 错	渐	归妹 错
讼	明夷 错	观	大壮 错	坎	离 错	丰	涣 错
师	同人 错	噬嗑	井 错	咸	损 错	旅	节 错
比	大有 错	贲	困 错	恒	益 错	中孚	小过 错
小畜	豫 错	剥	夬 错	家人	解 错	既济	未济 错

图11-1

我们把乾卦跟坤卦合在一起想，会发现这两个卦看起来完全相反，但是它们是分不开的。我们看两卦地道的初爻跟第二爻，乾卦告诉我们，要潜龙勿用，坤卦告诉我们，履霜坚冰至，都是提醒我们不管是阳是阴，此时地位很低，发言没有人听，人微言轻，就不要多话，要多用耳朵吸收经验来弥补自己的不足。

用现在的话来讲，乾卦最好是代表男性，坤卦最好是代表女性，因为有男有女人类才会天长地久，才会生生不息。全部都是男的，完了，这一代人过去就没了；全部都是女的，也完了；有男有女却不交易也完了。只要全世界的女性共同发起一个活动叫作不生小孩，人类就灭绝了。女性的天职就是生小孩，但女性要生小孩没有男的生得出来吗？生不出来。这样各位就知道，光有男的，再神气也是一段时间就没有了，光是女的，再想生也生不出来。

第十一集　乾坤之道

乾卦和坤卦互为错卦，完全相反，却又是互相分不开的，因为按照《易经》的道理，孤阴不生，独阳不长。阳代表天，也代表男人；阴代表地，也代表女人，《易经》讲天尊地卑，那么中国传统社会曾经有的男尊女卑的思想，是不是来源于此呢？

有些人听到天尊地卑就会想到：原来天是尊贵的，地是卑贱的，这种人就叫作读死书——你把你家那块卑贱的地送给我，你舍不舍得？一定舍不得。可见地是很尊贵的，寸土寸金，怎么是卑贱的呢？我们读到君君臣臣，父父子子，就把它解释成爸爸要有爸爸的样子，儿子要有儿子的样子；君要很威严，臣要很服帖，其实这是不太对的。孔子讲君君臣臣，是说为君的要尽到为君的责任，为臣的要坚守为臣的岗位，叫作各守其分、各尽其责。

孔子在《礼运·大同篇》讲得很清楚：男有分，女有归。一个社会要和谐，人群要幸福，这两句话非常重要。男有分，女有归，可见对男女的要求是不太一样的。男有分，就是男人要尽家长的责任，"家长"是一个没有报酬的虚名。现在为什么家庭搞不好？为什么夫妇要离婚？就是家里的女人连"家长"这个虚名都舍不得给男人，男人没有分。

当一个女人把家里所有的事情统统做完了，她的男人就没有分了，他不认为这是他的家了——儿子是你生的，家里面是你整理的，东西是你摆的，我什么都不知道，剪刀在哪里也要问，我跟这家没有分了。有的爸爸连晚饭都不回来吃，就是因为回家感觉到没有分。所以女人不能太能干，否则最后是会逼走丈夫的。

我就看到一个妻子，爬得高高的换电灯泡，我就问她为什么要自己换电灯泡，她说这种小事情自己会做，我心里想：谁不会做？你要做就去做，就是在告诉你的先生回来没有事干，这个家没有他的分，那他就把这个家当旅馆了。我是太太的话，就算我会换灯泡，我也不去换，让先生去换，因为这样才能让他了解到自己是家庭的一分子，要尽一份责任，从而留住他的心。他才会觉得原来自己除了上班有用以外，回家还有点用处，

这样就叫男有分。

男人为什么要结婚？说难听一点就是想当家长，什么长都当不上，最起码当个家长，男人当了家长以后就心满意足了。凡是什么长都当不上只想当家长的人已经够没有出息的了，太太还不让他当家长，那他就一无所有，就跟乞丐一样，只有到外面去流浪了。

但现在很多男人倡导要当家庭煮夫，让妻子出去赚钱。那句话是很难听的，就是这种男人是靠女人吃饭的。自古以来凡是靠女人吃饭的男人是完全没有骨气的，但是现在有些人觉得这样很光荣：我太太比我能干，她去赚钱。这就是男人的分不见了。

《易经》告诉我们，男人要走乾道，女人要走坤道，只有各尽其责，家庭才能和谐。那么，依循乾坤之道，男人如何才能做到"有分"，女人怎样才能做到"有归"呢？

一个男人，要去体会什么叫乾道；一个女人，要去体会什么叫坤道。什么叫乾道？就是男人应该尽的责任。什么叫坤道？就是女人应该尽的责任。

所以，对男人，从小就要教导他：将来你要承担养家活口的责任，不能嘻嘻哈哈过日子。而且男人跟女人的训练、教育，从小就要分开，教材应该不一样，但是现在男人女人学的都一样。对女人，要教她怎么样烹调。但是我们会发现好的厨师都是男的，这就叫一阴一阳之谓道。女人最会缝衣服做衣服，但是最好的裁缝师还是男的，那就是什么意思？就是说对男生我们会告诉他，他可以学学裁缝试试看，很有兴趣就继续学，没有兴趣就到此为止，会自己缝扣子就好了。但女生不一样，女生不能仅凭自己喜欢不喜欢，要有兴趣，会料理一般的家常菜。

大家会不会觉得我们好像又在重男轻女了？我觉得不是这样，我们最大的错误就是在男女平等这句话，因为那本来就是笑话。我们去看自然，什么跟什么平等呢？猫跟狗平等吗？好像不见得，同样是猫平等吗？这只猫人家抱着温暖得很，那只猫在那儿可怜兮兮的。草跟草平等吗？到处都

第十一集 乾坤之道

是牛羊的地方，那个草可怜兮兮的，有钱人家院子里面的草看起来就很风光。当然其实也可怜兮兮的，为什么？因为它稍微长一点就被剃光头。但还是不平等，一个最起码被牛羊吃，有贡献了；一个被人家用机器割掉了，痛苦不堪、毫无贡献，只是满足人类那种很无聊的虚荣心而已。我不懂人类为什么要把家里的草坪割得那么整齐，草生长才有生机，我们去割它的时候，怨气就冒出来了，全家人都倒霉。

我们应该要了解，天之所以要生男生女，是让他们有不同的功能，有不同的贡献，要负不同的责任。男人的责任是什么？我们不要用男人，用男性比较广一点，男性的责任就是用九（图11-2），用九就是*见群龙无首，吉*。

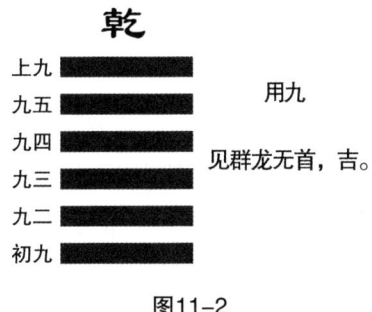

图11-2

群龙无首，就是说就算你是个男人，你在不同的场合，不同的时代，会处于不同的地位，那就应该有不同的表现。

男人在社会上第一个要觉悟的就是，我是个男人，他也是个男人，我的地位虽然跟他不一样，但是我的价值不会比他低，我只要把本分工作做好，我就有价值，而不是说领多少钱的问题。虽然他领很多钱，可是他在外乱花，都没有去养家，这种行径很卑鄙；我赚的钱虽然很少，可是我不乱花，一分一厘都奉献给家庭，我比他伟大。这样才叫作认分，才叫作守分，才叫作本分。

大丈夫要能屈能伸，为了家庭，该忍耐的一定要忍耐。一个男人完全没有弹性，就没有男人的责任了。老实讲，一个男人最伟大的就是五指并拢，手心向下——拍桌子：我不干了。看起来确实是男子汉大丈夫，但

是不负责任,因为家里面要等你养家活口,你不能回去对妻子说:我不干了,我受不了了,换你去赚钱,我来看小孩。赚钱养家是一个男人应尽的责任。可是现在有些夫妻,两个人结婚是结婚,丈夫赚了钱自己管,妻子赚了钱自己管,丈夫一分钱都不给妻子,那这个男人当然就没有资格当家长,两人只是有同居的样子,完全没有夫妇的情分,各谋生活,这就是男人的分不见了。

现代社会常以一个男人的职业、收入,来断定他是否成功,是否重要。然而大多数人都只是普通人,过着平凡的生活。那么,作为一个普通男人,他的价值究竟表现在什么地方?《易经》中的乾坤之道又透示着怎样的价值观呢?

一个学校里面,主持一校校务的校长重要,还是扫地的工友重要?

有这样一个故事:一个学校附近的山上有一匹狼,一天那匹狼下来把守校门的警卫叼走了,不到一个小时全校都知道了:不好了,校警被狼叼走了。过了几个礼拜,那匹狼把学校的教务主任叼走了,一个礼拜以后大家才知道,原来教务主任是被狼叼走的。又隔了一段时间,那匹狼下来把校长给叼走了,整整一个月大家还不知道校长被狼叼走了,以为他去开会,出公差,或者生病不来。

学校一个月没有校长照样进行,学校只要一天没有校工,垃圾就堆积如山,味道就不可忍受,学生就无法上课。校长领的工资高,但是有时候他是最没有用的,校工领的工资最低,但是学校要环境好,他就变成最重要的了。

我们如果从这个角度来看,就知道什么叫见群龙无首,吉——不管处于什么地位,只要把本分工作做好,就能实现自我价值。人天生有差异,有的人体力很好,脑力不行,就算找医生开刀换脑也没有用;有的人很能想事情,但是体力不行,十几岁就像老人家一样了,这样的人很会想又怎么样?可见每一个人都有缺陷,每一个人都有弱点。其实我们更深一层分

第十一集 乾坤之道

析可以得知，一个人的优点就是他的弱点，一个人的弱点正好是他的优点，这又是《易经》的智慧：合起来看，而不是分开来看。现在人都分开来看，评价一个人往往说这个人的优点是什么，缺点是什么，没有这回事的，因为优点就是缺点，缺点就是优点。

一个人当总经理当了十几年了，有一天他就找他的经理来，说："李经理啊，我们相处十几年了，你倒说说看我有什么优点？"李经理说："你优点太多了。"总经理说："少来，一个就好。"李经理就说："如果要讲一个的话，那就是你很认真。"总经理说："这还用说？现在不认真活不了啊，这个优点我接受了。那我有什么缺点呢？"李经理说："你没有缺点。"总经理又说："不要这样子，一定有，讲一个就好。"李经理为难地说："真的要讲一个，就是你太认真了。"认真一方面是优点，一方面根本就是缺点，不该认真的时候也认真，那就是苛刻，就是刻薄，就是刁难人家，就是故意给人家难堪。

正如《易经》所说，乾坤之道就是要各尽其责。乾卦说出了男人的分，坤卦说的则是女子的行为方式，这些标准对于现代女性来说仍具有一定的指导意义。那么《易经》所说的女性的坤道究竟是什么？如何才能做一个重坤道的现代女性呢？

女性的责任就是用六（图11-3）：*利永贞*。就是女性要记住自己一辈子只嫁一个丈夫，跟了这个男人，就要一生一世都跟着他，不能够随便再跟其他男的发生性关系，所以结婚前必须慎重，看了又看，挑了又挑。但现在是合得来就合，合不来就算了，大家重视第一印象，重视看得顺眼，用最时髦的话讲，叫作来电，男的女的一来电，很快不是电死男的，就是电死女的，就离婚了。结婚之后女性才知道原来这个家伙这么穷凶极恶，那请问结婚前你的眼睛长在哪里了？答案就是这个女人打算一辈子嫁好几个丈夫，才可以这样随便。

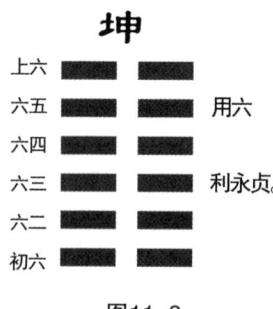

图11-3

我在大学里教书,有一次一个女同学跟我讲:"老师,我的男朋友跟我讲我一定要跟他好,我如果不跟他好,他就要爱别人了。我是应该要答应他,还是拒绝他?"我说:"你当然要拒绝他。"她说:"怎么拒绝啊?一拒绝他就跑掉了。"我说:"你拒绝他,他不跑掉,才是你真正的丈夫,但是你要会讲话……"我连怎么讲都告诉她了。

女生要谨记,当你的男朋友向你说你要跟他好,不然的话就表示你不爱他,你可以问他:你是外国人还是中国人?因为外国人都是,用英文讲叫作wonder,好奇;只有中国的男人,用英文讲叫作concern,关怀、关心。你问你的男朋友,他是对你好奇还是对你关怀,如果是好奇,你告诉他所有女的都一样,没有什么好好奇的;如果是关怀,他就要等到结婚那一天才可以动这个脑筋,否则免谈。女孩子会讲这种话才会赢得男朋友对你的尊敬。女孩子在婚前一定要相当矜持,不能随便,你一随便,所有人都怕你,因为他知道你对他随便,也会对别人随便。

地有厚德载物的美德,但是同样是地,都是厚德载物,为什么有的就叫风水宝地?同样是女孩子,都是块地,但不是任何人都可以来种东西,这样才对。男生要自强不息,女生要厚德载物,要利永贞,就是说女生这辈子只打算结婚一次的,一定要跟从可靠的、可以长相厮守的男人。

我们这个年龄的人以前结婚那一天真是够受的,我平常都有饭吃,就是结婚那天没有饭吃,因为父母都在张罗客人。我结婚了以后就跟我爸爸讲:"那天样样都好,就是我饿得要命。"我爸爸说:"那是故意饿你的。"我说:"为什么?"他说:"这样你才知道结婚这么辛苦,一辈子

第十一集　乾坤之道

一次就够了，不要想下一次。"现在结婚轻松舒服，再来一次也不错，今天的人没有脑筋到这个地步。

乾坤即是阴阳，也是《易经》之根本。它不仅包含了天地运行之道，也包括君子之道、国家之道、男女之道。总之，处在不同的位置，就要负起相应的责任，只有这样才能阴阳相生，生生不息。那么在乾坤之后，《易经》又会告诉我们什么呢？

乾是男，坤是女，乾坤有一个共同的责任就是要生下子女。老实讲，没有子女的家就不叫家，其实西方人对这点也是很坚持的，没有生小孩就没有资格叫Family，只是Couple，就叫一对夫妇而已，因为没有生小孩，没有成果。开始有了小孩才叫家，因为那才有家的温暖，才有家的希望。

但是生男育女只是家庭的开始，我们读了乾坤两卦以后，就知道父母出现了，家庭组织起来了，下面就开始有一连串的历程，所以《易经》在乾坤两卦之后就出现屯卦、蒙卦、需卦、讼卦等卦。

什么叫作屯？屯就是要生小孩那种辛苦，怀胎十月，而且之前还有能不能受孕的问题。屯卦告诉我们怀胎很难，要胎教，要好好地照顾胎儿，然后很平安很顺利生出来才算屯卦的完成。

可是小孩一生出来问题又来了，他懵里懵懂，天真无邪，可是我们忍心看他长大还这个样子吗？小孩子天真无邪是很可爱，长到七八岁十几岁还天真无邪，那很快就被人家骗走了，而且被人家当笑话——是不是白痴啊？所以我们必须要启蒙他，要教育他。可是生小孩容易，教养难。《易经》告诉我们要好好教小孩，因为小孩一懂事就会产生需要，小孩懵里懵懂时还不需要，我们给他什么他都觉得好，但小孩有了知识以后就会选择，就会有需求，那都是我们教出来的。

人类没有知识还比较容易做好人，比较容易守分，有了知识就开始贪得无厌，该要也要，不该要也要，就产生各种奇奇怪怪的需要。需要是不能满足的，因为资源是有限的，机会是有限的。我们面对的是资源有限、

机会有限的现状，可是我们的需要又不断增加，那就开始有了争抢，开始你争我夺，争到最后就对簿公堂，就叫讼卦了。

人类没出生时总希望赶快出生，一出生，问题接二连三地来，而且无可避免。通通不生，人类灭绝；要生，就要面对所有的困难，这才叫人生。人生是来历练的，人生是来完成责任的。

我们面临困难的时候要胸有成竹，所以一定要好好把《易经》的道理悟透了放在心上，兵来将挡，水来土掩，面对各种不同的起起伏伏，我们都能顺利过关，那就是关公了，关公过五关斩六将，其实哪个人不是过五关斩六将？人人都是关公，所以现在到处都在拜关公，就是这个道理而已。

我们下一次要从屯卦说起，因为万事起头难，没有生就没有存，要先生才能存，一毛钱都没有，怎么能去存款？先赚点钱，叫作生财有道，然后才能存款生利息。屯卦是一切的开始，天地变化一开始就要面临生生不息的"生"。所以，我们下一集就要来谈谈：始生之难。

易经的智慧·第十二集　始生之难

你曾经立下雄心壮志，渴望成功；你拥有着坚定的信念，敢闯敢为。然而为什么当你迈出征程的第一步时却困难重重，举步维艰？是进，是退？是机遇还是挑战？面对着困苦与艰难，以及前方的不确定因素，你将如何做出抉择？

第十二集　始生之难

开天辟地以后，万物就产生了，万物是怎么来的？《易经》告诉我们，万物都是生出来的，怎么生呢？从很艰难的状况里面生出来的。

屯卦，下卦是雷，就是震动的意思，上卦是坎是水，坎是危险（图12-1）。所以一动，就充满了危险，可是不动就生不出来了，因此，我们必须要动，又要能够面对危险而顺利地生产。我们感觉到万事起头难，知道始生非常不容易，都是从屯卦里面得到的启示。

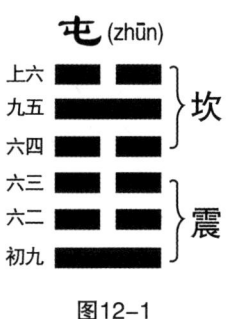

图12-1

卦名叫作屯，卦辞（图12-2）很有意思：**元、亨、利、贞，勿用有攸往，利建侯**。我们看到乾卦也是"元、亨、利、贞"，坤卦是"元亨，利牝马之贞……"多一点点条件，可是由于屯卦是乾坤两卦交合产生的第一卦，所以元、亨、利、贞，四种美德屯卦都有，但是它下面是有条件的：勿用有攸往。有攸往就是有所往，勿用有攸往，就是暂时不要乱动，不要跑来跑去，因为根基未稳，一生下来就想乱动，是非常危险的。为什么不要乱动呢？因为要利建侯。利建侯就是找到一块有利的地盘。做任何事情如果连点立足之地都没有，连小小的地盘都没有，怎么能够生存发展呢？

站稳地盘，不要乱动，这是任何事情刚刚开始的时候所应该保持的原则。

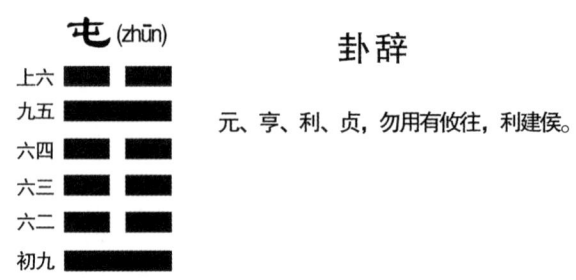

图12-2

我们再来看屯卦的卦象，它的代号由下而上：初九、六二、六三、六四、九五、上六。我们发现，除了六三不当位以外，其他五个爻全当位。可见，万物的始生虽然很艰难，但是上天有好生之德，为它布置了一个良好的生态环境，我们看到初九跟九五形成了一个框框，我们就把那个框框叫作生长的优良生态环境。

万物是怎么产生的？我们先从人看起。从初九到九五，那个框框就是妈妈的子宫，初九就是爸爸的精虫，初九是阳的，它必须自强不息，必须进入母体，跟妈妈所排出来的卵相结合。虽然精子有很多，而且都自强不息，但是卵子具有用六利永贞的美德，它只选一个，它选择的那个精子进来以后它就关门了。不管精子有多少，卵子只接受一个精子就关门了，关门以后就形成受精卵。受精卵必须要在子宫里面找到一个稳当的位置，叫作着床，如果着不住很可能就流产了。

所以不要以为有了受精卵就好像有喜了，就很放心了，其实不见得。刚刚怀孕是非常不稳定的，这个时候我们要特别重视母亲的行动，比如说不要提重东西，不要乱跑，很多很多，就是要照顾新生的胚胎，让它能够安定下来。

然后经过六二、六三的阶段，到了六四大概就快要成形为一个可爱的宝宝了，这时候就面临着十月怀胎后的生产。生产时的产门就叫九五，如果九五是很脆弱的，小孩随时会跑出来，那还得了？九五是必须经过一番

第十二集　始生之难

奋斗才能突破。妈妈常常说"要生了，要生了"，可就是生不出来，一阵一阵的艰难痛苦后突破九五才生得出来。

上六就好像妈妈的两只眼睛，充满了泪水，因为经过阵痛之后，小孩出生了，她很高兴，喜极而泣。我们可以看到整个生产的过程屯卦的卦象都画得清清楚楚：小孩从受精开始，到成形，到生产顺利的状况就是这六个爻，一爻一个阶段，非常形象。

天下母亲十月怀胎一朝分娩所付出的艰辛，见证着生命诞生的不易。而《易经》蕴含的道理是从自然现象推演到人类社会的，那么屯卦是根据什么表现出事物诞生之难的呢？

屯卦是从草的出生取象而来的。我们一般认为春天一到，青草自然就翠绿了，就发芽了，就生长出来了，很容易，但哪有这么容易呢？

我们看到有的地方冬天冰天雪地，一根草也没有，树叶也不见了，但春天一来，就一阳来复，大地回春，就是初九出现了。初九就是种子，所有种子都有一个特性，就是往地下钻。果实烂掉以后，它的果核就是将来的种子，如果种子只是随风飘，可能就飘走了，随水流就流失了，但是种子一落入泥土，就知道这是自己生存的宝地，它就拼命往地下钻，钻到泥土里，就变成初九。

春天一到，阳气就开始动，然后就到六二，经过六三然后到六四。我们发现草不会一下冒出来，那样的根太脆弱了，所能吸收的养分、水分会非常有限。所以如果有兴趣，大家可以把草拔出来看，会发现它的根都是盘来盘去的。种子要找到九五去突破，九五就是它的突破点，就是它要发芽的最佳之地，我们用人的观点来看，那就叫风水宝地。

上六就是两片嫩嫩的、翠绿的、可爱的芽。可见草的出生不是"砰"一下猛然就起来，它是经过了这样一个艰难的过程才出来的。

人要有一个胎盘，草要有一小块地盘，尽管很小，那也是生长的基础，万物几乎都是这样的。任何事情的产生，任何事物的诞生都是又难又

险，不是那么容易的，它必须聚集力量，必须谨慎行事，同时方向要正确，方式要合理，再加上方法要正当，这样才能够元、亨、利、贞。

不论是人类怀胎繁衍后代，还是草木生长破土而出，所有的生命，在最初诞生的时候都充满了艰难，而在现实生活中，所有的事物也是万事开头难。这又是为什么呢？我们又该如何去面对这些困难呢？

屯卦初九这一股阳刚的气，进入阴柔的母体，于是刚柔两气就开始形成互动，这个时候一切都是陌生的，而陌生的东西要交易，要磨合都是困难重重，有很多障碍的。

拿事业来看，我们可以把屯卦六爻看作开创事业的全过程，初九就是强烈的创业动机。我们要创业，首先考虑的就是要不要找人合作，选择什么行业，市场在哪里，这种考虑就叫阳刚之气。但是就算我们有很多的点子，如果没有适合的生态环境也等于零，想了半天还是空的，所以初九那个阳爻就告诉我们，第一步要跨出去，只要第一步没有跨出去，一切都是空想。第一步跨出去以后，我们会发现面临着更多的困难：市场不确定，人员不安定，产品不成熟，价格不知道怎么定，顾客的意见太多。这个时候，我们要慢慢去调整，慢慢去适应，等到了九五的时候，才可以松一口气，终于可以安定了。此时同事之间彼此磨合得差不多了，对客户也慢慢熟悉了，这个就叫利建侯。利建侯就是终于发现自己有了一个小小的平台，可以安心地在那里经营了。

所以从人的诞生，草木的生长，事业的开始，我们都可以看出，屯卦给我们的每一个提醒都是非常重要的：我们要按部就班地来，不要想着一步登天，那是绝不可能的；要勤劳、守正，任何事情都要一点一滴去做，只要有一件事情做得不正当，就会后患无穷。虽然屯卦的卦象下面是动，上面是险，告诉我们每一个动作都面临很大的危险，可是卦辞元、亨、利、贞还是告诉我们，只要起源做得好，就会亨通。

第十二集　始生之难

由于事物在诞生初期，对于周围环境的未知和自身力量的弱小，注定了它们缺乏稳定性，因此必须想方设法尽快适应环境，并按部就班地发展与壮大。然而这个过程相当漫长，因此我们常会感到万事开头难。那么在《易经》当中，屯卦给予我们什么样的启示呢？我们在制定决策的时候又该注意些什么呢？

万物生出来的时候发生了一个很不好的现象，就是大家争先恐后地要生。现在地球上的人口一下升到六十几亿，远远超过了地球的负荷，现在地球在叹气：生那么多干什么？虽然我给了你们好环境，但你们拼命生我是负荷不了的。我们应该知道，树木太多太密，结果是都长不好。

科学家曾经做过这样一个实验：在一个小小的岛上养几十只羊，羊长得都非常好，但当把羊增加到几百头的时候就开始拥挤了，羊群就开始不安了，增加得越来越多的时候，羊群就开始生病，就开始大量死亡，因为在那样拥挤的生存环境下，它们是活不了的。

这样大家才知道为什么我们住的房子要盖得很高，有些人很疑惑：人就这么高，房子盖得矮矮就好了，盖那么高干什么？房子太矮对身体的健康有妨碍，我们今天叫作压迫感。房子矮，那个压迫感太大，人整天在里面，是受不了的。

人口密度太大，问题重重；可密度太小，几乎没有人，那也糟糕了，地广人稀，发展不起来的。所以，我们要去调整人口的密度，这里人太少了，从别处移一点过去；那里人太多了，拉一些出来。这样我们才知道，为什么每一个国家都要管制移民，要按照正当的手续，否则就不让进入。因为如果没有移民管制的话，大家觉得一个地方好，所有人都挤进去，人一多，社会秩序就不好了，生态环境就很差了，空气也污染了，你挤我，我挤你，彼此挤压的结果就是都活不成。

所有的人口政策都要因应当地的人口密度来做一个规划，这也是屯卦给我们的启示。

"八卦成列,象在其中矣。"象就是指卦象,如果说《易经》中的象是自然界中千变万化的现象,那么《易经》中的理就是不变的规律了。我们通过象来探究卦中之理,就能够掌握解读《易经》智慧的一把钥匙。那么屯卦的卦象又告诉我们什么样的道理呢?

屯卦的大象告诉我们:**云雷,屯。君子以经纶**。云雷,即上卦是云,下卦是雷。雷响以后,万物就抓住机会,就生长出来了。君子看到这种自然现象,就知道:我要么不从事任何事业,游手好闲,只要能过日子,人家也没有办法;可我要建立事业,就要面临屯卦,就要找一个立足点,第一步就是经纶。经纶就是现代所讲的经营管理,不管要开什么店,都要先把经营管理弄好,再小的事业也要把基础稳固扎实,然后才能慢慢去求发展,而且必须慎重又慎重。

我们去找工作,应当先找到一个稳定下来,以便安定下来学习,这样才知道自己的兴趣在哪里,有机会时再动。有的人东看西看,高不成低不就,永远没有那个一,初九永远出现不了,这样一年一年过去以后,就对自己根本没有希望了,到那时候才感觉到糟糕,好像这辈子也找不到老板。有很多人是找不到老板,只好自己去开小店当老板,所以一个人找不到老板也是很苦恼的事情,一个人太年轻就出来当老板也是很苦恼的事情。

我们都知道时时在变,不能老用过去的经验,过去的经验固然宝贵,但是每一次都是一个新的开始,都要慎始,不可以闭着眼睛就照着办。屯卦对每一个人来讲,只要我们想重新做人就要看屯卦,只要我们想重新开始一个新的工作,就要去看屯卦,更要紧的,每一次开始的时候都回想一下屯卦的道理,会更安全更有利。

《易经》各卦幻象无穷,可取类万物,比附人事。屯卦的卦辞告诉我们:万事开头难。由此我们得到顺则谨慎而为,逆则满怀信心勇克时艰的启示。那么屯卦当中每一爻的爻辞,对我们的现实生活又有着什么样的指导意义呢?

第十二集 始生之难

我们先看屯卦的第一爻叫作初九（图12-3），因为它是阳爻而初位。初九就告诉我们它有阳刚之气但是地位太低微，有阳刚之气也发散不出来。初九常常会感觉到无能为力，就好像一个人很有学问、很有智慧，但是刚出社会，讲话没人听，有意见没人采纳，这就是初九的状态。

初九就是春天来了，雷也动了，种子也要开始启动了，可是启动的时候不是很顺利的，所以叫作**磐桓，利居贞，利建侯**。磐桓就是没有办法一下子就动得很顺利，要去找到最佳的立足点。慎选立足点是开始做任何事情的第一个原则。我们要打好根基。楼越高，地基要打得越深，只要地基没有打好，楼越高，将来越危险。利居贞，就是找到最佳的立足点以后就安安稳稳地，规规矩矩地把它守住，这样才有利于建侯，建侯就是从这里发展出基地来。

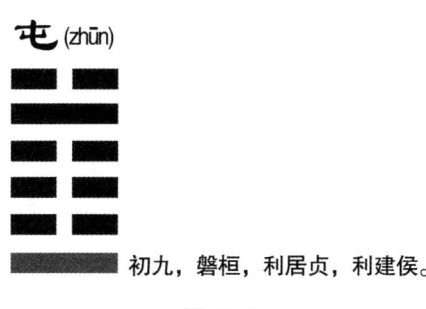

图12-3

基础站稳了，就到了第二爻，第二爻是六二。六二跟初九一样都是当位的。六二的爻辞（图12-4）：**屯如邅如，乘马班如。匪寇，婚媾。女子贞不字，十年乃字**。这是什么意思？就是告诉我们，初九是停滞不前的，因为异性相吸，初九见到六二，觉得这个地方好，就会停在这个地方，不再往前走了。其实初九应该往前去找六四，那才是与它相对应的，可是初九在附近看到了六二，就忘记了自己跟六四才是相对应的，因此就停滞不前，又想前进又遭遇到困难，徘徊不定。那这种情形是什么呢？匪寇。匪就是非的意思，《易经》里面的匪经常解释为非，意思是说它不是强盗，不是坏人，而是来跟六二求婚的，是婚媾，它忘记了与它相应的对象是

六四,一看见六二就就近追求六二了。《易经》都是用打猎、婚嫁、打仗,来告诉我们各种状况。

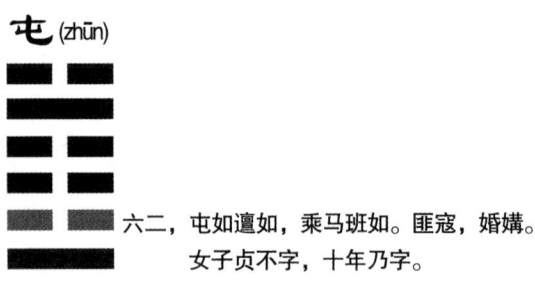

图12-4

接下来:女子贞不字,十年乃字。十年就是很久的时间,字就是答应结婚的意思。六二不答应初九,因为它心中有九五,初九再怎么追求,不能答应就是不能答应。因为六二是阴,要利牝马之贞,要利永贞,所以六二只能对九五专心一致,不能看见初九来追求自己就心动了,所以尽管初九向六二表示殷勤,六二并不理它,这样坚持了相当长的时间。这就告诉我们并非只要初九一动,就能够很顺利地生根发展,常常会受到很多阻碍,六二就是在告诉初九这里行不通,那里也行不通。但是初九,也就是种子,能半途而废吗?当然不能,要继续跑到六三。

六三是什么状况?六三是用打猎来作比喻,打什么?打鹿。一个人要进入森林里面去打鹿谈何容易?第一,鹿跑得很快,第二,人对林子里面不熟悉。怎么办?六三爻辞(图12-5)就说:即鹿无虞,惟入于林中,君子几,不如舍,往吝。

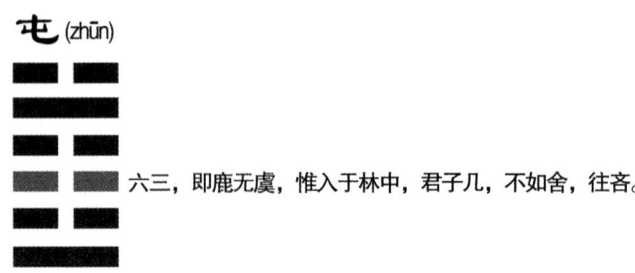

图12-5

148

第十二集 始生之难

"虞"就是向导,就是一个人披着动物的皮毛,让森林里的动物以为他是同类,就会在旁边指引他,然后就知道鹿在哪里了。一个人要到林子里面去打猎,首先对路要熟,但是对路熟很难,因为没有天天在这里打,所以多半会找个向导。

我们现在的探险队到山里面,都一定要有当地人,有熟悉当地地形地物的人做向导,那就叫虞。如果一个人要去打鹿,又找不到向导,那会怎么样呢?惟入于林中,就是说只是到林子里面一看,是空空的,全是树木,连一只鹿都看不到。这象征我们想要的养分不一定源源不断地供给我们,我们想要通过的地方不一定会那么顺利地让我们通过。这时候就要君子几,几就是见机行事,意思是君子碰到这种状况,地形不熟,看不到鹿,恐怕这次是空手而回,但如果继续下去,天黑了更糟糕,说不定迷路冻死了,所以君子看到这种状况就要见机行事。不如舍,干脆放弃,就好比草出生寻找突破点时,这块儿行不通,就往另外一个地方钻。往吝,如果非坚持要这个方向,再难也要突破,固然勇气可嘉,但是最后是遗憾的。

好不容易克服重重的困难,来到了六四,大家马上可以看到六四跟初九是阴阳相吸的,如果拿婚嫁来讲,初九求婚的对象应该是六四,而不是六二。六四的爻辞(图12-6)我们来看一看:**乘马班如,求婚媾,往吉,无不利**。意思是说骑在马上,好像要走又好像不走,在犹豫要不要去求婚媾。我不晓得六四到下面来,还是初九往上面走,哪个比较合适,但在屯难的这个时候,它是劝六四往吉,六四往下去找初九是会吉祥的。从而初九与六四相应,六二与九五相应,就各成其美事了。

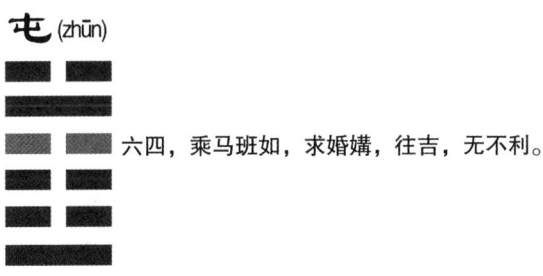

图12-6

所以在这种情况之下，六四要往吉才会无不利，这个后来引申为礼贤下士。虽然六四的地位比较高，但是如果有人对你有帮助，他现在的地位比较低，六四要礼贤下士，这样对大家都好。

六四跟初九有了结合，就表示种子的根经过重重磨难，终于找到六四这块可以让它顺利成长的好地方了，六四就是它的风水宝地。

生根发展就到了九五，九五就表示根已经做到根深蒂固了，根深蒂固后就准备要发芽，准备要冒出地面了。所以九五又开始有了很阳刚的气概，会一冲而出。九五爻辞（图12-7）是：**屯其膏，小，贞吉；大，贞凶**。这个屯不要念zhūn，要念tún。九五爻辞是什么意思？就是说在屯难的时候资源是有限的，根很细，所能吸收的养分是很有限的，种子的能源很快就耗光了，所以这个时候要冒出来，九五提醒说种子发芽要跟挤牙膏一样，要爱惜力气，不要一下子就非要长成很大的叶子出来，否则就像使劲挤牙膏，一下把牙膏都挤光了，没有了，那样种子会长不出来的。所以我们看刚刚冒出的叶子都是很细嫩，很柔很脆，好像弱不禁风一样，因为只有这样它才冒得出来，一下要冒出两片大叶子是根本不可能的。

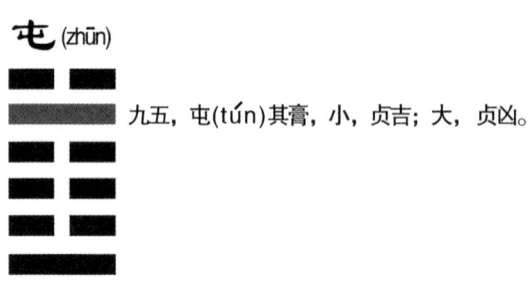

图12-7

九五算是顺利创始，顺利诞生了，之后就来到上六这一爻。上六爻辞（图12-8）：**乘马班如，泣血涟如**。骑在马上徘徊不定，晃来晃去，就是产前的阵痛慢慢地在退掉，因为喜悦而哭红了眼睛。涟如是不停地，但是我们学了《易经》就要明白它说不停就是很快就停了，因为不可能长期哭，小孩生出来妈妈连哭三天那不是神经病吗？所以泣血涟如，就是说又

第十二集 始生之难

难过又高兴,那种滋味不知道怎么说,虽然眼睛红红的,但很快她就笑起来了。整个的过程就是这样的。

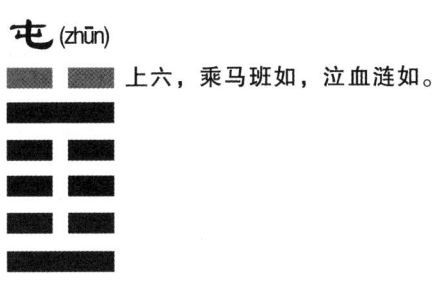

图12-8

在《易经》中,每一个卦的六个爻里,最重要的爻就叫作卦主,它主导着整个卦。那么究竟什么样的爻才能成为卦主?我们又怎样识别它呢?而在屯卦当中,它的卦主又有着什么样的寓意呢?

每一个卦都会有卦主,就是六个爻里面有一个或者两个是最重要的爻,所以卦主可能有一个,六个爻里面就那个爻最重要,那就只有一个卦主;可能有两个,因为两个都重要,那就有两个卦主。

《易经》告诉我们物以稀为贵,不是少数服从多数。屯卦四个阴爻两个阳爻,当然两个阳爻是主爻了,所以我们把初九跟九五的爻辞再仔细看一看。

屯卦初九磐桓,利居贞,利建侯。就告诉我们姜太公钓鱼,不是要钓鱼的,他是志在文王,他是要把文王钓出来的。于是我们就知道大器晚成,姜太公到了七八十岁还在钓,还在找合适的对象,所以我们也不要急,这样才有利于定位。只要有实力,永远不会被埋没,否则一急就乱了,就不知道自己的位了。我们不是退却,不是懦弱,不是偏安,不是苟且,而是居正养德。姜太公居正养德,孔明居正养德,然后时机一到就会找到那个爆发点,一气呵成,大展宏图。

大家回想一下乾卦的九五,飞龙在天,多神气!可是到了屯卦,同样

是九五,它不能飞龙在天,它只能屯其膏,跟龙差太远了。

这就是我们常讲的:此一时也,彼一时也。同样是九五,在乾卦的大环境里面它可以飞龙在天,可是在屯卦这个规模里面,它只能够屯其膏。这样我们去看以后的卦就知道了,任何一个爻都要配合整个卦的大环境去研判,才知道要怎么做。

从屯卦中我们得到的启示是:刚刚初创事业的时候,千万要记住谨守本分,步步为营,不要做夸大不实的广告,到处宣传,讲得天花乱坠。否则一下被戳破,所有的辛苦最后都会泡汤。

所以我们接下来就要注意四个字,叫作蒙以养正。就是我们刚从事一个行业时,没有什么经验,就想到处去扩展,那是不对的,我们应当先去了解,看看人家有什么长处,跟人家学习,不断地改善自己,使自己越来越正规、正当。这就是启蒙自己,启发自己,把自己的潜力慢慢激发出来。

创始必须要有长远的眼光,要有全面的计划,还要有几个志同道合的人,然后一步一步地往前走。在这个过程当中千万记住多看蒙卦,因为只有蒙以养正才能使得我们随时得到正确的观念,表现出合理的行为,一步一步顺利发展。我们下一集就要来谈谈:蒙以养正。

易经的智慧・第十三集

蒙以养正

蒙卦象征事物创生后的蒙昧状态，寓意教育要从童蒙抓起。蒙以养正的意思就是通过启蒙教育培养正确的世界观、价值观和人生观。《礼记·学记》中也明确提出：建国君民，教学为先。足见教育为人生奠基的远见卓识由来已久。那么，《易经》中的蒙卦对教育究竟有着怎样独到的见解？我们又如何才能达到蒙以养正的目的呢？

第十三集　蒙以养正

当我们走到山里面，看见山泉水很清澈，大家都喜欢拿桶去接，带回家喝，觉得很甘美。那么泉水从哪里来？泉水一定是有水源的，可是我们看不见，因为被山挡住了。所以蒙卦前有山，后有水，叫作山水蒙（图13-1）。我们只看到山前不断流出的泉水，可是山后面的水源我们看不到，这就是说，我们本来是有潜力的，是有智慧的，但是被蒙蔽住了。

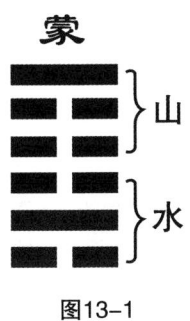

图13-1

小孩刚出生的时候，懵里懵懂，固然是天真无邪，很可爱，可是我们忍心让这种天真无邪，一路随着他年龄的增长而保持不变吗？我相信大家都觉得那样不太妥当。小孩子幼稚对我们来讲是可爱，可是长成大人了还幼稚，我们就会觉得很可笑。所以这个泉水给我们的启示，是说后面的水一定是很甘美的，它能够自己找到一条路出来，因为水的特性是渗透，而且它会向低的地方流动。人就是利用这个原理把自身的潜力、本来的智慧启发出来，所以叫作启蒙。启蒙就是当我们看到前有山，后有源源不断的泉水出来，所得到的一种启示。

小孩子叫童蒙，为什么大人就不叫童蒙呢？其实，大人中也有很多童

蒙的,一个人越老越固执,那也是童蒙,跟小孩子一样了。每个人都有不同的蒙,所以我们才要活到老,学到老,不能只是启蒙一段时间,就觉得自己的蒙开了,智慧就完全透出来了,这是不可能的。

蒙卦上卦是山,山是有止的意思,就告诉我们要一辈子学习,不可以停止。因为就算爬过了这座山,后面还有更高的山,山外有山,如果得到一些启发以后,我们就觉得很满足了,就不前进了,那么以后碰到问题还是弄不懂。只有终身学习,才不会停止在那里。蒙卦下卦是水,水源是不断的,我们要好好去用它,不要浪费。

屯卦是诞生,诞生的时候都是很蒙昧的,所以紧接着就要启蒙,因此,屯卦之后就是蒙卦。屯蒙这两卦跟乾坤两卦不一样,乾坤两卦是互错的,阴变阳,阳变阴,而屯蒙两卦是颠倒的,把屯卦颠倒过来就变蒙卦,把蒙卦颠倒过来就变屯卦,屯蒙两卦彼此互综。

《易经》里面综卦很多,我们可以从六十四卦里面把综卦一个一个来配对,有二十八对(图13-2)。

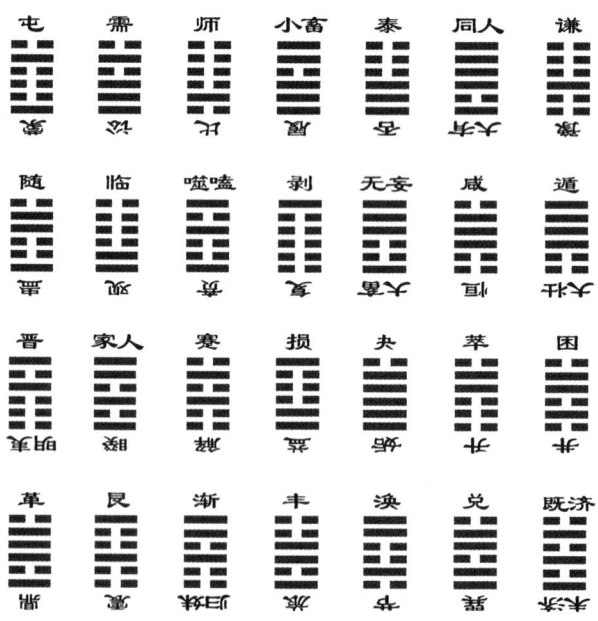

图13-2

第十三集　蒙以养正

屯卦跟蒙卦是综卦，需卦跟讼卦也是互综，师卦跟比卦也是彼此颠倒……可见，《易经》六十四卦，卦与卦之间不是相错，就是相综。所以我们常常讲错综复杂，跟卦的变化是有关系的。这二十八对综卦我们现在暂时先不一个一个来分析，将来讲到的时候，我们会提到哪两个卦是相综的。

正所谓"人非生而知之者，孰能无惑"，蒙卦告诉我们：人，生来蒙昧，所以教育就成为当务之急。那么，蒙卦对于启蒙教育究竟有着怎样的意义？其中，"匪我求童蒙，童蒙求我"的卦辞又阐释了怎样的教学理念呢？

我们常常说"这个人很蒙昧"，就是说他对很多东西很陌生，而他又不想问不想学，表现出很奇怪的、很含糊的、不自知的样子。老实讲，任何人来到一个陌生的环境，都是很蒙昧的，所以中国人常说入境要先问俗。到了一个陌生的环境，要先请教当地人，了解当地的情况，不要自作聪明，这个就是蒙卦最好的应用。小孩子老问问题，就是因为他想把他的蒙解开来，不要一直处于幼稚状态，这才是好现象。

蒙卦的卦象下面是水，水是坎险，而上面是艮，艮就是山，有停止的意思，跟屯卦刚好一个是水在下，一个是水在上，屯蒙两卦都有水，都有坎，就表示不管是出生还是启蒙，都带有高度的危险性。大家听了可能会觉得奇怪：启蒙有什么危险性呢？有的，因为只要找错了老师，启蒙就有高度的危险。

启蒙的老师为什么那么重要？因为他会影响到我们一生的方向，会影响到我们一生的判断跟选择，实在是非常重要。所以，我们中国人一旦有一点成就，第一个感谢的一定是妈妈；第二个就是我们的启蒙老师，因为是他当年把我们带进门，让我们找对了方向。

我们看看蒙卦的卦辞（图13-3）：蒙，亨。**匪我求童蒙，童蒙求我。初筮告，再三渎，渎则不告。利贞**。可见元、亨、利、贞四德中，蒙卦有三个：亨、利、贞，但元不见了，因为泉水被山挡住了，我们看不到起

源。所以即使我们有潜力有智慧，也可能看不到而无所施展，就在于元被蒙住了，所以蒙卦的卦辞中没有"元"字。

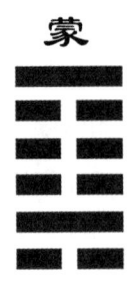

蒙　　　　卦 辞

亨。匪我求童蒙，童蒙求我。
初筮告，再三渎，渎则不告。
利贞。

图13-3

怎样才能亨？这句话非常重要：匪我求童蒙，童蒙求我。不是老师去求小孩要好好地学习，而是小孩来求老师，他来问的时候，老师才给他答案，否则老师一直教，他却越学越烦，越来越讨厌学习。匪我求童蒙，童蒙求我，这句话才是教化的基本原理。所以，孔子不拒绝任何人，普施教育，有教无类，但是一定要"自行束脩以上"他才会教。其实他并不是在乎那一点束脩，束脩就是今天的学费，而是他认为如果学生连一点点学费都不交的话，那是没有诚心要学。这样我们才知道，孔子为什么讲"自行束脩以上，吾未尝无诲焉"。

人要主动学习，才会进步，否则老师越教他，他却越听越烦，一点都不用心，还会促使他养成坏习惯，就是人家讲什么他都不在乎，那会一生都倒霉。

蒙卦中"匪我求童蒙，童蒙求我"的卦辞是说：教育并不能强加给学生，而是要达到学生主动求教于老师的理想状态。那么，在教学过程中究竟哪方应该主动？"初筮告，再三渎，渎则不告"的卦辞又是如何解释这一点的呢？

初筮告，再三渎，渎则不告。就是说，学生问老师问题，老师要给他

第十三集 蒙以养正

适当的回答，老师要看学生的程度，只能给他听得懂的部分。很多人不是，很多老师见小孩子来问问题，就给他讲一大堆，生怕他懂的不够多，这样做明显会把他压得喘不过气来，使他产生抵触心理，以后就不问了，这就是老师的问题。

学生第一次来问，老师马上就告诉他，但下次他再问同样问题时，老师不能马上回答他。老师这时候就要脸上表现出不高兴的样子，因为学生再三问同样的问题就表示他不用心，如果第三次还问同样的问题，老师就要告诉他这样是不诚心学习。就好像我们卜卦一样，卜了一卦觉得不合适，再卜一个，这是不恭敬的。一个人要学习，不恭敬的话，是不能学到什么东西的。

初筮告，是说学生第一次问老师问题时，老师会看学生的状况给他合适的答案。再三渎，就是学生再三问同样的问题，就表示他根本就没有恭敬之心，是一种亵渎，这样的状况下老师就不告诉了。

大家都很羡慕颜回，认为颜回是孔子最欣赏的学生。大家应该了解，颜回的爸爸也是孔子的学生，颜回跟孔子学习的时候还非常年轻，而且很聪明，他就觉得很奇怪：我爸爸跟这样的老师能学到什么？老师所讲的，我差不多都懂了。所以他就开始提问题，刚开始孔子很忍耐，就给他答案，可是提到有一天孔子大发脾气：你是来干什么的？你是来学习，还是想把我考倒的？颜回没有想到孔子会发这么大的脾气，回去整整一个礼拜不敢出门，反省自己，人瘦了一圈，从此以后颜回就很少问问题。不要以为是颜回的问题变少了，其实他的问题多了，但是他会自己先去想，想不通，再去找资料，最后实在没有办法了，才请教孔子。孔子也很高兴告诉他。

我们一定要记住，学习是靠自己，父母、老师这些教化的人只是适度地启发学习者的兴趣。而启发兴趣也是要适度的，否则一过分，学习者就学不到东西了。

老师自古以来都是负有重大责任的，最难听的一句话就是误人子弟，误人子弟是罪孽深重的，还不如不当老师。

《师说》有云：古之学者必有师。师者，所以传道受业解惑也。一语道出了身为教师的职责所在。然而，依照蒙卦的道理，老师对学生的教育却不能过分热心，这是为什么呢？作为学生，又应该抱持怎样的学习态度呢？

大家看蒙卦的卦象，上面是一座山，下面是水。山在上，水在下，那到底哪一个代表老师，哪一个代表学生？我们可以把一个蒙卦分成两段，就是分上下卦来看，上面的山代表学生，下面的水代表老师（图13-4）。因为下往上叫作往，上往下叫作来，只能来来来上学，不能去去去教学生。所以只有学生来求教于老师，不能是老师很热心地跑到学生家里去教学生。

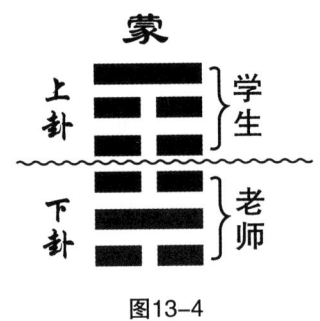

图13-4

这表示学生学习要自动。人最要紧的是要自动，自动发现自己的问题，自动找到合适的老师，自动提出合适的问题，不管听不听得懂，都要暂时停下来，自己好好去想一想，想不通先问问别人，实在没有把握，最后才去问老师，这整个的过程才是合乎蒙卦的。

人之大患，在好为人师。这句话为什么会这样讲呢？照理说，很热心去教别人是对的，实际上根本没有那回事，好为人师是大患。有人会说：我作为老师不能教学生，算什么呢？关于这一点，我们可以看看孔子是怎样做的，孔子讲课都是一起讲，很少单独给谁授课，除非那个人有单独的问题，而且孔子只讲他认为应该讲的。匪我求童蒙，而是童蒙要来求我，这是教化不可改变的原则。

因此，我们把蒙卦下坎当作老师，就是施教的人，而上面的艮就代

第十三集 蒙以养正

表受教的人——学生。老师是水,水可以滋润万物,但是水也可以泛滥成灾,所以老师是智者,会知道该流才流,不该流时要节制,免得一下流光了。学生是仁者,要乐山,要知道自己到山上去,如果不主动去采集东西的话,是如入宝山空手还。山里面有很多宝藏,学生要自己去挖掘,学生不主动学习,就会停止在那里,就永远不长进了。

蒙卦分成两段,上卦是学习者的态度,下卦是教学者应有的心态,这两者一配合,大家就可以发现,这里面有两个阳爻,这两个阳爻就形成一个框框(图13-5)。大家回想一下,我们在屯卦的时候,它是有一个框框的(图13-6),那个框框是万物要孕育要诞生时所需要的生态环境。这就好比婴儿出生了,从母体里面那个框框脱离出来了,脱离出来以后就又开始进入蒙卦的框框了。人生就是不断地从这个框框跳到那个框框。

图13-5　　　　　　　　图13-6

人通常有很多知识以后,反而不敢做决定了,读了很多书以后,反而不敢有创见了,到最后就变成两只脚的书橱,什么都知道,就是不会用,那多可怜!这就好比我们人的脑袋是一个蓄水库,虽然不停地有知识进去,但没有水龙头,到了该用水的时候,倒不出来,空有满脑子的学问,又有什么用?

蒙卦是要出水的,我们到了某一个地步就要把不必要的框框丢掉,要不断地丢掉框框,人才会轻松。

蒙卦以自然界的"山中之水"喻人事,表明了施教与受教双方在教育

过程中的微妙关系,强调"施教要适当,求学要主动"的教育理念。蒙卦的卦象给了我们很多提示,那么,蒙卦的爻辞又告诉我们怎样的人生哲理呢?

蒙卦六个爻,从底下开始往上看,代号是初六,九二,六三,六四,六五,上九。九二跟上九是这个卦里面仅有的两个阳爻,这两个阳爻把六三、六四、六五这三个阴爻包在里面,形成一个框框,那就是我们所讲的学堂,登堂入室就是进入了那个框框。

初六是在框框的外面的,站在框框外面的人一定是老师,那么这个老师为什么要跑到外面去呢?就是因为他知道任何道理都要与时俱进,时也命也,此一时也彼一时也,不能老照以前那一套,否则不停地按照以前的道理传下去,传到最后大家都懵里懵懂。于是,这样的老师就站出来,由于他的声音很软弱,所以用阴爻来代表,现在又在初位,那就更弱了。每一个时代,要带动一些新的与时俱进的东西,都要特别地努力。

初六爻辞(图13-7):**发蒙,利用刑人,用说桎梏;以往吝**。发蒙,就是说要把原来的框框重新启发出来。怎么启发?最好的办法就是利用刑人,这个刑不是刑法的刑,而是模型的型,意思是我们自己少讲话,自己言行一致做给人家看,人家如果觉得这个人很奇怪,在这种时代还有这样的人,我们就成功了,就达到了用说桎梏。当我们把自己的框框解开了,别人也觉得这样好,那他们也解脱了。这样才叫改革开放,否则老是用以前的框框怎么改革呢?要开放就不能没有模范,不能没有典范,有了模范做给大家看,才能引起大家的共鸣,这个用现代的话来讲叫作参考力。

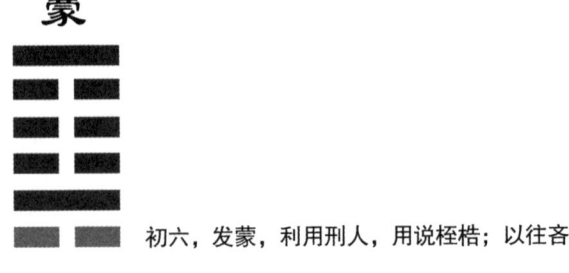

图13-7

第十三集　蒙以养正

一个人光用权力、势力，那是很危险，很可怕的。我们要很平和，要言行一致，要经得起众人的考验，这样我们的所作所为自然会使得人家把我们当作参考的目标、学习的对象，才会慢慢地把新的东西扩展出去，这才叫发蒙。发蒙是要使那些人在不知不觉当中受到好的影响，才有资格叫发蒙。

以往吝就是说我们不能太积极，不能急于有成就，否则就会引起很多人的怀疑。我们只是要给老的学问赋予新的生命，叫作继旧开新，这完全符合《易经》的道理。

蒙卦告诉我们：教育要适时、适度。诗圣杜甫有诗云："好雨知时节，当春乃发生。随风潜入夜，润物细无声。"春雨润物之寓意与初六爻发蒙的为师之道有着异曲同工之妙——真正的蒙养要在日常生活中潜移默化。那么，除了初六爻的发蒙以外，蒙卦九二爻和六三爻的老师又是如何为师的呢？

九二才是教师的主力。九二爻辞（图13-8）：**包蒙，吉。纳妇，吉；子克家**。包蒙就是周围有很多懵里懵懂的人把他包围住，向他请教，向他学习，这当然是好现象。

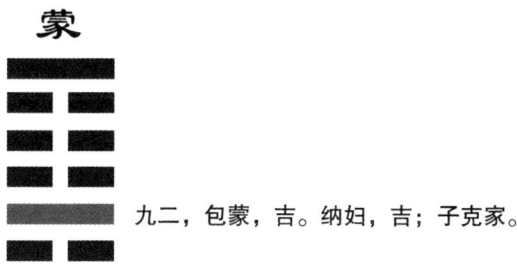

图13-8

老师要严厉，同时要有亲和力，否则严到学生都怕，跟老师保持很大的距离，怎么教呢？但是如果搞到没有距离，那更糟糕了，学生不把老师

当一回事,甚至有时候老师大声说他们都不在意,老师脸色不好看他们根本看不出来,或是根本也不看的时候,那这个老师何以自处呢?

纳妇吉就是说九二这样的老师,就好像家里面讨了一个好媳妇一样,全家都有福了,当然也是吉祥的。这样的老师会有一个成果叫作子克家。子克家就是九二这样的老师生出来的子女将来都能持家,能把家教传承下去。这是最好的老师,主力老师。所以在蒙卦里面九二爻是主爻,是卦主。

但是,教化光是老师发力也不行,所以蒙卦还有一个学生的卦主,就是六五。我们看到九二跟六五是相应的,一阴一阳互相吸引,而且都在上下卦的中爻(图13-9)。

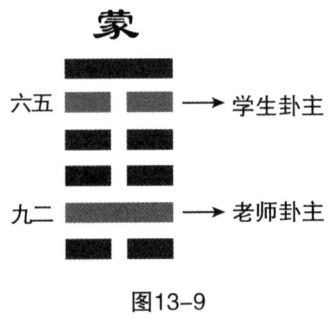

图13-9

还有一种老师就是六三,这种老师就是误人子弟的,每一个时代都有,不是现在才有。这种老师是少数的,但是一直都存在着。六三的爻辞(图13-10):勿用取女,见金夫,不有躬,无攸利。

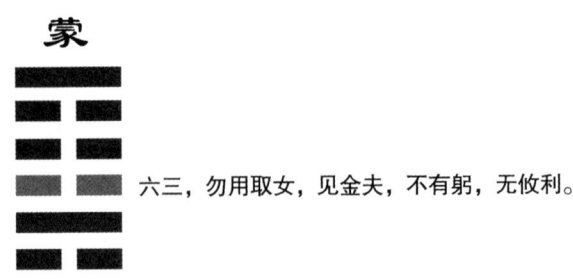

图13-10

第十三集　蒙以养正

勿用取女就是说不能娶这样的女孩子，语气很严重，它是用"这种女孩子不能娶"来比喻这种老师我们不能跟他学习。为什么这种女孩子不能娶呢？因为见金夫，不有躬，看到有钱的人，她就忘记自己的身份地位了，就一直巴结献媚，好像要自动奉献一样。好多老师就是这样，发现这个学生的家长是亿万富翁，就给他加分，课后帮他补习，别人都不管，只注意他。见金夫，不有躬，这是很难看的。作为老师，要照顾到所有的学生，怎么可以见谁有钱就特别照顾谁呢？

孔子是真正做到了有教无类的。当时孔子的学生怀疑孔子，是不是把最好的东西教给了自己的儿子，当然这种问题大家不敢问，只能放在心里头。终于有一天，孔子的学生子禽碰见孔子的儿子伯鱼，就问他：你爸爸有没有偷偷教你什么？说来我们分享一下。伯鱼说没有，但过了一会儿，又说好像有一点，子禽就问是什么。伯鱼说：我爸爸问我，读了《诗经》没有，我说没有，他说不读《诗经》怎么跟人家讲话呢？就这句话而已。然后子禽又问，难道没有别的吗？伯鱼想了半天说：还有一次，我爸爸问我读了《礼》没有，我说没有，他说不读《礼》，不知《礼》，怎么在社会上立足呢？就这么两次。

请大家做一个评判，孔子这样有没有私心，有没有偷偷把最好的东西教给自己儿子？答案还是一阴一阳之谓道：可以说没有，因为这是每一个人都知道的事情，没有什么特别的；也可以说有，说话跟立足社会是最根本，最要紧的，所以也可以说孔子特别地加强自己的儿子。这两种答案没有谁对谁错。

人不能有成见，但是人难免有偏见，所以我们要常常提醒自己，我们都不够客观，我们都相当主观，这样我们就比较容易脱离蒙昧，否则拘泥于成见、偏见，那就始终跳不出蒙昧。

无攸利是说六三这样的老师迟早是没有利益的，因为人家看不起他。凡是以金钱、地位来看待自己学生的老师，就已经失掉了老师的本分，所以无攸利。

《易经》中的蒙卦从一个侧面表明了教育的成功应该是施教与受教双方共同努力的结果,甚至在一定程度上更取决于受教方的主动性与积极性。这与当今教学中强调"学生为主体"的教育理论颇为相通。按照曾仕强教授的解释,蒙卦的下卦代表三种老师施教的态度,上卦则代表三种不同的学生,那么,究竟是哪三种学生呢?

六四爻辞(图13-11):**困蒙,吝**。六四这种学生是最可怜的,为什么?六四上面是阴爻,下面也是阴爻,它就被阴爻蒙在里面,始终不见天日,而且六四跟初六都是阴爻,同性相斥,不相应。六四这种学生既听不惯学校里面的那一套,也听不惯学校外面的那一套,所以叫困蒙。他就始终困惑于自己到底要听什么,自己到底要学哪一样。

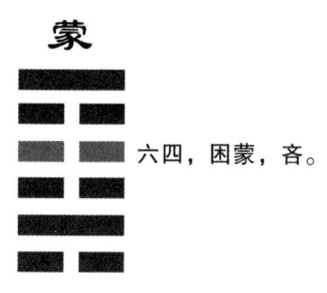

图13-11

我们有那么多选项,就表明要学什么得自己选,父母不应该规定小孩子要学什么不要学什么,父母只能提供机会让小孩子自己去了解他的蒙在哪里,他应不应该往这方面去发展。如果父母弄到小孩子什么都很困惑,什么都很想学,学多了什么都很讨厌,什么科目都学不好,又不知道怎么问老师,回来看见家长又不敢讲,因为一讲就挨打挨骂,那就造成困蒙了。

最幸运最聪明的学生是六五(图13-12),叫童蒙。所以六五爻辞:**童蒙,吉**。

第十三集 蒙以养正

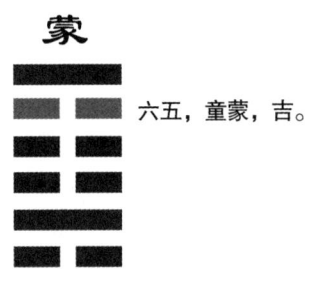

图13-12

童蒙的意思就是说，蒙是好事情，不蒙才是坏事，所以这种学生会吉祥。一个人老觉得自己什么都懂了，那就是困蒙；但老觉得自己什么都不懂，也是困蒙。一个人要有所知有所不知，对于自己所知道的部分不自大，不自满，但是人家讲什么也不随便相信，要很慎重，对自己不知道的地方，抓到机会就要学习。

最倒霉的学生就是上九，当然上九跟六四比，还是幸运一点，因为它毕竟是阳。上九爻辞（图13-13）：**击蒙，不利为寇，利御寇**。击蒙就是如果能碰到好的老师，他又能适当地激发我们，把我们唤醒、打醒，我们就会好好学。不是每个学生都有资格让老师打的，这句话是所有老师都应该了解的，也是所有家长都应该想到的。当老师打子女的时候，家长最好这样想：我这个做父母的没有尽到责任，我没有把小孩打好，老师才代替我打他，我要谢谢他。但是我没有鼓励体罚，因为上九爻辞讲得很清楚：不利为寇，利御寇。利御寇就是说打的方式、打的时机、打的态度，一定要合理，不合理就是体罚，就是不对。

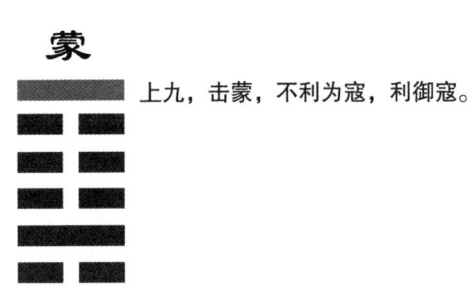

图13-13

我们还有一句话，就是爱之深，责之切。如果老师不爱学生，才不会打他呢！老师心中没有学生，绝对不会骂他。记住：打骂是最后的手段，有利于突破蒙昧，只有突破了，那个山泉才会流出来。

很多父母跟我讲，他家小孩怎么样调皮怎么样不听话，我都跟他讲：你的小孩就是一个毛病而已，两个字——欠揍，只要一打，他就醒了。但是也要记住不能把小孩当敌人一样地打。

通常我们只会打小孩手心，不会打手背，打手背就是把他当敌人打了。只要让小孩深深记住那个打的过程，让他知道家长不是把他当仇人，不是把他当出气筒，家长是告诫他要好好学习，不主动学习将来很糟糕。这样我们打的目的就达到了。

整个蒙卦把教化的道理说得非常透彻，自己问问自己是哪一种学生，要选哪一种老师；自己问问自己是哪一种老师，要教哪一种学生，然后天下太平，每个人都受益，不会误人子弟。

坦白地说，教育的作用有正有反，教育一方面让我们过好日子，但是一方面会使我们欲望无穷，需求太多，苦恼重重。所以有一得必有一失，我们启蒙之后，就痛苦不堪，因为我们有很多需求，而需求是无法满足的。因为我们所需要的不能马上就拥有，需要等待，而等待是很难受的，但是人难免要等待。

所以，《易经》屯蒙两卦以后，出现了两卦就是需和讼：万物创生后，就要启蒙，启蒙之后就产生需要，需要不能满足就难免引起争讼。所以，下一集我们来谈一谈：需要等待。

易经的智慧・第十四集　需要等待

《易经》中的需卦告诉我们，人们在获得启蒙之后，就会产生各种各样的需要，正是这种需要，促进了人类的进步和社会的发展，但也正是这种需要，带来了许多烦恼和危机。那么，当我们需要时，应该注意些什么？又该如何正确地对待需要呢？

第十四集　需要等待

《易经》六十四卦多半是一对一对的，乾跟坤互错（图14-1），就表示乾坤相错，开天辟地，有很激烈的变化，但如果每一次都有这么激烈的变化，人类也是承受不了的。所以接下来屯蒙两卦相综，叫作一体两面（图14-2），从这个角度去看是屯，从那个角度去看是蒙。第五卦需卦跟第六卦讼卦也是一体两面（图14-3）。

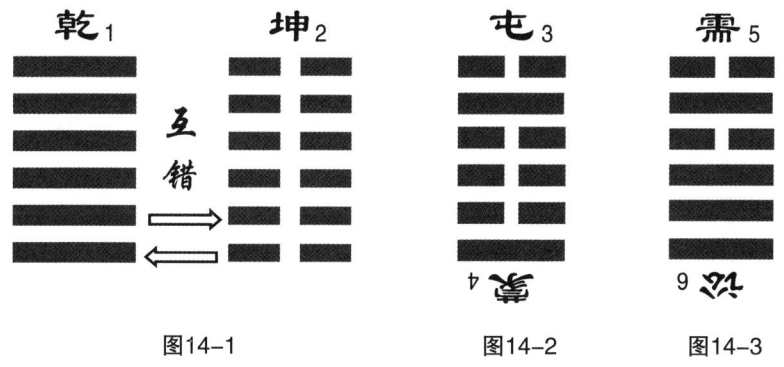

图14-1　　　　　图14-2　　　　　图14-3

人不可能没有需要，如果人完全没有需要，人还会有积极性吗？还会努力吗？还会用心吗？不会的。所以什么都不要的人也不见得好。因此我们发现世界上没有人主张纵欲，主张人要尽量地有欲望，尽量去满足，那是很危险的，但也没有人喜欢禁欲，倡导绝对不可以有欲望，说欲望都是可恶的，那也是过分的。人要节制自己的欲望，要掌控自己的需要，因为欲望太多的人不可能会得到满足，得不到满足就会苦恼，就开始抱怨，开始跟人家争夺，然后就走到了争讼之境。

> 要节制掌控自己的欲望，欲望太多无法满足。
> ——《易经》的智慧

需卦给大家的第一印象就是需要。需有一个很重要的意义，叫作等待，就是需，要等待。人怎么可以说要就要？但我们现在都是说要就要，小孩子说"我要喝水"，恨不得马上水就到口了。这就叫作童蒙，童蒙就是只知道水会到口，但是不知道水是怎么到口的。可见我们蒙卦没有做好，需卦一定会出问题，这样我们才知道一卦接一卦，有卦序。

需卦问题出在哪里？出在蒙卦的时候只在知识的层面去启蒙，没在智慧的层面去启蒙。妈妈喂小孩的时候，把食物吹凉了，自己还要试试温度，然后再送到婴儿的嘴边。这就在告诉小孩子：你想要，东西就在嘴巴上，那就糟糕了，将来小孩就很性急，要不到就哭，不给就闹，到时候父母就拿他没有办法了。

我们应该让小孩从小就知道，食物到他的嘴巴有一个过程，需要一段时间和很多人的用心在里面，这样他就懂得做任何事情都要忍耐一段时间，并且一定要有时间的观念，就叫作需。

需卦上卦是水，下卦是天，水上于天的卦象（图14-4）。而水怎么上于天？所以我们就知道同样是坎卦，在下卦的时候叫作水，到了上卦就叫作云。云从哪里来？云从地面上来的。

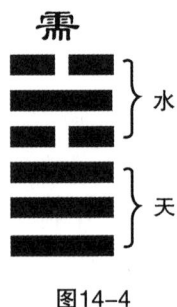

图14-4

第十四集 需要等待

大家如果有机会到长白山上,去看看天池,会看到那个云一层一层地从地面飞到上天去。一层一层的云上到天上去,积压得够多的时候就变成水了。云上于天就告诉我们要等待雨水,要等云积得厚一点,才会变成雨,才会掉下来。

为什么我们那么喜欢下雨?因为人以及所有的动植物都很需要水,有了水才能顺利地生长,因为水有滋润的特性。可是如果我们在蒙卦的时候,只告诉小孩水有滋润的特性,那他很可能就不爱惜水资源了,就浪费水,拼命拿水来洗自己。所以,在启蒙时我们就要告诉童蒙:水资源是很宝贵、很缺乏的,是不能够浪费的。但现在我们只教小孩要勤洗手,没有教他水是很宝贵的,不能浪费,把手洗干净就好了,不要拼命让它流。一个是知识层面的启蒙,一个是智慧层面的启蒙,现代人只看到知识,忘记了智慧。

我们要告诉小孩子,尽管现在天上乌云密布了,但我们把手伸出来看看,发现还是没有雨,这是因为时间还没有到,我们要再等等,小孩就懂了。这是智慧层面的启蒙。一切的需要想要满足都要有个过程,但如果只认识到这里也还是很浅的。

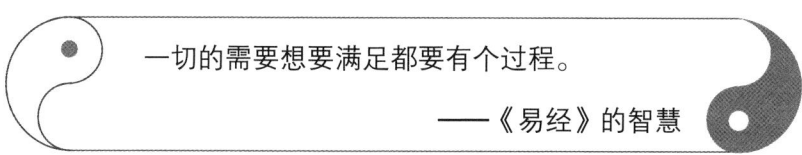

一切的需要想要满足都要有个过程。
——《易经》的智慧

从基本的衣食住行,到自我理想实现,每一个人的发展过程都是自我需要不断得到满足的过程。但需要并不意味着马上得到。需卦初爻便告诫我们要有恒心。那么,在寻求自我满足的过程中,又会遇到什么样的问题呢?

云就是水,水就是坎,坎就是危险。这就告诉我们,任何人一有需要的念头,就要付出相当的代价,不是消耗体力就是消耗时间,就是因为有了需要,我们就危险了。所有的需要都要承担相当的风险,这就是上坎的警示,叫作险在前。

需卦的下卦乾卦是什么意思？乾卦就是天，我们已经讲过乾卦就是男人，为什么需卦的下卦会用乾卦不用坤卦呢？因为一个家庭的需要，是要男人出去想办法解决的，男人不能自己待在家里把女人推出去，让女人去解决家里所有的需要，那是不可以的。

可见，《易经》每个卦都有它的用意，需卦就是男人看着天，心想：怎么老不下雨呢？我需要的东西怎么老得不到满足呢？我家里等着要用。但是急也没有用。

我们可以看到需卦的卦辞（图14-5）：**有孚，光亨，贞吉，利涉大川**。就是说一个人有了需要，要心怀诚信，不要随便开口向人家要东西，不要随便地产生很多欲望，否则就不诚信了，不诚信最后是自己吃亏。假定一个人很诚信，要多少拿多少，不多要，合理的才要，不合理的就不要，没有多多益善的观念，这个人就会光亨。

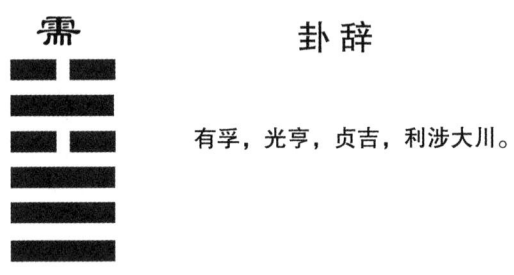

图14-5

什么叫作光？光就是阳光很普遍去普照大地，所以光亨是很普遍的，很广大的亨通，不是小小的亨通。我们看到一个守分、洁身自爱、能够节制自己欲望的人，不论到哪里都是受欢迎的，没有人怕他。而一个很贪心、看到什么都要的人，谁看了都怕。做一个人，如果你的欲望太多，就会让人家产生一种想法，就是跟你接近，他一定吃亏，于是他只要接近你，他就会先吃掉你，那这个人就什么诚信都没有了，就什么前景都没有了，路就会越走越窄，搞到最后孤家寡人一个。我们要：自己不该要的，敬谢不敏；只要自己该要的部分，而且不会浪费。这样不论到哪里人家都

第十四集　需要等待

不怕我们，人家都欢迎我们，就光亨。光亨又守正，而且长期这样做，我们就吉祥了。然后利涉大川，不管到哪里去，都会克服万难，获得很顺利的成果。

合理的需要可以促进人类的发展，过度的欲望则会导致痛苦的产生。因此古人云：知足者常乐。但在物欲横流的当代社会，人们往往无节制地要求欲望得到满足，这是为何？需卦缺元，意味着什么呢？

元、亨、利、贞四德里面，需卦只有亨、贞、利，它没有元。因为我们对于自己真正需要什么，是不清楚的，跟蒙卦一样，是蒙蔽的。我们有些人常常要什么东西很急很急，结果给了他以后，他才知道这不是自己要的，自己本来是不需要的，只是因为有"不要白不要"这种错误的观念，才要的。

有的人到商店一看，今天衣服大促销，最后拍卖，只要一折，然后买了一大堆，回家才知道自己根本穿不上，最后只能挂在那里。这种人太多了。当时认为是需要的，但是事后才知道那不是自己真正所需要的，这就是因为我们的元是被蒙蔽住的。

亨，就需要我们自己有所节制，对自己的欲望做一个合理的规范，对该要不该要做一个深入的判断。很多人买东西都是冲动的，一冲动钱没有了，而且后面一大堆问题：送人家，东西太便宜不好意思送，自己又不能用，放在家里占空间，不知道怎么处理，这就是自寻烦恼。人家看到你这种个性，就会敬而远之，因为害怕你会拉他——那边大拍卖，不买可惜，然后俩人去买了一大堆，然后回去相对苦笑。那怎么会吉祥呢？那怎么会利涉大川呢？这样的人到哪里都是路越走越窄。

要常常谨记险在前。其实我们还要牢记，人生的前面有四个字：艰、难、险、阻，没有一件事情是好做的，凡是很顺利的，我们就要知道快上当了。我们看山水、看风景，只看到它美的地方，不知道山就是阻，水就是险。我们说山好漂亮，其实山是老天在告诉我们，我们前面有很多阻

碍,好像一座又一座的大山似的,把我们挡住,如果要一座山一座山去翻越,很难;水就是坎险,一不小心掉下去,性命堪虞。我们看到每年死于山难,死于溺水的人何其多!但是我们现代人只看到山水的美好,这就是在蒙卦的时候,只有知识面没有智慧面。这点我们提过好几次了,就是希望我们自己要反省。

我们看到一个卦要想到它的前一卦,要想到它的后一卦,要想到它的综卦,想到它的错卦,要想到卦里面还有很多卦,这样它的道理才会通。不然的话就是一种很偏的看法。

孟子曰:思诚者,人之道也。追求诚信,是做人的根本法则。人不仅要对他人他事诚信,更要对自己的内心诚信,清楚自己的真正所需。但是如何辨别真正的需要呢?我们又应当如何正确理解需卦的含义呢?

人要先搞清楚自己所需要的是什么,达到可以满足的程度,就不要想得到更多。我经常看见小孩上完洗手间,他抽出好几张手纸擦手,他手就那么小,扯十张纸有什么用呢?我每次看到都会说:"小孩子,你这样太浪费了。"我心里头想得更可怕:这种人长大都是乞丐,因为所有钱到他手上都是浪费掉了。

我们的老华侨,在美国看到美国人厨房里面有那种擦手的纸巾,老华侨每次都只撕半张,他不忍心一张一次就用掉。可是新长出来的晚辈,同样是中国人,同样是中华儿女,就一下子一张,这到底是进步还是退步呢?我们现在有传真机很方便,我每次见到传真一大张纸上只有两行字的,我都觉得很浪费,我传真给人家的,用多少我就剪裁多少就好了。爱惜资源不是嘴巴讲讲而已,是要付诸行动的实践,才会有效果。

需卦给我们的启示:第一个不能想要就要;第二个不能想多要就多要;第三个要培养自己等待的习惯,才能心平气和。当我们打电话叫一部车子的时候,要知道它过来要有时间,不要急。吃饭时坐在那里要培养饮食的情绪。现在人不懂得生活,就是不会等待。

第十四集　需要等待

我们都知道有一位获得过诺贝尔奖的美籍华裔物理学家,叫作李政道。李政道先生当年提出论文的时候,评审的过程是很漫长的。于是他就卜了个卦,关于李政道先生卜卦是有记录的,他卜了一个需卦,他就知道自己要等待。老实讲,懂得《易经》的人就知道,审得越快就表示越危险,因为评委看不上,才会很快就给结果,审得越久就表示越有希望,因为评委会考虑这个有没有道理。

需卦里面有一句话,就是当我们等待的时候我们要让自己轻松一点,平和一点,与其站在门口等,不如坐下来喝口茶,煮几个好菜跟朋友分享,那么等待的时间会相当的愉快。看到需卦,只会苦苦地等,只会紧张地等,那还不如不卜。卜出需卦,我们要知道:我不要急,人家审查有一个过程,我安排自己的生活,稳定自己的情绪,跟朋友借这个机会聊聊天。这才叫高明。卜卦要不问吉凶,但要问自己怎么样去安度、去克服,因为该要的还是要要,那是合理的需求,如果碰到不该要的就放弃,要舍。但是该舍才舍,不该舍还是要要,因为需要需要就是要。

卜卦的作用在于充分引发个人潜能。李政道先生以平和的心态等待到了诺贝尔奖,这并不说明卜卦有多灵,而是告诉我们,应该如何从智慧的层面来理解卦的意思,以提醒自己应该怎样面对所遇到的事情。那么需卦除了需要和等待之外,还有什么重要意义呢?

需卦除了需要、等待之外,还有一个很重要的意义,叫作必需,就是一定要。男子汉大丈夫,必须尽责任;生而为人,必须学知识;为了会使用知识让它有效地帮助人家,必须启发智慧,这些都是需卦,不能因为害怕麻烦,害怕承担风险,害怕吃苦受累就轻言放弃。但是千万记住,我们每个人都没有权力想要就要,我们要称称自己的分量,掂量掂量自己所赚的钱是从哪里来的,如果是从同胞血汗得来的,那么自己就要回馈他们。否则如果自己不照顾他们,不回馈故乡,还堂而皇之地办移民,那就是需卦、蒙卦都出了问题。

我们千万要记住,必需就是我们的责任。身为老板就必须要照顾自己的员工,身为知识分子,就必须要对社会尽一份责任,不能自私,自私就是无耻。我们现在随处都可以看到只顾自己不顾别人的人,自己要这要那,不把别人的死活放在眼里;自己全身都是名牌,别人的饥寒却看不到,这样的人是高度危险的。

日本发生过这样一件事情,有一个年轻人拿了一个土炸弹,把一个工厂整个炸掉了。警察很快就抓到他了,就问他:"你为什么这样做?"他说:"我每走到一个地方都是这家公司的符号标志,我去洗手,一看脸盆也有这家公司的标志;它生产的一种毛巾看起来没有什么,一浸水标志就出来了;我坐的火车是这家公司的,我生活中的任何东西都是这家公司的。如果我是孙悟空,这家公司就是如来佛祖,我一辈子在它手掌当中跳不出来,那我算什么人呢?我得不到自己做人的尊严,所以我要把它炸掉。"

可见,垄断是没有人喜欢的,财大气粗是所有邻居都没有办法忍耐的,我们绝对没有仇富,我们只是警告说,一个人如果这样做的话他的处境是很危险的。

同样的事情会有"事倍功半"和"事半功倍"两种结果,差别就在于做事的方法是否得当。合理的需求应当得到满足,那么我们如何正确满足自己的合理需求,达到利涉大川的境界呢?

一个人要满足自己的需要,先认清别人有没有同样的需求,有的话会不会起冲突,别人的心理感受怎么样,自己会不会带给别人很大的刺激,如果会的话自己就要小心一点,这样就不会有后遗症,就叫作贞吉。我们有欲望,有需求,想得到满足,就要走正道,要用正常的心态来对待所有的人,来因应大家的感受,然后自己一步一步地不惹火大家,不引起大家的嫉妒,就会吉祥。

我必须说明,一个人让人家看不顺眼,引起人家的嫉妒,自己有相当的责任,不要老怪别人。我们现在都在唱高调,说做人难,那种话讲一千

第十四集 需要等待

年都没有用,因为那是不合人性的。我们要小心,富而不仁是所有人都痛恨的,就提醒我们,要富没有关系,只要有仁就好了,要富而仁。我们富了,要想想自己的钱是从哪里来的,想想多少人给了自己帮助,想想自己财富的积累损伤了祖先积下来的多少福分,自己这代给享光了,下一代怎么办?富不过三代就在提醒我们,福分不可以一次享光,需要是必须的,需要是要合理的,需要是要付出相当的代价的。这样综合考虑,我们应该会走上正道,就会利涉大川。

需卦的正面意义,我们都很熟悉,叫作衣食足,知荣辱。当一个人需要满足了以后,就要想到有什么事情可以光耀门楣,什么事情会使自己的家庭蒙羞。换句话说,我们不仅要满足需要,还要顾虑到整个家族在社会上得到的评论,自己的行为有没有使家风受到损伤,这个是很重要的。

我们需要得到满足之后,第一个就是要管好自己,约束好自己,我们自己合乎礼义,人家就不会仇视我们了。有一个很有钱的邻居,其实我们都觉得很好,但是如果有一个邻居很有钱,就开始车水马龙,搞得周围邻居都不安宁,那我们就很讨厌这种人,觉得跟这种人在一起真倒霉。可见,富有的人,如果考虑到自己要去照顾左右的安宁,要去与左右的邻居分享,那他一定大受欢迎。

仓廪实而知礼节,衣食足而知荣辱,合理的需求得到满足,可以促进自身的发展。这是需卦的正面含义。当需求不合理时,便会产生负面效应,即需卦的反面意义。那么,需卦的反面意义是什么?通过学习需卦,我们能够得到怎样的生活真谛呢?

需卦的反面意思就很可怕了,叫作人心不足蛇吞象,明明知道吞不下,也要硬吞,最后把自己搞坏了。我们为了满足需要,常常损伤很多平常好不容易建立起来的自我形象,就是因为我们贪得无厌,引起人家的怀疑和害怕,最后将自己的真相暴露以后,人格与信用就破产了。

我们要知道,需求有正面的也有负面的。你看毒品就绝对是负面的,

那是不是应当把所有毒品都烧掉,让世界上没有毒品呢?不是,因为虽然鸦片是谁沾上谁倒霉,可是当我们身上痛得不能再痛的时候,一小块鸦片下去是可以止痛的。天生我材必有用,天生万物都有它的用意,但是人的拿捏是非常困难的,这样才需要学习。鸦片有积极的作用,可以当作药品使用,但也不能说"那我们家里都存点鸦片",那不可以,因为只要家人沾到,那全家都完蛋了。所以药品要管制,就是因为这种需要是属于特殊性的,不能做普遍的使用。

有人说那吃维生素总可以吧?也不行,维生素吃多了也是会中毒的,这就是老天对人类最大的爱护。如果说吃维生素不会中毒,那太简单了,每个人都趁自己有钱的时候,把这一辈子所要的各种维生素一次吃下去,以后再穷也不怕。但实际上如果这样做,用不了三天就中毒死掉了。所以父母不能趁自己现在有钱,小孩这辈子需要什么就拼命给他什么,那样这小孩就完了。

人是有进有出的,只要这个不通,人就完蛋了,光进不出是不能利涉大川的。所以很多东西不能硬吞,不能独吞,不能见到就吞,这才是需卦给我们最好的启示。从现在开始我们要记住:合理地推拖拉,看到一个东西先想是不是不要比较好,发现确实是不要比较好,那就不要了,这就表示这个需求不是我们所需要的。合理节制自己的欲望,适可而止,不要过贪,这样才是最大的幸福,也是需卦的真谛。

为了让大家减少需求所带来的痛苦,增加满足所带来的幸福,我们下一集要好好来谈一谈:待机之道。中国人很会等待时机,待机之道对每一个人都非常重要。

易经的智慧·第十五集 待机之道

需卦告诉我们，合理的需求应当得到满足。但在现实生活中，追求合理需要的过程往往步步艰险，这是为什么？我们该如何应对这些问题？在明白了需要等待的道理后，通过需卦六爻的演进，我们又将获得怎样的人生智慧呢？

第十五集　待机之道

我们要生活，就会产生很多欲望，因此，就必须想办法去满足。这个从正面来讲是一种良好的驱动力，可以使得我们很积极，很上进；但是从负面来看，我们会发现这就是自己跟自己过不去。

需卦下卦是乾，就表明尽管你是君子，很能干，很求上进，但是你这辈子肯定是劳碌命，就这么简单。当我们鼓励小孩要怎么样的时候，我们嘴巴说"我爱你才鼓励你"，实际上已经在害小孩了，害他一辈子紧张、忙碌、苦恼，这就是一阴一阳之谓道。

需卦的上卦是坎，坎就是危险。下卦是天，上下两个卦合起来就告诉我们，就算一个人再刚健，再积极，再奋发，也免不了处处都是风险的考验，所以还是要适可而止，不要过分。再好的东西都不能过分，这是需卦给我们的第一个启示。

需卦六爻（图15-1）很有意思：初九是当位的，九三当位，六四当位，九五当位，上六也当位，它有六分之五是当位。可见需要是正当的，没有什么好回避的，也不能回避。为什么九二不当位？我们等等再看。

图15-1

先看初九（图15-2），初九讲得非常清楚：**需于郊，利用恒，无咎**。就是一个年轻人刚刚进入社会，就好像还没有进城一样在郊外。我们可以想象一下，当我们在郊外的时候，我们的步调自然是比较慢的。我们发现城里面的人走路快得不得了，可是到乡下去看，大家都是慢吞吞的，因为他们心里知道，自己现在在郊外，不管要进哪个城，都要有个过程，不是马上就能进去的，所以急不得。这就告诉我们一个年轻人刚刚进入社会，要了解自己现在想买房子买不起，想快速升官做不到，想发大财不可能，不管走哪一条路都要有一个漫长的过程，所以不能急，如果这时候急就是虐待自己，不急反而才好。

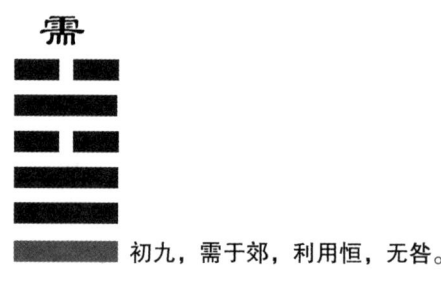

图15-2

不急于需求的满足就会培养我们永恒的修养，永恒才是成功的根本。慢慢来，不着急，急也没有用，所以就会无咎。无咎就是说我们有了这种素养，明白了自己的处境，不好高骛远，不想一夜之间就能够功成名就，我们就没有后遗症了。现在有些人年纪轻轻就有太多的欲望，并且急切地要马上满足，最后逼得自己跳楼，或者弄得自己完全没有羞耻心，就是因为他们没有看到初九需于郊的爻辞，否则急什么呢？急也没有用，不如利用恒，利用这个时间来培养自己的耐性，培养自己的恒心，才会无咎。

需卦六爻，五爻当位，即是说，如果需求合理，我们应当尽力争取。在争取的过程中，首先要有恒心，这是需卦初爻对我们的告诫。第二爻阳爻居阴位，是需卦中唯一不当位的一爻，那么这一爻又告诉我们应当注意

第十五集　待机之道

什么呢？

九二（图15-3）是什么？**需于沙，小有言，终吉**。因为我们所要的东西就像水池一样，充满了危险，可是我们还是要去，因为我们要生存，要生活，就必须要面对挑战。既然如此危险，而需卦五个爻却都当位，就是说只要我们的需求正当，就不能躲避，非往前走不可。当我们从郊外一直向河边走，走到踩到沙的时候，我们就知道了，河快近了。在郊外的时候大家都知道离需要的满足还很遥远，所以彼此之间没有什么竞争，可是当踩到沙的时候，沙会使得我们脚痛，这就表明竞争的人多了。

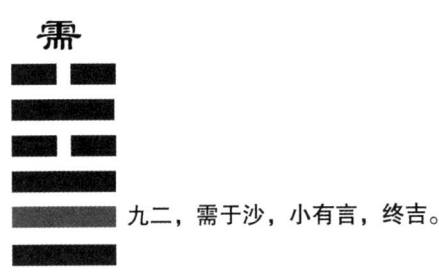

图15-3

当需要很遥远的时候，大家不会相争不下，反正都要不到，所以大家都客客气气的，可是现在眼看着就要到手了，而只有一个职位，十几个人竞争，这个时候就会小有言。就开始有闲言闲语了——看你的样子你也想争取？你不要了，要到也没有用；你这么积极，是你爸爸给你拉好关系了吧……就有人破坏你，抹黑你，扭曲你，弄得你这样也不对，那样也不是。

当传来消息，说上面的那个职务空缺是要留下来提拔你的，所有的人看了你都没有好话的——哎呀，你真会拍马屁；哎呀，你是不是谁的小舅子？小有言是很烦的。但我们不要受这些影响，还是要按照自己既定的方针，既定的方向，采用合理的方式，最终就是吉祥的。这是九二必须经过的，谁叫它阳居阴位呢！

当一个年轻人感觉到买房子没有希望的时候，反而过得很潇洒。当他觉得差不多了，头期款可以付了，这个时候就苦恼万分了：不付，钱放在银行里面利息太少了，也很可能花掉，更可怕的是被朋友借掉；去付了，就开始背债，从此为了付房的钱搞得苦恼不堪。

　　天底下没有刚刚好的美事，不会有一个人的收入正好有盈余可以去付房款，没有那么刚好的。为什么九二不当位？因为那是"二"，是阴位，这个时候应该稍微柔一点，偏偏"九"那么刚，就是对需要很急。现在的年轻人买房为什么那么急？理由是：当我赚到10万的时候房价是18万；我拼命赚，赚到18万的时候，房价36万；当我赚到36万的时候，房价已经70万了，那怎么能等呢？

　　所以九二就是走到这个阶段我们的脚会痛，沙磨得我们寸步难行，而且杂音很多——你不要命了，为了买房子这样值得吗？这是一种。你不会向你爸爸要钱吗？你爸爸那么多钱跟他借不行吗？这也是一种……这个时候我们要做的事情，就是坚定自己要走的路子，不受动摇，人家怎么搅是人家的事。

　　需卦卦象上坎下乾，即是说险在前，那么经历了需卦二爻，行中道，获吉祥之后，我们将面临怎样的境况？需卦九三爻最接近上坎，预示了濒临危险，这时，我们当如何应对呢？

　　再往上走，靠近河边，快要到手了，就到了九三（图15-4）：**需于泥，致寇至。**

图15-4

第十五集　待机之道

这时候鞋子上就沾满了泥巴,因为沙再过去就是泥,泥过去就到水了。致寇至就是现在我们本身已经寸步难行了,偏偏这时候还招惹了一大堆敌人来,这时候是竞争最激烈的时候。一个小目标,大家都想要,你很勉强去够,觉得已经快到手了,但不一定能够到手,看得到却拿不到怎么办?这时候最好的办法就是不要自讨苦吃,要尽人事听天命。所以孔子的尽人事听天命,讲的就是九三爻。

年轻人刚进社会,第一要记得中国人不能讨好,但是中国人也是不能得罪的。第二要记住自己在学校学的那一套是很单纯的,可是社会上是很复杂的,学校的老师不会教社会上的这一套,因为老师自己也没有经历过,也不知道。我们就只能靠自己摸索,谨慎小心,步步为营,到那时才相信原来妈妈小时候讲的话是对的。小时候妈妈就让我们要小心,要小心,但是当时年纪小听不懂,现在终于懂了,不小心不行,但是具体要小心什么,也不知道。这就是要把初九做好,才能永恒,加上细心与耐心才能无咎。

可是如果一个人老这样就显得很消极,很保守,那只好鼓起勇气又往前走。千万记住,任何东西当你快到手的时候,人家都是看你不顺眼的。例如小孩子进了学校,就开始有成绩了,成绩单一发下来就互相看考了多少分,然后一个小孩子拿到第一名,这时他就要知道致寇至,自己已经得罪了很多人,可是他要怎么做呢?要走正道,要表现合理。

任何事情先要了解自己的分在哪里,才知道该要的自己会用心去做,不该要的根本就不用去想,而且该要的不一定要得到。所以我们就应该从小教小孩,可以说该要,但是不能说一定要得到,因为天下没有公平,只有公正。而公正跟公平很多人是分不开的。

天下没有公平,只有公正。
——《易经》的智慧

一个领导跟他的干部讲:我们现在要派三个人到日本去考察,我很抱

歉,因为资源不充足,所以我们现在不得不采用一个办法,从我们当中挑出三位,但是我先告诉各位,这次挑出来的三个人去了以后,下一次就没有他们的份了。可见身为领导,只能公正,根本无法公平,机会有限,大家都想去,不管领导按照什么标准大家都是不服的,采取轮流制,大家心就平了。因为不能每次都是特定的几个人,否则大家就认为领导偏心,假公济私。

需卦就是告诉我们,资源永远是不充足的,机会永远是稀少的。如果大家都有,还争取干什么?除了轮流制,还有很多事情我们一直骂,骂了几百年,最后还是改不了,那我们就知道那是无法改的,因为那是实际的状况,不是空讲理论可以解决的。

孔子讲,尽人事听天命,在激烈的竞争中,我们应当摆正自己的位置,清楚自己的所需,全力以赴去争取。六四爻作为需卦上坎的开始,象征已进入险境,此时,我们应当怎样做,才能脱离险境呢?

六四爻辞(图15-5):**需于血,出自穴**。到了六四,我们就进入上卦了,此时房子已经买了,官已经升了,名已经出了,但危险也已经开始到肩膀上了。

图15-5

需于血,出自穴,就在告诉我们,原来自己得到满足的需要都是血汗所谋取到的一种负担。我们发现很多人真的是一升了官以后就没有兴趣了,心想早知道就不要了,太辛苦了。就是因为我们目前所得到的东西都

188

第十五集 待机之道

是自己牺牲很多别的东西才得到的，到时候我们就会觉得很划不来。比如为了一个房子从现在开始每个月都为房钱苦恼；为了一个特别豪华的房子，所有朋友都不敢来玩，那都是得不偿失的。如果一个人住的房子比他的领导还好，那他死定了，领导就开始问他钱从哪里来，现在很多年轻人是没有这种脑筋的，最后搞得自己身心疲惫，然后就开始怨天尤人——社会不行，人类不长进，只有我最好，所以这么苦恼。这都是自作自受。

需于血，出自穴，血从哪里来？都是自己的心血。所以到了六四我们就要知道，走到了这个地步，我们要很冷静地来看看时势的变化，并进行自我调适。人唯一的办法就是自我调适。近百年来，我们一直想改变别人，这是笑话。我们认为中国人这样不对，那样不对，必须改变，改到最后是没有效果的。我们看秦始皇就好了，他把所有的书烧掉，把所有读书人杀掉，有什么用？秦始皇死了，中国人还是中国人。

再看香港好了，被英国人占领了一百年，连马路的名字都用英国人的名字命名，英国人走了，香港人还是中国人。我到现在都没有发现有谁能够改变中国人。民族性没有好坏，现代人的观念就认为中国人这样好，那样坏，根本原因就在于他根本不了解什么叫民族性。民族性是在一种生态环境里面，有相同的历史渊源的人，自然磨合所产生的一套东西，没有好坏的分别。这就好比有人用筷子吃饭，有人用刀叉吃饭，有人用手吃，只要吃得愉快，根本没有好坏。

现代人思考的深度往往是不够的，比如说很多人讲快乐，什么叫快乐？我不知道什么叫快乐，让每个人去想什么叫快乐，是没有答案的。因为每一个人快乐的标准是不一样的，快乐没有固定的方程式。

在合理需要获得满足的过程中，每个人都历经艰辛，步步谨慎小心。经历了种种努力，忍耐与恒久的坚持后，事情发展小有成就，需卦九五爻说"需于酒食，贞吉"。难道此时，我们应当自斟自饮，独自享乐吗？

需于血之后我们会痛，但是我们觉得自己这样划得来，就开始进入了

九五。九五爻辞（图15-6）：**需于酒食，贞吉**。这时候名也出了，房款也付得差不多了，官也升得差不多了，一个人到了差不多的时候，往往就不敢要求上进了。一个年轻人可以跟老板讲，三年之内要当主管，因为当个小主管人家也不在乎，但如果一个副总说自己两年之内要当总经理，那就是自找死路。所以有人就说原来九五爻辞告诉我们，需于酒食，贞吉，意思是这个时候要喝喝小酒，吃点小菜，什么话都不要讲，才会吉祥。

九五，需于酒食，贞吉。

图15-6

很多人就是这样认识《易经》，结果害死自己，读《易经》读出很多君子，读《易经》也读出很多小人，而偏偏读《易经》变成小人的人比读成君子的人要多。很多人就是这样的，房子有了，小孩生了，官位也差不多了以后，就开始整天招朋引友，游山玩水，不务正业，这种人还不如不成功呢！我们的社会被这些所谓的成功人士搞得乌烟瘴气，要成功干什么？

可见，九五需于酒食的真正意图是告诉我们要跟大家分享。我们要了解到自己能买房子是通过很多人帮忙的，最起码银行给我们贷款，那是国家的恩惠；自己能够争取到某个职务是人家相让的。我常常跟我的学生讲，考第一名的人，要向那些没有考第一名的人表示感谢，如果他们每一个人考的成绩都比你高，你能考第一名吗？个子高的人要向个子矮的人表示感谢，如果每个人都比你高，你变成最矮的了，有什么好神气的呢？

中国人有两个美德是在世界上其他民族找不到的，一个是成全，一个是分享。我们的成就是别人让给我们的，是别人成全的，不然每个人都把我们当对手竞争的话，我们双手是难敌四拳的。我们看关公就好了，他是盖世英雄，天下无敌，最后马一摔，人一倒，头就没有了。关公死后刚开

第十五集 待机之道

始很不情愿的："还我头来，谁敢杀我"，怨气很重。可是到后来他知道了，原来自己之前杀的那么多人是让着自己的，否则自己不一定杀得过他们。这样关公就想通了，就成神了。

因此需于酒食的意思就是要跟大家分享。一个成全，一个分享，这是我们中华民族的美德。

所有的事情九五要跟周遭有关系的人去分享，才会贞吉，否则他们随时找你麻烦，随时出你洋相。一个没有什么名望的人，坐电梯被困了两个小时，人家还很同情他的：哎呀，真可怜，运气不好。一个很有名气的人，哪一天被电梯哪怕只是困一个小时，全国人都知道了，没有人会同情他。这是九五应该好好去想的事情。地位越高，身段越要低。但是有人说不行，还是要不断地有需要，那就会进入上六，上六就是要了还要，永远不满足。

需卦的主旨在于一个"贞"字，表示生物之成，于人为智，告诫人们做事要守正，行中道，避免利令智昏，贪得无厌。那么在合理的需要获得满足之后，就能达到利涉大川的境界吗？需卦上爻，又给了人们哪些重要启示呢？

上六爻辞（图15-7）：**入于穴，有不速之客三人来，敬之，终吉**。入于穴就是一个人已经掉到死胡同里面去了，很难爬出来；不速之客就是不请自来的人；三是多数，不一定是三个。

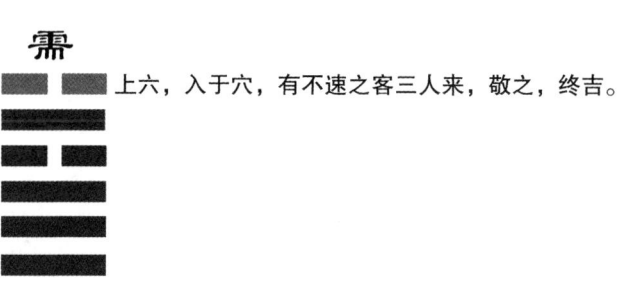

图15-7

当你贪得无厌，要了还想要更多，只为得到首富的排名，这时候会有三种人找上门。第一种是国税局的，海关的，他们来查查看你是不是照规定纳税以及进出口货物是不是符合标准等，因为你是他们的重大目标，他们查你一个比查其他几千个人要好，这叫作重点管理。第二种是勒索的，绑票的，诈欺的，这些人把你当目标，就算你请很多保镖，还是防不胜防。第三种是你的亲戚朋友，不管关系好坏，都来了，说你现在条件好了，钱用不完了，帮个忙吧。人家结婚，一般人送个几百块，收礼的人就很高兴了，你去的时候人家睁大眼睛看你送多少，你也送几百块，人家就说你为富不仁。可见，树大影大，其实有钱人只是好看而已，也是穷得要命的，就是口袋里没有现金。

我们现在可以看到，二十一世纪还有一种变形的不速之客，他就活生生地住在我们家里，就是我们的子女，那个更要命。一个家里小孩很乖很规矩，没有坏习惯，也很会讨父母的欢心，但就是这样才可怕。因为他不读书，父母问他为什么不读书，他不会跟父母讲真话的，可是他会跟我讲真话。他就跟我说：我不是不喜欢读书，我考试也都不错，我只是觉得读书没有用，我现在过的日子很舒服，挣钱干什么？我只要像我爸爸妈妈那样，弄几张塑胶卡片，插进去就有钱了，书让别人去读好了，而且我长大后，我爸妈的钱迟早都是我的。我接着问：那万一爸爸妈妈离开了，说难听一点往生了，你怎么办？他说：没有问题，他们有很多栋房子，我隔一段时间卖一栋就够活了。这种不速之客是我们轰都轰不掉的。

前面那三种人我们还可以敬之，终吉，只要很谨慎去对付他们，他们稍微有一点满意后，最终会走的，不会长期找我们麻烦的。家里那个小家伙是一辈子缠着我们的，那怎么能够敬之，终吉呢？有的父母很喜欢炫耀，甚至在子女面前也摆阔，这就害了家里那个不速之客。从小请几个人陪他，让他完全不知道什么叫苦，完全不知道要满足需求是要经过奋斗的，是要冒险的，从小给他灌输的概念是：只要叫一句，东西就拿来了；只要看一眼，人家就弄得很好了。这就是家里的小皇帝。这种小皇帝连衣服都不会穿，鞋带也不会绑，生活能力极差。

第十五集 待机之道

一个人生活能力差是终生痛苦的，可是我们现在最不重视的就是生活能力。我们从小教小孩要赚钱，从小教他要表现得好，从小教他要对人有礼貌，就是不教给他生活的能力。然后小孩子长大后到社会上就不知道怎么过日子，他年纪轻轻就入于穴了，这是大人的不对。

需卦六爻向我们展示了，需求获得终吉的艰险历程。那么在生活中，我们应当如何运用需卦指点迷津？通过学习需卦，我们又能得到怎样的人生智慧呢？

我们将整个需卦看下来，就很清楚了，乡下的人由于不急，往往后面发展得会比较好，都市人从小就盲目地竞争，连冷静思考的机会都没有。有了电视以后，小孩就不聪明了，因为他不会自己思考了，只会照搬电视上的。

我们家有三个小孩，三个小孩没有进大学以前，我们家是不买电视的。我女儿是老大，她考取交大，然后第一次参加演说比赛，抽题，题目是"我看电视"。她站起来就讲：我家没有电视。所有人都觉得很惊讶：这曾教授穷到这个地步了？连电视都买不起。不是我家买不起电视，而是我知道要教小孩不看电视比登天还难，买了就是在引诱他，激发了他的需求。所以我就不买了。一直等到我最小的儿子考进大学，我家才买电视。这时候再开始看电视也来得及，为什么要急于一时呢？新开了一家饭馆我不会马上去吃，因为它里面油漆都还没有干，去了就是受苦受难。

时就是守时待命，这是中国人最了不起的，因为时没有到，再努力也没有用；时一到，再赶上去，轻松愉快。

读《易经》对自己，对全家，对社会，甚至于对人类都有很大的好处。但是我们现代人把它当作传统的、落伍的、已经没有用的东西，拼命学西方，那就是自作自受了。

中国人从来都是借力使力的，从来不自己出力气，因为出力气就会伤到自己。全世界只有我们的柔道太极是用别人的力气打他，不像拳击、摔

跤,要自己花力气。我们的柔道就是:别人花力气,我不花力气,但别人打我的时候他就倒霉了,我会用他自己的力气打回去。这也是《易经》给我们的启示。

懂得了守时待命,我们才能了解孔子为什么讲"时也,命也"。需卦从头到尾都在讲"时也,命也",时一到,很轻松,就好像命很好;时不到,搞了半天都是白费力气。时未到,我们就要储藏起来,充实自己,睁亮眼睛,让别人相信自己的品德,这才是最高明的。

读完需卦我们会不会就此平心静气?我保证不可能。因为现在整个的环境是鼓励我们要争取,所以仍免不了争强好斗。即使我们管得了自己,也管不了别人,所以需卦之后,我们会讲讼卦。讼就是摆不平以后,就开始发生口角,骂来骂去,骂不够就打,打不够就告,现在整个社会就是这样——先骂,骂不赢就打,打得人家去诉讼。中国人让来让去是真高明,现在是争来争去,最后死的是自己。可见讼卦是很重要的,我们下一集就来谈一谈争强好胜。

易经的智慧·第十六集

争强好胜

现实生活中，人们一旦遭遇官司，都会想尽办法，打赢官司。却往往只是为了争口气，讨个说法。然而，在凝聚着中国古老智慧的《易经》里，也存在着关于打官司的卦象——讼卦。那么，讼卦究竟包含着怎样的神妙玄机呢？是不是只要掌握了讼卦，就能帮助自己打赢官司呢？而讼卦对于我们的人生，又有哪些启示呢？

第十六集　争强好胜

我们把需卦颠倒过来就变成讼卦了，需讼这两个卦叫作互为综卦，从这头看过去是需卦，从那边看过来就是讼卦，叫作一体两面（图16-1）。任何一件事情只要我们站在不同的立场，想法就会不一样。我们常常觉得这两个人意见不同，其实不是，只是立场不同而已。我们每个人都站在自己的立场，所以很难避免公说公有理，婆说婆有理。公说公有理，婆说婆有理的结果就是诉诸暴力，讲不通就打。但是那样毕竟是不文明的，所以我们就发明了一个字，叫作讼。

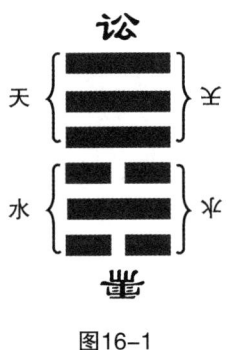

图16-1

我们看讼字一边是言，就是开口说话，一边是公，就是说给大家听。说给大家听有用吗？以前是有用的，以前说给附近的叔叔伯伯老人家听，让大家评评理，然后就可以排解纠纷，化解掉争端。现在不行，现在我们把"说给大家听"更推进一步叫作法庭见。大家想想看，是什么样的人去告什么样的人？是强者去告弱者吗？应该不会。强者根本不用去告，只要吓唬、威胁、打击就够了，会打官司的都是弱者去起诉强者，所以赢的机会不多，这是第一个我们要清楚的道理。强者如果能够照顾到弱者，能够

与弱者分享，当然分享不是说平分，让弱者的不平之气稍微得到缓解，弱者就不会告了。

不管谁告谁，都是因为什么？我们先看讼卦的卦辞（图16-2）：**有孚窒，惕，中吉；终凶。利见大人，不利涉大川。**有孚就是信用，就是诚信，窒就是窒息。人与人之间诚信一旦窒息了，信用开始破产，双方面互不信任，就只好诉诸法庭了。而且我们一定要知道人与人之间的关系不会停顿在那里，世界上没有一样东西会停顿在那里。人与人之间的关系要么阳要么阴，不是越来越信任，就是越来越怀疑，当一个人开始怀疑对方的时候，越看越不信任，就越走越远了。即使两个人越走越近，也还是要保持安全距离，否则太近了最后还是决裂的。比如我们跟好朋友好到不得了的时候，就要开始提防翻脸了，所以人要有分寸，就是这个道理。

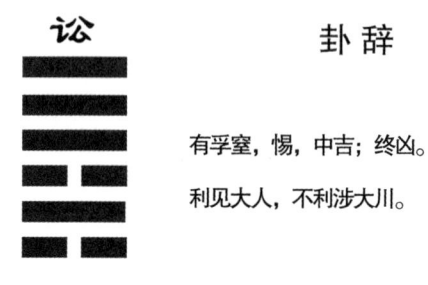

图16-2

在现实生活中，争讼往往是在利益发生纠纷时产生的，所以也会发生在合作伙伴、亲戚朋友甚至家人之间。而发生争讼的原因，常常是因为彼此的不信任。那么讼卦提醒我们，当发生利益纠纷时，是不是一定要靠打官司解决？在这个时候最需要注意的又是什么呢？

当诚信出了问题，彼此越来越不相信的时候，我们要惕，惕就是警惕。惕这个字是讼卦全卦的重点。

惕是什么意思？第一，对于要不要打官司，我们要提高警觉。因为一旦进入法庭那是没完没了的：一审谁也不服，二审一直审，搞个三五年精

第十六集　争强好胜

疲力竭，最后还是没有结果。所以打官司之前我们要高度警觉，认真考虑要不要打官司，打下去结果会如何，自己受不受得了。

第二，对于能否打赢，我们也要警觉。律师一般会在官司开打之前说你一定赢的，打完后输了，他又说不赢没有办法，那是法官不公正，他把责任全推掉了——又不是我审判，我尽力了，本来绝对有把握的，没想到是这样的结果。我们要事先问问自己能不能接受这样的惨局，而且还要考虑就算赢了，对方会不会服气。

有一次，一个日本教授跟我吃饭，他讲了一句让我终生不会忘记的话，他说："你们中国人最高的智慧一个字。"我问他哪个字。他说："就是那个化字，大事化小，小事化了。"化，今天就叫作庭外和解，全世界的法律只有我们对法官的奖励很奇怪——一个法官庭外和解的案件越多，表明这个法官绩效越高。所以法官要明白不是人家告就一定要判的，不判才是好法官，判了两家都成仇了。有人打官司，法官一看这种事情谈一谈就好了，没有什么好告的，劝解双方无需动气，这才是好法官。

我在美国的时候，只要有空，我都会跑到他们的法院去看，因为美国是依法治国的，他们法院里那真是千奇百怪的。有一个儿子他结婚的时候没有请他爸爸，他爸爸就到法院去告他儿子，说我儿子结婚居然不请我。我当时觉得很好笑：怎么会这样？然后法官就问那个儿子："你结婚为什么不请你爸爸呢？"儿子讲得理直气壮："我结婚只请少数常常来往的人，我爸爸很少跟我来往，我请他来干什么？"结果法庭就判儿子胜诉，爸爸败诉。

我的美国朋友就问我中国人会怎么样，我说中国从来不会发生这种事情。他问为什么，我说："在中国，儿子结婚是爸爸的事，跟儿子没有关系，我儿子结婚我邀请你，尽管你不认识我儿子，但你认识我就足够了。"但美国人完全不能接受这种事实。这就是文化不同，思路不同，就形成我们不同的民族性。而民族性是无关对错的。

还有一次是儿子告爸爸，这个儿子在芝加哥读大二，名校好学生。他说：我的祖父很有钱，当我祖父去世的时候，大部分财产给了我爸爸，但

是有一部分是给我的,那时候我很小,没有法定的行使权力,所以就依法委请我爸爸代为处理。现在我读到大二了,我才发现我爸爸少给我很多利息,他侵占了我的财产,非告他不可。

美国人的想法就是,我可以为了一块钱花一千块去告你。大家试想一下,如果这种事情发生在中国,你有什么看法?我们当然会说这不是神经病吗?花一千块钱,最后只得到一块钱,还非告不可。美国这样就叫法治国家吗?我不知道。

我们现在可以看出来讼卦告诉我们,惕,中吉,就是说只要我们警惕,最后就会找到一个合理点。可是讼卦的总结是两个字——终凶,终凶的意思是说打官司,输的固然是输,赢的最后也肯定是输,可能输得更难看。因为对方会没完没了纠缠你,他在暗处你在明处,那就糟糕了。这种案例在我们历史上出现得太多了。

讼卦的基本原则,是求免于诉讼。官司最好是中途调解,这样才能得到双赢和吉祥的结果。如果一定要争强好胜,判个输赢,那么最终双方积怨,反而都得不到好处。但是现代社会竞争激烈,官司也越来越多,我们怎样才能减少诉讼,避免"终凶",从而达到双赢的结果呢?

我们再看讼卦卦辞最后两句话:利见大人,不利涉大川。利见大人是什么意思?我们先要弄清楚什么是大人。中国人脑海里面的小人,就是修养不好的人,不走正道的人;圣人就是很会教训人家,讲起来头头是道,然后自己又有很神圣样子的人。但什么叫大人?很简单,能够救我们的命的人才叫大人,否则算什么大人?我们一受到冤枉就说"大人冤枉啊,大人救命啊",从来没有人说"圣人救命啊",能救命的就不是圣人了。所以跟老百姓有最切身之痛的,最有利害关系的,就是大人。

大人在这里指公正的法官,意思是说我们要赶快求天地保佑,只盼有一个公正的法官,否则再怎么讲都没有用。

老实讲,法律如果定得很严密的话就无法执行,所以法律一定要有弹

第十六集　争强好胜

性，才能适应各种不同的情况。所以不要以为只要依法执行就好，只要法律定得严密就好，那都是空谈，是没有经验的人才会有的幻想。法令定得严密，人就动弹不得，就窒碍难行。没有一个学校敢说"凡考试作弊者一律退学"，因为那样会引起家长的巨大反弹，于是很多老师就不抓作弊的学生了，看报纸，装作没看到。所以就出现了两种监考的老师，这也是一阴一阳之谓道。

一种是真看报的，不监考了，不管学生是否作弊，然后美其名曰学生自制，学生自律，学生表现好用不着自己；还有一种是在报纸里面挖一个小洞，假装看报来偷窥，然后去抓作弊的学生，这种老师是会被学生痛恨一辈子的——假装看报引我上当，我才把小抄拿出来，如果你瞪着我看我会拿小抄吗？可见，定严密的法令是很困难的，除了规定老师要怎么做，还要规定当时作弊的人多不多，考试的题目出得对不对等，形形色色的情况都要考虑进去。

利见大人说明最后还是要靠人，法再好，只要立法的人不凭良心，司法的人不凭良心，执法的人不凭良心，法等于零。老百姓为什么始终没有信心？就是千古以来大人太少。所以包公实在很能干，尽管矮矮的，胖胖的，脸色也不好看，却很出名。包公官帽上的那两根长翅之所以特别长，就是因为他不高，站在百官中，皇上根本看不到他在哪里，所以给他特别加长了，以便皇帝一眼能看见他。

但是千万记住，不利涉大川。不利，就是不要以为自己一定能赢，天底下没有一定赢的官司，因为变数太多，我们不知道会不会突然之间杀出一个程咬金来。大川就是危险，任何诉讼都跟需求一样，是充满了危险的。那怎么办？其实很简单的，如果有一个更大的案件出来，你这个案件就会马上被搁置，法官理都不理，因为全世界都在看他处理那个案件，你这个案件只能算芝麻小事，所以往往会一拖拖两三年，因为那个案件还没办完。可见，打官司讲起来只有两个字——终凶，世界上的事变化多端，谁都预料不了，要找到合理点相当不容易。

讼卦告诉我们，只有司法公正，才是减少诉讼的最好方法。但是只要打官司，无论输赢，都不是什么好事情。那么，学习讼卦能否让我们在日常生活中，减少纠纷，尽量避免官司？怎样运用《易经》的智慧避免官司呢？

讼卦的大象告诉我们，**天与水违行，讼；君子以作事谋始**。讼卦上面是天，下面是水，所以叫作天水讼。天跟水怎么会是讼呢？因为天的代表是太阳，太阳是从东方升起向西走，而中国的河流都是从西向东流的，正所谓一江春水向东流。可见水由西向东，太阳由东向西，两个刚好是相反的方向，寓意意见不合，就会口角相争，彼此相让不下，然后就会引起诉讼。君子看到讼卦的卦象以后，就深深感觉到我们应该作事谋始，就是说不管做什么事情，一定要在开始之前就做好充分的准备。

第一，要想自己找来的人是不是志同道合。如果不是志同道合，大家迟早会意见不合的，迟早是要分家的。比如打官司离婚，当年你爱我我爱你，爱得如胶似漆的俩人，为什么会搞到最后法庭相见？怎么变得那么快？就是没有作事谋始。

合伙开公司的人也是一样，没有赚钱的时候，谁都不打官司，因为他们心想：没有赚钱，打赢了官司也分不着钱。但一旦赚钱就开始闹意见：怎么里面的人都是你的亲戚啊，怎么是你管钱呢，我也可以管啊。然后有的人就开始退股，有的人要么用一点点钱把其他人赶出去，要么不给留下的人钱。

曾经有一次三个人要合伙，就请我当公证人，我们四个人吃饭聊天，谈得简直投机得不得了，然后他们三个人都嘻嘻哈哈签了合同，要合伙做生意。我一看很好啊，也很高兴。没想到，我回到家，领带刚拿下来，衣服还没有脱，电话铃响了，三个人里面的其中一个人打电话给我，说："曾老师今天我是看你的面子我才同意的，其实根本就不可能啊，所以你打电话告诉另外两个人，那张合同作废。"

可见中国人实在是太聪明了，所以很多人很愤怒，可愤怒又有什么

第十六集　争强好胜

用？中国人天生就这么聪明，而且聪明有聪明的生活方式，愚蠢有愚蠢的生活方式，个人自己去选择。

有很多合作伙伴，一开始都是同心协力、同甘共苦，但最后还是避免不了同室操戈、同归于尽的尴尬局面。《易经》的讼卦告诉我们：在做任何事之前，都要三思而后行，从而避免不必要的法律纠纷。但是我们还是会有疑惑，为什么一旦遇到诉讼纠纷，总会出现说不清楚的地方呢？

我跟很多法界资深的人都谈过这样的问题：只要是用汉字写的法律，都很难解释，而且这样解释也对，那样解释也行得通，所以中国人永远是公说公有理，婆说婆有理；第二，就是中国人的法律永远少一条，少哪一条？非常有趣，就是少了要找的那一条。我们要办事的时候都会把法律调出来，发现哪条都有，就是自己要找的那条没有。很多人不了解为什么。其实原因非常简单，就是堂堂正正的中国人从来不违法，中国人只是在做法律没有规定的事情而已。

各位要好好想一想这句话：任何一部法律定死了以后都是行不通的。这样各位才知道西方人定制度，一二三四五写完就没有了，中国人一二三四五写完一定加上一条"其他事宜"，一定会留下一些空隙，要不然的话有法律等于没法律。

可见除了中国人、中国话，中国字也是世界上最有弹性的，几乎是一字一太极。世界上最严谨的文字不是英文，而是法文，用法文定的条约绝对只有一种解释，因为它非常严谨。但是我们是做不到的，我们并没有反对法，也没有不赞成制度，因为我们从周公开始就是以制度闻名世界。孔子非常欣赏周公的制度，连做梦都梦到周公，但是我们看到最后也是礼崩乐坏了，我们不可能再恢复周朝的制度，所以才要与时俱进。老实讲，制定一条法，要花很长的时间，定完了它还会一直变，那我们是死守法律还是就地制宜？当然是非就地制宜不可，死守法律是行不通的。

> 除了中国人、中国话，中国字也是世界上最有弹性的，几乎是一字一太极。——《易经》的智慧

我最常听的一句话就是，为什么不可以这样。有人就说规定不可以，听的人就火大：规定？那是你们家的规定，关我什么事？你还想用你家规定来管我？那就很妙了。所以讲到讼卦，我们要记住最难就是合理。西方人是法怎么定，人就怎么做，这是他们的民族性；中国人要求比较高，只接受合理的法，绝对不接受不合理的法。

其实，美国当年规定开车一定要扣好安全带的时候，美国人是反对的，可是当这条法令通过以后，所有美国人开车通通扣好安全带。我们中国人不是这样的，中国人的习惯是政府要定什么法律尽管定，我们不干扰，我们只会想到时候不要让人抓到就好了。可见中国人的想法跟西方不一样，西方人从来不会去想自己到时候不要被人抓到，因为他们认为不可能抓不到，但是很奇怪，中国人就是不会被抓到。而每一个被警察抓去的人都说：冤枉，人家没有拉没事，我没有拉就有事，这不是存心找我麻烦？在中国这样的状况随处可见。

中国人的弹性思维，导致在诸多诉讼过程中，很难达到双方一致认同的合理结果。不平、不均、不合理，是引起诉讼的原因。司法是否公正，左右着人们的诉讼成败。但是，《易经》的讼卦又主张人们免于诉讼，那么，如果我们在日常生活中，遇到不平、不均、不合理的事情，究竟该怎么办呢？讼卦还给我们以什么启示？

我们把《易经》的讼卦看清楚后，就知道任何事情开始之前，要先想会不会引起官司，如果会，就要尽量去避免，事先进行沟通，打好招呼。以一件很具体的事情为例，如果你做衣料，有人仿冒，你怎么办？你说去抓，但事实往往是你不抓，他还不好意思明目张胆的，只是偷偷地仿冒一

第十六集　争强好胜

点,只要你开始抓,他就开始大规模地仿冒,他心想:反正要被你抓,被你告嘛,我做这批你告我,我做更多批也不过是你告我而已,反正我有钱你去告吧。然后一拖拖三五年,拖到法官要判决的时候,你公司都垮了,你就惨了。所以中国人做坏事非抓不可,但是抓了以后我们不会送法院的,我们会找一个有头有脸的人出来两边调解调解,双方各让一步——被仿冒的人说过去仿冒的就算了,以后不要仿冒就好了;而仿冒的人认为自己也赚了这么多钱了,算了还是不仿冒了。这就叫作庭外和解,大事化小,小事化了。

讼卦所告诉我们的惕,是说要警惕自己,因为我们警惕不了别人。

读了讼卦,我们应该知道人生就是在不断的艰难险阻之下,自我成长。我们老想过一种很简单的日子——政府定了法,大家依法办事,这种模式五千年都没有实现。日本人在台湾的时候,抓到小偷,第一个先把小偷的脚后跟砍掉,因为那不是他们的同胞,当然可以砍,这样一来谁都不敢当小偷。我们现在也可以,抓到小偷砍脚后跟,谁还敢偷?我保证没有小偷。但是你愿意生活在那样的社会吗?想起来都恐怖。所以讲来讲去还是要大家讲良心,自己管好自己。这些听起来好像是废话,但最后变成最有用的。这是《易经》给我们最好的启发。

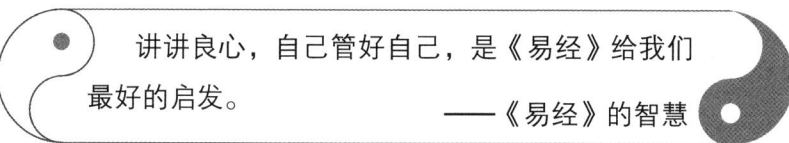

讲讲良心,自己管好自己,是《易经》给我们最好的启发。
——《易经》的智慧

《易经》告诉我们,人类已经没有别的路可走了。老子曾说:民不畏死,奈何以死惧之。当老百姓不怕违法,不怕死的时候,法有什么用?尽管法律规定抢银行抓了枪毙,老百姓觉得枪毙就枪毙了。可见法治道路在当今的人类社会是行不通的。

不能使人信服的诉讼,即使胜诉也不光彩。但是人们一旦打起官司来,往往都会忽略事情的本质,而是想尽各种办法,就是要争口气,讨个

说法。但是《易经》却告诉我们,一定要"讲良心,自己管好自己"。那么,《易经》能否帮助人们减少诉讼呢?

从小我们就要告诉小孩子要凭良心,不凭良心所得到的东西最后都是保不住的。那小孩子慢慢就懂了,他就会很小心,不偷人家的东西,不是自己的东西不乱拿。但是我们要说明一下,当小孩子把自己家里面的钱拿出去花的时候,做父母的不要认为小孩在偷钱,因为他根本没有偷的概念。很多小孩子很冤枉,他压根儿就没有什么偷的概念,财产私有制的概念他也不懂,他只是认为钱在那里,大人拿着花,那自己也拿着花没有什么不对。

所以当小孩把钱拿出去的时候,大人不要直言说他是偷家里的钱,那是大人的不对。做大人的要告诉孩子:你可以用家里钱,因为你是我们家的一分子,爸爸妈妈可以花钱,你当然也可以花,但你要告诉爸爸妈妈一下,这样我们才知道不是外面人来偷的,是自己人拿的。而且你拿多少要跟爸爸妈妈商量一下。这才是教育。如果父母见小孩拿家里钱出去,就说:糟糕了,这小孩这么小就会偷了。那就完了,小孩就会产生叛逆心理:你认为我是小偷,我就偷给你看。可见蒙卦是非常困难的,我们经常都是在蒙卦出了问题,小孩子有不正当的需求,大人不知道怎么样去引导他,如果最后走上诉讼的路,全民都不安宁。

法官越忙就表示社会越乱,这是相对的。我们宁可法官领工资不做事,这就是孔子所讲的必也使无讼乎。就是说要想办法让大家都不打官司,而不是禁止大家不打官司,想办法疏通化解,事先防备,提高每个人的警觉,然后让大家都知道打官司最后都是两败俱伤的。

任何事事先防备事后不后悔,这才叫快乐,这才是快乐的真正定义。快乐不是嘻嘻哈哈,嘻嘻哈哈就是不动脑筋,不动脑筋就是死到临头还不自知,那就叫幼稚,就叫蒙昧。

讼卦的中心思想,是不要诉讼,诉讼是很累人的。那么怎么样才能把它化除掉,使得大家轻松呢?我们下一集要谈的就是化除讼累。

易经的智慧·第十七集 化除讼累

讼卦告诉我们，诉讼是一件两败俱伤的事情，应该尽量避免。但同时也告诉我们，应当诉讼的时候，就要坚定勇敢地进行诉讼。那么什么情况下应当讼？什么情况下不应当讼？诉讼的目的究竟是什么？我们应该如何领悟讼卦中的智慧，化解生活中的矛盾呢？

第十七集　化除讼累

有一家公司的总经理得到通知要到日本去开会,他心想每次都是自己去,也让副总去一次吧。于是副总很开心地答应了,然后回到家就跟他的妻子女儿讲:我要去日本开会,你们要不要顺便跟我去玩玩?两个人也很开心地同意了,请了假,三个人就到了东京。这一玩玩得连开会都忘记了,等他想起来的时候,会议都已经结束了,没办法,他只好硬着头皮回来,总不能流亡在国外。

回来以后他就再三考虑要不要讲实话,可是如果这个时候讲实话那全公司都看自己笑话,而且传出去,自己只有低着头回家了。所以他就决定照领出差费,以后的事情以后再说。

后来总经理的儿子知道了这件事情,就跟他爸爸讲:副总可以这样吗?如果不办他的话,整个公司的风气都完了,所以无论如何要叫法务部办他,起诉都可以,最起码有三项罪名:第一,耽误公务;第二,伪造文书;第三,冒领出差费。

而总经理说:我当然知道了,但是我知道的事情你不知道,如果像你说的我们现在就起诉他,法院怎么判是一回事,他一定会被我们敌对的公司高价挖走。而他对我们公司很熟悉,被挖走以后他就会专门针对我们设计出一些方案,把我们打垮,那样造成的损失岂是这点差旅费能够换回来的?再说副总长期以来,替我们公司做了很多贡献,这次就算我放他慰劳假,招待他全家游玩也不为过。何况这件事情,我自己也有错。我要他去开会,应该增加他的责任感,告诉他,我想要了解什么,请他转达什么事,但我没有交代。

儿子还是坚持说:不行,不然我们设法务部干什么?总经理说:我们

设法务部，是要提高我们自己的警觉，任何方案都要反复推敲调整，或者事先跟对方沟通，不要让人家有机会来诉讼我们，而不是说我们设法务部去起诉别人。

总经理父子俩对于这个事件的态度完全不同，却各有道理，如果起诉那位副总，就有可能被竞争对手挖墙脚，但是如果不了了之，就有可能助长这种不负责的风气。那么在公司的利益受到侵害的情况下，到底是应该诉讼，还是不诉讼？究竟采取哪种方法，才有利于公司长远的利益呢？

姜还是老的辣，总经理毕竟是总经理，因为这个副总回来以后他心里一直很不安，其实他从在东京没有去参加会议那时候心就不安了：这怎么办呢？丢这个脸，对不起公司，对不起总经理，更对不起自己。所以他就开始想，自己回去以后双管齐下，一方面暂时把出差费领过来，掩人耳目自己才能够平安；然后自己就赶快去想有什么办法，可以对公司有特别的贡献，弥补了以后再正式跟总经理讲自己犯的错误，到时候随总经理处置，这才是中国人的想法。

后来他有了贡献以后，就去找总经理，说自己去东京玩昏了头了，连会都没有去开。总经理假装不知道，并说没有关系，就当去玩了。副总说那不行，这传出去会败坏公司的风气，所以自己一定要辞职，并会退还差旅费，甚至送交法办，自己都毫无怨言。总经理却说：开玩笑，你对公司的贡献有谁赶得上，谁敢讲这话我就叫他滚。

我们会觉得中国人完全没有法律观念吗？当然不会。因为我们会想到更深一层去——为了法，逼走了一个对公司很重要的人才，得失如何。这才是法家跟儒家不同的地方。老实讲，有些读书人老觉得法家就是法家，儒家就是儒家。其实读了《易经》以后我们应该知道，儒家就是法家，法家就是儒家。孔子非常重视制度，非常重视要有是非，但是他的说法跟法家不一样，法家是一切依法，孔子说依法要有先决条件：立法的人要凭良心，司法的人要凭良心，执法的人要凭良心。所以我们会发现法家加上凭

第十七集 化除讼累

良心，就变儒家了。

我们发现历史上的法家最后都死得很惨，就知道孟子为什么说"徒法不足以自行"。而且法家经常是作法自毙，所以还是儒家看得远一些。

讼卦是不是告诉我们永远不要打官司？当然不可能，因为有时候是避免不了的。讼卦告诉我们打官司可以，但要有法律性，要培养好的法官，还要有好的律师。我们回过头来看刚才那件事情，总经理在整个讼卦的位置就是九五，我们看讼卦会发现，讼卦六爻只有九五是当位的，其它五爻完全不当位。就是说要讼，必须九五行得正，必须九五知道怎么样去摆平，知道怎么样才是合理的。

这句话很重要，合理的不公平。我们所追求的是合理的不公平，不是现在一般人所讲的公平。因此，我们现在把整个讼卦分成两段来看，上面是天，下面是水（图17-1）。上面是天，天行健，底下人要去告上面的人，上面的人又是很刚健的人，有权有势，甚至打官司用公家的钱，而底下人打官司乖乖地用自己的钱，去跟上面人拼，划不来的。底下是水，水固然力道很强，但毕竟它是很柔弱的。老子讲得最清楚：上善若水。什么叫上善若水？就是水会滋润万物，但是完全不居功。你看下雨，雨下完了以后没有说人得到多少好处，要付多少钱。

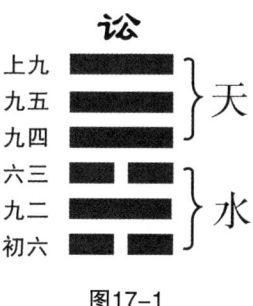

图17-1

我们来看初六爻的爻辞（图17-2）：**不永所事，小有言，终吉**。不永所事就是不要常常搞这种事情。一家公司动不动起诉，官司缠身，那怎么做事情呢？我有很多现成的案例，一个总经理亲自跟我讲，他说：我就

是处罚了一个员工，结果那个员工出去以后，天天告，弄得整个公司不安宁，我给他钱他不要，他就要告我告到底，我拿他一点办法都没有。我们只有真的碰到这样的人，才会知道不永所事。

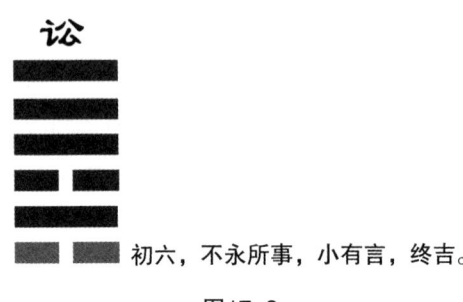

初六，不永所事，小有言，终吉。

图17-2

所以打官司这种事情尽量不要才是上策，万一发生了要赶快求和解，不要认为自己一定会赢。不永所事的下面就是"小有言，终吉"。

"小有言，终吉"是讼卦中初六的爻辞。但是它却同样也出现在了需卦九二的爻辞当中，意思是说，虽然"小有言"，但最终都能得到吉祥的好结果。既然得到的结果相同，那么，同时出现在需讼两卦中的"小有言"，是不是也代表着一样的含义呢？

讼卦初六爻辞中的"小有言"跟需卦九二爻辞中的"小有言"不一样。需卦的"小有言"是说人家攻击你，冤枉你，就是闲言闲语。讼卦不是，讼卦的"小有言"是说你衡量衡量，你是六，本来是柔弱的，你又是初，位置很低，凭什么去告上面？所以简单讲几句话替自己辩解辩解就可以了，完全不辩解也不行，但是不要理直气壮，不要讲一大堆话，这才叫小有言。

小有言，申诉一下差不多就算了，对方听到也好，没有听到也好，最起码自己说了，这样才会终吉，才会吉祥。

九二爻辞（图17-3）：**不克讼，归而逋，其邑人三百户，无眚**。九二

第十七集　化除讼累

就是说非要打官司的话，最后的结果一定是输的，因为人怎么打得过天呢？我们一想就知道，凡是有办法，有能力的人都不会去告那些弱者，因为用不着，去告状的都是弱者，但是那是没有用的。因为九二跟九五两个是阳对阳，根本是不相应的，而九二爻本身阳居阴位，就有问题，因此九二自己衡量一下，自己能不能打赢上面，不能就归而逋。归而逋就是赶快跑回老家，不要留在这里，否则在这里，上面的人看到你就想报复你，你就麻烦了。回老家还要想一想你家乡的人有多少，九二爻辞告诉你，其邑人三百户，要去只有三百户的小村庄，否则如果你家乡有一万人，那上面的人就开始注意了，你是不是回去准备叛变了，就马上追踪你了，可能还没有回到家你就被杀掉了。如果你的家乡一共只有三百户，就算所有的人都支持你也不成气候，上面的人就说算了，就不会计较了，这样才会无眚。无眚就是避免遭到迫害。我们看到以前人常常会这样，跟领导搞不好就告老还乡，隐居一段时间，说不定领导想想不对，过段时间就又把他召回来，又复他职了。所以九二固然是下卦的中爻，但自身柔弱，且上面的九五权势绝对比九二大，两爻不相应，得不到支持，九二自己要好好衡量衡量。

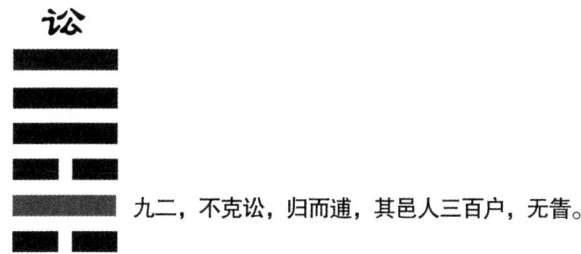

图17-3

六三（图17-4）也是不当位的，因为这个位本来是阳位，现在一个阴爻占在这里，所以六三爻辞讲食旧德，贞厉，终吉。或从王事，无成。食旧德就是说我们还要想一想我们古老的中国人的道德应该怎么做，就是提醒我们以下去讼上基本就是不对的。

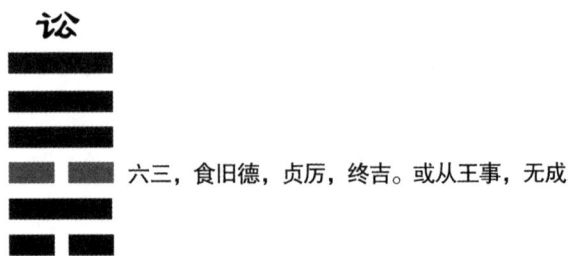

图17-4

食旧德，贞厉，就是说六三在下卦，已经是诉讼人家的极端，那往往就是，有机会就要诉讼别人。幸好六三不当位。这样大家才知道，有时候当位好，有时候当位反而不见得好。就好比在讼这个大环境里面，当位干吗？当位是要很小心的。所有人的希望都寄托在六三的身上，现在六三要牢记自己虽然在讼人家的最高位上，可是因为自己本身是柔的，柔居刚位，所以就想想以下诉上毕竟不合伦理，还是遵照旧道德来做比较合理。

按照讼卦的说法，"下不讼上"，但是如果我们的上司做了违法乱纪的事情，我们要不要举报？如果一个中层干部遇到下面的群众举报自己的上司，又该如何处理？强者根本用不着以诉讼的方式对付弱者，弱者又不敢用诉讼的方式维护自己的权益，那么法律的作用何在呢？

九四它是在被诉讼的最底层，也是下面最容易诉讼的对象。九四爻辞（图17-5）：**不克讼，复即命，渝，安贞吉**。不克讼的意思是不要以为自己的位置高，就一定会赢，因为社会总是有些公义。从这里我们已经可以看出讼卦的精神——虽然有很多很复杂的变化，虽然明知讼不过上面，但是该讼的时候，还是要鼓起勇气讼。那怎么样才叫作该讼？为钱而讼不对，为自己的名利而讼不必，只能为社会公义而讼。一个人是为社会的公义牺牲自己，在所不惜，大家是会佩服的。所以不克讼的意思就是在说就算讼不赢，可是只要能够复即命，能够把社会的歪风扭转过来，改变现有的状况，最后还是安贞吉的，地位会很安稳，也会获得吉祥。

第十七集　化除讼累

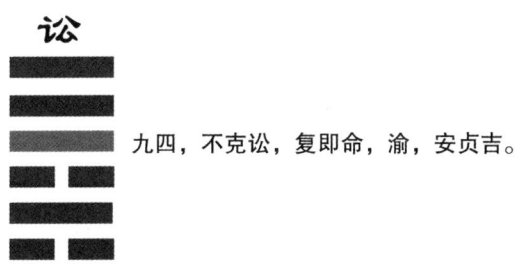

图17-5

讼卦九四爻还有一层意思就是有些官员，当老百姓有不对的时候，你不要因为自己是官，百姓是民，就不诉讼，害怕人家误会你在欺负老百姓。官员要有自己的原则——就算让人家有误会，我还是要讼，但是讼的时候我不是要显权势，也不是为了谋私利，而是为了社会的公义。只有在这种状况之下，上才可以讼下，否则都是下在讼上。

讼卦一直告诉我们要警惕，要小心，因为讼到最后是两败俱伤的。但是，九五（图17-6）这一爻告诉我们：**讼，元吉**。为什么？因为九五是整个社会的总领导，九五一定要能够明断争讼，能够知道法官判决公正不公正，这样就算在讼卦的时候也是大吉的。

图17-6

包公在世的时候，有没有讼？当然有讼，可是他每次断讼都是大得人心，大快人心，因为他没有为私，没有偏袒，他不管什么皇亲国戚，一视同仁。可是我们必须要说明，这是高度困难的事情，不要把这当作常例。你看皇帝一上朝就先看那个帽带长长的有没有在，包拯在场，他就少讲几

句话。包拯就有这样的威势,因为他行得正,一般人没有的。而且皇帝赋给他一些特殊的权力,可以直言劝谏皇帝,别人敢这样吗?所以我们就很清楚了,领导是否公正廉明要去看九四做得对不对。

我们还有一种人,叫作大佬,因为大佬资格老,声望很高,他就有责任要讼,看见不对,就要举发。他这样做好不好?我们看上九的爻辞(图17-7):或锡之鞶(pán)带,终朝三褫(chǐ)之。

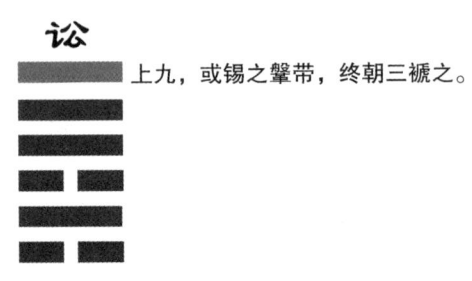

图17-7

鞶带就是给他升官的意思。就是说大佬要凭着自己的声望,凭着自己在社会上高度受尊敬的地位,看谁不对就讼。领导该怎么办呢?领导只有奖励大佬,只好给大佬高官厚禄。褫就是褫夺,意思就是领导给大佬官但很快又把他拉下来,再给他官又把他拉下来。为什么会这样?因为大佬的做法固然有利于提升社会的声望,提高大家的警觉,但是更可怕的是大佬这样做带动了社会不良的风气——动不动就讼,动不动就告。可见,整个讼卦的用意还是要尽量减少诉讼,这个大家可以充分地去思考,到底哪样比较好。

讼卦告诉我们,诉讼会带来很多的伤害和麻烦,但即使如此,当讼还是要讼。无论讼与不讼,都是为了社会的安定与进步。但是什么事情当讼,什么事情不当讼,我们经常会咨询律师的意见,那么律师应该怎样做,才是真正对当事人负责呢?

第十七集 化除讼累

在美国，我曾经听到一个这样的故事：有一条小河，小河上有座桥是打通两岸的，以便行人在桥上来来回回，方便之用。有一天有一只鳄鱼趴在水面上，使得没有人敢通过那座桥，后来就来了一个人，他说不用怕，我去把路打通，他走过去就跟鳄鱼讲了两句话，鳄鱼掉头就跑掉了。大家觉得好神，就问他他跟鳄鱼讲了什么，他说因为我是律师，而律师最常讲的话，就是我跟鳄鱼讲的话——你再不走我开始算谈话费了。所以鳄鱼一听吓得要命，赶快跑。

西方的律师是按钟点算的，从进门的时候开始计费，谈两个小时付两个小时的费用，一个小时付一个小时的费用，即使律师什么事情都没做，谈话费照缴。在中国，这样行吗？如果一个人有事情去找律师，律师拿表出来，计时间，所有人都会骂这个律师：什么事都不做还死要钱。所以美国的律师可能劝我们说不要告了，告是没有好处的，因为他照样有钱可赚；而中国的律师如果劝我们不要告，那他一毛钱收入都没有，所以他就极力主张我们去告，还说一定赢，不可能不赢。

所以，我们要好好地去想一想整个状况，然后再把整个讼卦六爻看一看，就会知道：站在不告的立场来告，才不会乱告，才不会告得两败俱伤。非不得已还是要告，但是告了以后要寻求和解，实在和解不了，还是要坚持，因为我们发现和解一次不成，再一次寻求和解，双方就会各退一步，事情就解决了。诉讼是用来化解问题的，不是用来告倒任何人的，用这种精神来诉讼就比较合乎《易经》的道理。

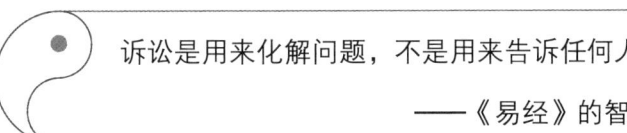

诉讼是用来化解问题，不是用来告诉任何人的。
——《易经》的智慧

《易经》告诉我们，只有站在化解问题的立场上提起诉讼，才能尽量避免两败俱伤。然而，如果想要达到"终吉"的结果，那么讼卦的卦主就起到了至关重要的作用。卦主是每个卦的主导，它统领其他五爻，起控制作用。那么讼卦的卦主是哪个爻呢？它又告诉我们什么道理呢？

讼卦它的卦主实际上是九五，意思是说，这家公司只要总经理的观念正确，他认为设法务部是为了防止诉讼，而不是为了提起诉讼，就这么一念而已，整个公司的气氛就不一样了。如果这个总经理交代法务部：有任何侵犯我们权益的，就要告，那法务部就会尽量地去找可以告的机会，到处去告，最后弄得公司内部人心惶惶，外部声名狼藉。

中国人的观念是说两个人要告到底，就是两个人都不对，要不然怎么会告到这个地步呢？我们常说一句话，一个巴掌拍不响，凡是响的都是两个巴掌一起拍，不可能只有一个完全是错的。我们看到两个中国人吵架，那吵架的两人一定都有不对，不然怎么会吵架？中国人有个想法，就是说对错其实不用我们自己讲，别人讲的才算，我们两个人讲的不算，这个就叫作公道自在人心。这个公道自在人心是法律条文里面所没有办法规范的，但是在中国社会是非常管用的。

西方人是法官判了算，中国人是大家嘴巴说了算，所以我们看那个品字，三个口，就是众人都说怎么样就是怎么样。一个人要经得起人品，所以叫人品人品。"这个人人品不错"，就是大家众口一致说"这个人人品不错"，有人告他，那八成是别人乱告。中国人经常在法院没有宣判以前我们就心里有数，这也是我们跟西方人不一样的地方。

我们现在可以看出来，整个讼卦大家要注意的一个字，叫作惕。做一个君子，做任何事情之前，要先想：我这样会挨告吗？会不会最后逼得我去告别人？如果两个都不会，就再斟酌斟酌，然后才放手去做，这就是正确的态度。如果心想：管他的，做了再说，有人告我，我就告回去，那就天下大乱了。

由此看来，不管结果如何，诉讼对于任何人来说，都是一件极其繁杂拖累的事情。所以讼卦告诉我们，一定要力求免于诉讼，才能得到"终吉"的结果。那么，通过学习凝聚着中国古老智慧的《易经》，能否让我们化除讼累，得到双赢和吉祥的结果呢？

第十七集　化除讼累

现在我们大多数人都把人治和法治分开来想,其实这是错误的。世界上没有绝对人治的国家,也没有绝对法治的国家。每个国家都有法,家都有家法,公司还有公司法,国家怎么可能没有法呢?

《易经》的观念认为全世界只有两种国家:一种国家人治大于法治,一种国家法治大于人治。因为阴中有阳,阳中有阴,我们承认像美国那样的国家是法治大于人治,但是美国有信用很好的人,难道中国一个都没有吗?美国也有没有信用的人。有些人把美国信用很好的人跟中国信用很差的人去比,居心何在?我们要不要像西方人那样动不动就告,我没有意见,大家自己选择。只是我们中国人的观念一向是,打官司不是很必要的话,最好不要动这个脑筋,因为打官司总不是很光彩的事情。如果哪一天法院传我们其中的一个人的时候,你会觉得无所谓吗?我不相信。

法院传你,你会觉得奇怪:怎么会传我呢?然后就开始忐忑不安,东打听,西打听,会做很多准备。因为基本上自有中华民族的历史以来,我们对司法都是不相信的。造成我们这种民族性的原因就在于中国人误解了亲疏有别。

亲疏有别是儒家的主张,但中国人误解了,用错了。所以我们可以看到,只要法院判别人家的人有罪,我们就说法院真是公平,公正,有眼;可是只要法官判我们自己家里的人有罪,没有一个人认为法官有眼,都觉得法官一定收了红包,腐败,不公正。

所以我有一些法官朋友,我都跟他们讲:你们实在很冤枉,你们再公正,人家还是戴着有色眼镜来看你们,洗都洗不清。律师也是一样,我有很多律师朋友,他们的名片都不太敢印自己是律师。我问他们为什么不印呢?他们说如果一起吃饭,然后我们把名片一发出去,大家一看是律师,很多人就不讲话了,大家心里想:是谁带来的?是不是准备告我的?影响大家吃饭的气氛,那何必呢?

其实当律师的,出去与朋友吃饭就用一般的名片,律师的专业名片,可以放在另外一个口袋,有必要时再拿出来。这样你的人际关系会非常好,只要大家不知道你有这种身份,他们在你面前就很自由,很自在。只

要让大家知道你有这种身份,大家总是心里有疙瘩的。

长期以来我们对法界人士的看法是扭曲的,让他们背了很重的黑锅。所以我们也借此机会,一方面澄清,一方面也说明。

中国的法要修改是非常难的。第一,如果要修改一个法,需要很长的时间,而且前法跟后法,不知从何处切断。照理说,任何一部法都应该加上最后一条——本法到第二年某月某日自动终止。这个叫作日落法则。现在人家之所以不服就是一部法已经用了二十年了,还不修正,还在使用;可如果年年修正,人家也会怀疑:你干吗修正啊?你是不是想方便谁啊?

法界人士难就难在这里。老办法一直用的话,大家会骂:怎么不知道改一改啊?明明不合时宜了还不改?一改,所有人都睁大眼睛看:你想处理谁,想方便谁?

看了讼卦以后,我们觉得不要走诉讼的路子比较好,我们能够有不同的路子走,那才是我们的福气。

我们除了诉讼以外,有没有别的路走?看《易经》就好了,屯、蒙、需、讼,下面有两个卦:一个师,一个比,就是说我们有两条路可以走:一条路就是干到底,最后兴师动众;一条路就是大家好好谈,可以妥协,可以协调,然后大家将心比心,结成同盟,原来诉讼的,也从此和好如初了。可见,比会有比较快乐的前景,而师是令人很忧愁,不知道如何善终的。所以,我们下一集就要来谈谈:师忧比乐。

易经的智慧·第十八集

师忧比乐

现代社会竞争激烈，发生争讼也是很难避免的，那么当不幸陷入争讼时，我们应该怎么办？《易经》中一阴一阳之谓道的原则告诉我们，对待争讼可以有两种态度，一种是走师卦，另一种是走比卦，那么师卦和比卦有什么不同？我们应该依据什么作出选择？在作选择时又要具备哪些条件呢？

第十八集　师忧比乐

我们中华民族是《易经》的民族，这句话怎么理解？就是《易经》的道理已经融入了我们的血液，变成我们民族性里面的不可改变的DNA。很多人一直骂中国人这样不对，那样不对。其实我最起码观察了40年，当这件事情跟他没有直接利害关系的时候，他讲得头头是道，完全在理，可是一旦发现这件事情跟他的利害关系是结合在一起的，他马上变成另外一个人，几乎是毫不讲理的。我读了《易经》以后，我才知道，原来这就是一阴一阳之谓道，我们不能怪他。

所以跟中国人讲话，与跟外国人讲话的前后次序是不一样的。外国人可以直截了当说"我不同意你的意见"，对方也不会怎么样；中国人只要一说"我不同意你的意见"，后果不堪设想。其实中国人同意跟不同意是一样的，同意也只是同意合理的那一部分，不合理的那一部分照样是不同意的。

任何事情一定有合理的地方，也有不合理的地方，所以我们要先搞清楚，"我同意"跟"我不同意"完全一样，既然如此为什么讲"我不同意"？这就表示我给你脸色看，我心中没有你，你能把我怎么样？那就糟糕了。我们只要有这样情绪化的用语，对方也马上会作出情绪化的反应，那双方就干起来了。不妨先说"我同意，但有些地方可以稍微改一下"，这样他就能接受了。

因此，《大学》才一直告诉我们：知所先后，则近道矣。同样的话只要先后次序弄错了，就完全不一样。

《易经》的道理告诉我们，一切一切都是有条件的，不可能没有条件。讼有讼的条件，因为人一多，意见就多，而且全世界我们中国人的主

见最深。什么叫主见？主见就是对于自己的主张很坚持。中国人很讲情，很重视人情，所以就有一些比较不理性的地方，比较容易情绪化。从春秋开始，我们就争讼不断，搞得孔子都很伤脑筋，最后只好写《春秋》。写《春秋》其实就是讼，孔子一方面告诉我们不要讼，一方面还是不得不讼。用这样的思维来了解中国人，应该比较合乎《易经》的要求。

《孙子兵法》提出两个字——不战。外国人很难接受，说你们嘴上说着不要战，最后还是打仗了，孙武一辈子都在打仗，怎么可能不战呢？其实战就是为了不战，站在不战的立场来战，才不会乱战，这有什么不对？

中国传统文化中，讲求的大事化小、小事化了，正好与《易经》中讼卦的宗旨相合。讼卦的用意，在于消除争端、减少诉讼；倘若不能和解，也要站在不讼的立场来讼，才不致乱讼！然而人类社会中，不平不均的情况不免发生，争讼也就不断，那么一旦发生争讼，接下来会出现什么情况呢？

争讼不断，大家把体力精力都消耗掉，这样当然不好。那怎么办？我们就开始想了，人类最早也是跟动物一样的，是斗力，后来才知道斗力的话连老虎都打不过，连牛也打不过，甚至连狗都怕。我们就慢慢觉悟到人类不可以斗力，斗力是下下策，我们就把斗力提升到斗智。中国人很会斗智，斗智就是动脑筋，动脑筋自然就会有些人去动歪脑筋，我们要去接受这种情况，然后慢慢把它导正。所以《易经》很重视"教化"这两个字，就是说当我们碰到坏人坏事的时候，我们先要忍耐，然后慢慢想办法去导正，其实这也叫作师卦。

可是我们在师卦里面，我们更强调的是劳师动众，武力解决，这是师卦的要义。因此师卦的卦象就是上面是地，下面是水，叫作地中有水。

走师卦我们总觉得死伤累累，很可怕，于是就想到有一个比卦。比卦跟师卦正好是综卦，把师卦倒过来看，它就变成地上有水，也就是比卦（图18-1）。我们想想看，地上有水跟地中有水到底有什么不同：水在

第十八集　师忧比乐

地上，它会流散的；水在地中，它是很凝聚的。所以中国人只有打仗的时候，才会团结一致，因为如果平常大家都那么团结，有意见也不能讲，那怎么沟通？可见，战时不管什么事情，要一致对外，这个时候如果有人三心二意，所有人都会骂他。

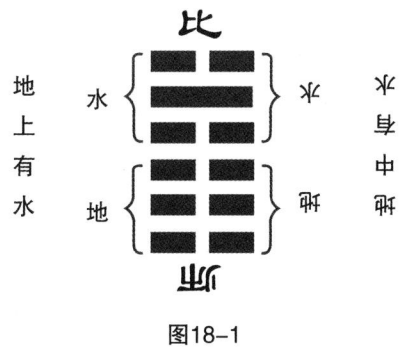

图18-1

全世界最服从、最团结的是日本人。因为它地方很小，不能不团结，台风、地震、火山爆发什么都有，它所有的房子都是紧紧靠在一起的。日本人只要一到下午5点钟，村里有人不见了，全村的成年人都会提着灯笼去找那个人，我们大概不会。日本人只要村里面有一个人做了不正当的事情，全村人都不跟他讲话，我们做得到吗？做不到。所以不必要求这种事情，因为中国人亲疏有别——你们都可以不跟他讲话，但是我欠他很多人情，我还得要照顾他，没办法。这两种态度无关对错。

日本的自然生态使日本人非常团结，中国的自然生态会使我们应该团结时团结，不应该团结的时候我们是不团结的。日本人头上围一条白布，他一定写"必胜"，东方必胜；中国人如果弄个白布不会写"必胜"，他会写"不败"。一个东方必胜，一个东方不败，就是日本跟中国不同的地方。我们是不求胜的，求胜是傻瓜，就算今天胜了，对方不会服气，就开始报复你了，你就天天提心吊胆。中国人打人不会马上打中要害，一击就打中要害，所有人都说这个人太残暴了，我们都是点到为止，比划比划，我们是不能分输赢的，因为我们认为可以打就打，不可以打就不打，这才是智慧的。否则不可以打也打，那就是自取其辱，整个人耗掉了，做无谓

的牺牲。中国人不怕死,但是不做无谓的牺牲,这也是《易经》给我们的启示。

《易经》是中华民族最早的文明,被誉为"群经之首,大道之源"。古时曾是政治家、军事家、商家的必修之术;然而现代的中国人,却很少学过《易经》。即使如此,《易经》的思维方式,仍然渗透在每个中国人的行为里。那么"百姓日用而不知"的《易经》对我们行为方式的影响都表现在哪里呢?

了解了中国人不做无谓的牺牲的特征,也就知道了为什么我们小孩在外面跟人家打架,搞得凄凄惨惨地回来后,我们一巴掌就打过去了:打不过还跟人家打?意思就是打得过才打,打不过就逃回来。这种话听起来虽然很奇怪,但我们要了解到这是因为我们的想法不同。中国人打架,先看自己打不打得过对方,打得过就打,打不过就逃。这没有什么丢脸的。

从三国开始,当然以前也是这样,打仗时喊"杀",就杀过去了,然后一看不对,"撤"。我们叫"撤"不叫"退",中国人是从来不退的。现在更聪明了,"向前进,转一个方向再向前进","撤退"这两个字我们是不讲的,从这里我们应该好好去想一想。

师是高度危险的,因为兵器是不长眼睛的,所以中国人都是尽量以不战为主,要战也不去破坏人家,要全国。全国就是保全对方的国家,不要让它受到伤害。因此我们武艺高强的人出手点到为止,让对方知道输就好了,自己不会再继续。赢的人要装没赢,输的人要硬撑,装没输,那才是最高境界。

在中国社会,只要让一个中国人感觉到所有人都看到他输了,他就没有面子,就会报复。可是我们如果没有让他感觉到我们赢了,他不服气,但不会报复。黄忠跟关羽就是这样交成朋友的。黄忠跟关羽交战,最后摔在马下,黄忠知道完了,就把脖子一伸,意思就是让关羽刺死算了。关羽比了一下,没有刺死黄忠,黄忠就万分感激。第二天,黄忠的老板命令他

第十八集　师忧比乐

射箭，说他箭法神准，让他把关羽射死。黄忠无奈只好答应，但是他连射三箭都没有射中关羽，因为他不忍心：人家可以致我于死命，却放我一马，我又怎么忍心一箭就把他射死呢？所以他的老板就怀疑他：关羽可以杀你，他不杀；你可以射死关羽，你不射；你们两个一定是有勾结的，拖出去斩。这样的案例我们在历史上看得太多了。

所以要出师而又不生后患，是高度困难的，打到人家不想报复，打到人家最后还会归心，这个是值得好好去研究的。

据统计，在地球上，出现文明以来的五千多年中，人类先后发生了一万五千多次战争，几十亿人在战争中丧生，人类为此付出了沉重的代价，因此我国主张尽量以不战为主。然而《易经》的师卦，却认为也有不得已而用兵的情况！那么此时，如何做到出师而不生后患？从师卦中我们又能受到什么启示呢？

师卦有一个目标，自古以来就是这样，叫除暴安良。只要不是为了除暴安良而兴师动众，那就是不对的。师就是现在的战争，大家觉得战争好不好？如果《易经》读到这里还说"战争很好"，那是笑话；如果还说"战争不好"，那也是笑话。战争有什么好，有什么不好的？战争没有好坏，关键看人怎么打。现在有很多像联合国这样的组织，把战争化于无形，因为总会有冲突，总会有你看我不顺眼，我看你不顺眼，总会有我告你，你告我的情况，但是能将其化解掉，功莫大焉。这也是《易经》的道理。

我们现在的"师"慢慢转化成"老师"，当然这也是无可厚非的。现在各行各业都有老师，师卦也可以来讲这个——只要各行各业都有好的指导者，就可以化争斗于无形，然后大家都走比卦的路，也可以。老师是干什么的？韩愈《师说》中解释道：师者，所以传道受业解惑也。但现在的老师有一种新的定义叫作考试的引导者——你上我的课，我给你猜题，然后你去考试，得高分，你要感谢我。现在老师变成这样子。我们长期以来都是考试在引导教育，使得我们做学生的也是这样。我从小就是这样，一

个问题出来先问考不考,不考就不看,要考才背,不懂也背。这样算什么教育,这样算什么师呢?

比怎么样呢?比就是我仿效你,你仿效我,大家互相学习借鉴,彼此能不能完全相同?不可能。天底下没有完全相同的东西,但是我比较你,你比较我,做到差不多就好了,不必太苛求。大家找到一个共同点,叫作求同存异,求同存异是中华文化的一个关键,尤其是在21世纪。21世纪的中国人,既然有那么多的资讯,几乎全世界资讯我们大概都知道了以后,我们就应该好好去衡量,去比来比去,然后找出一条我们应该走的路。这才是我们这次讲《易经》解卦的主要的意图。

世界上的一切都是循序渐进的,《易经》六十四卦的排列次序,便有其深刻含意:无论是人还是事物,诞生之后(屯)就要找准方向、受到启蒙(蒙),进而明白人有需求(需),需求难以平衡就会发生争讼(讼),而对待争讼的态度有两个,一是打起来(师),一是求同存异(比),那么师卦和比卦所带来的结果,有什么不同?人类又该选择怎样的未来生活呢?

人类的未来,大家很清楚,走比卦就叫和平发展,才是大家的福气,如果走师卦,就是共同毁灭了。因为现在武器都很厉害,而且是按钮式的,更何况现在一切都很透明化,一有动作都知道了,那一方动了,导弹还没到,另一方先按下按钮,两边同归于尽。我们一定要从蒙卦回头来,才有办法保证人类的未来走向一个正确的方向。我们现在只有专业训练,我们所谓的大学其实是不够资格叫大学的,因为大学之所以叫大学,就是要教出一个全人来,而不是教出一个专业人来,我们现在只有专人没有全人,全人教化已经不见了。

我们从乾卦一直看到现在,应该有个觉悟,我们所要做的事情,其实就是三个字而已,叫作正乾坤。只有正乾坤,才有办法走比的路,而撇开师的路。我们可以看出来,从屯卦开始,屯、蒙、需、讼、师、比的卦象

第十八集 师忧比乐

中，全部都有水（图18-2）。这就证明人类诞生到这个世界上，刚开始跟其它动物一样都是靠水，可是人类慢慢地摆脱了这个危险，会找到一条可以生活得更好的路子，那就叫作比。

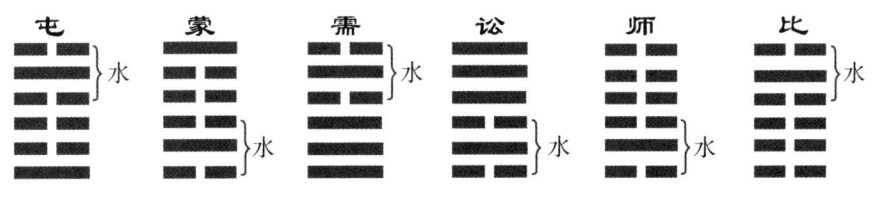

图18-2

《易经》虽然古老，却是中华民族智慧的来源，对现代人的生活仍然具有非常重要的启示意义！而所谓的"师忧比乐"，其现代意义便是早日把竞争（师）的观念，改变为互助（比）的观念，转化干戈为玉帛，人类才能在和平中发展！而按照《易经》的思维方式，任何事情要想往好的方向发展，必定要具备一定的条件，那么比卦是不是就都好？限制它的条件又有哪些呢？

比也有一阴一阳，小人看到比就会结党营私；君子为了公义而结合，叫作志同道合。所以我们在说明师卦跟比卦之前，我们要说一句话：易为君子谋，不为小人谋。一个人自身很洁身自爱，很重视自己的品德修养，这个人来读《易经》是有好处的。如果一个人不重视品德，否定良心，这个人又来读《易经》，那就糟糕了，歪点子一大堆，错误的点子随时都可以找得到，这样社会上就会多一个小人。所以，要读《易经》我们一定要先端正自己，确保自己的出发点是为了社会公义，不是为私人，否则《易经》也不会帮忙的。

比卦卦辞里有四个字，叫作不宁方来。就是某个地方的人不安宁才会跑到我们这儿来，如果那个地方安宁了，他们就不会跑到我们这儿来了，那我们要收容他们。现在很多国家都是只收容那些有钱的，有专业的。你看某个国家发生大灾难的时候，一心想到美国去，美国就把整个国家围起

来,不让人进去,我们也不能说美国错,因为如果让人都进去了它就惨了,后面问题都要它去承受的。但是以前的中国不是这样的,以前中国是先把自己弄好,不安宁的人向往我们的安宁,就会来,而只要愿意来的,我们都开门欢迎。

有资料证明:二战期间,全世界许多国家都不肯收留犹太人,只有中国打开了大门。纵观中国历史,中国在贫穷落后时曾多次挨打,但是在中国强大昌盛时,却不曾侵略过任何国家,这是为什么呢?

我在马来西亚的时候,很多欧洲人就问我,郑和真的到过马来西亚吗?我说有郑和的纪念堂为证,还用怀疑吗?他不相信。他说如果郑和真的到过马来西亚,你们为什么不把马来西亚当作殖民地管起来呢?我说那是你们西方人的思路,我们不会,我们会与周遭国家友好相处,它们可以派使团到我们国家来朝贡,朝贡就是互相打个招呼。可是后来它们一年派来朝贡的人数,朝贡的次数越来越多,我们吃不消了。因为我们中国人做法是,对于来朝贡来示好的人,我们的回礼会多一倍,所以来朝贡的人越来越多,次数越来越多,我们吃不消了,就跟周遭国家讲,一年朝贡一次,而且一次要限定人数,不然我们吃不消。可是外国人听了都当笑话听,因为他们没有这种想法。你看英国人到哪里占到哪里,但是一百年就证明它占了都没有用,现在一个都没有了。中国朝廷对此是下命令的:我们不能去侵害周遭的国家,要照顾它,只能跟它通商友好,它不宁的人跑到我们这儿来,我们要收容。

全世界最闻名的就是当年德国人把犹太人赶尽杀绝的时候,犹太人是向全世界逃跑,但是不管犹太人跑到哪里,他们始终认为自己是犹太人,目前只是寄居某地而已。你看在美国很多叫作犹裔美人,在英国叫犹裔英人,但是当时的犹太人跑到中国以后,没有一个人说自己是犹太人,都说"我是中国人"。

这跟我们的比卦是很有关系的,犹太人是不宁方来,我们要照顾他

第十八集 师忧比乐

们。我们要慢慢地把比卦的精神发扬出来，因为21世纪军事战争是不可能的，武器太厉害，谁都不敢轻易兴师动众，所以只有走比卦。走比卦千万记住，我们要自己好好做，表现给人家看，人家自愿地来参考我们，我们就有价值了。很多国家都已经试过"你要听我的，不然我就打你"的武力手段，这个现在已经行不通了；打了之后，签订一个不平等条约，现在也行不通了；用经济进行侵略，现在也做不到了。我们慢慢发现，很多路试过之后，人类都知道我们会慢慢走向地球村，地球村就应了世界大同。世界大同就来自于《易经》里面的两个卦，一个叫同人，一个叫大有，大有、同人就是大同（图18-3）。

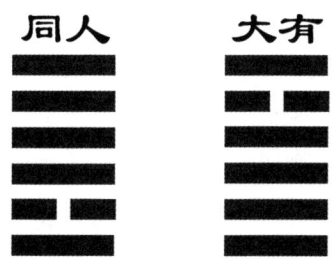

图18-3

早在古时，世界大同的理念便孕育而生，《易经》中便有大有与同人两卦，孔子更在《礼记》中勾画了"天下为公"的大同世界！时至今日，世界大同的理念已成为全人类的共同理想。然而要想实现世界大同，人类必须共同做出不懈的努力，那么，人类努力的方向究竟是什么？世界大同的前提又是什么呢？

关于世界大同，我们会在讲到同人、大有的时候，把它体现出来。但是在世界大同前面，有一个比跟师，让人类去选择。如果走师的路，恐怕全球毁灭的概率相当高，因为现在每个国家都在扩充军备，不能不扩充，因为人家强，我们不扩充就会挨打，那还得了，但是，全世界又都在扩充。这就是人类很奇怪的事情：为什么有的可以扩充有的就不能扩充？你

看伊朗始终不服，伊朗觉得：凭什么你美国可以搞核我就不能搞核？你说你核能是为了和平，我就不能为了和平吗？于是就诉讼，一天到晚在讼，讼了以后如果走战争路那就完蛋了。那是非常不值的。

我们这次把《易经》的道理说出来，其目的就是希望大家，找到一条正确的发展道路，也就是世界大同，西方人叫地球村，英文叫作One world。One world含义很深，不是说只有一个地球而已，而是说既然是一个地球，就应该有天下一家的感觉。西方人是没有天下一家的感觉的，只有中国人有，正所谓四海之内皆兄弟也。如果没有这种感觉，何谈地球村？现在只有奥运大家聚一聚，然后拼个你死我活，就回去了。这样对地球村是没有帮助的。

我们除了经济的互通有无，我们更需要很多地方的互相帮忙，彼此照顾，人类才能够真正地做到和平发展。和平发展是人类当前唯一的一条生路，否则的话我们很可能是同归于尽的。可是人不会这么理性，都是各想各的，每个人都认为自己诉讼一定赢，出兵一定胜，所以我们还是免不了你争我夺，还是免不了争权夺利。因此，虽然我们很不喜欢师卦，我们还是要研究一下师卦的道理到底在哪里，我们才可以尽量地去避免它的恶果，把师走上正当的途径。所以，我们下一集就要来谈谈：师出正道。

易经的智慧 · 第十九集

师出正道

现代社会是一个竞争的社会，但是竞争也有良性竞争和恶性竞争之分。如今，人类社会中的利益之争日趋激烈，无论个人还是组织，都容易陷入"恶性竞争"的漩涡中，不能自拔，此时，人们应该怎么办？《易经》中的师卦，告诉人们"贞，丈人吉，无咎"，意思是只要做到"贞"，便能在竞争中行险而顺，没有过失。那么，"贞"究竟是什么意思？怎样才能把损失降到最小呢？

第十九集　师出正道

我们要看一个卦,首先要看它的名字是什么,叫作卦名。然后看卦象,根据卦名去想象。之后我们要看它的卦辞,了解为什么叫这个卦名。接下来是彖辞,彖辞是解释卦辞里面的话的。最后我们再看它的大象,大象就是我们根据卦名、卦象、卦辞、彖辞来觉悟应该怎么办。这几个部分了解清楚以后,我们再把每一爻看懂,整个卦就了然于心了。但了然于心是不够的,要在日常生活当中好好地加以应用,才是我们读《易经》的大用。

我们来看师卦(图19-1)。师就是兵众,现在叫作军队;师就是兴师动众去打仗,现在叫作战争。师卦可以用两个基本卦,也就是八卦两两相重来表示。我们说六十四卦全都是八卦,从这里可以看得很清楚。组成师卦的两个基本卦自下而上,下卦是坎卦,就是水,上卦是坤卦,就是地。那我们马上就知道了,师的卦象是地中有水,水在地中。水在地中好不好?如果我们要喝水,地里面没有水的话,挖井也没有用,所以地里面有水我们可以饮用;但是如果那个水是有毒的,就可能被毒死了。

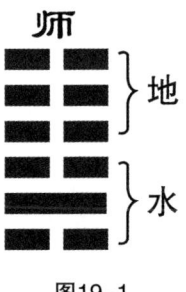

图19-1

从师卦的卦象我们就可以体会到,战争不完全是坏事,也可能是好事。所以,"师",我们从现在文字学的考证可以了解到,刚开始它有正面

的意义，叫作以战止战。因此，现代人更应该看到师就要想到为和平而战。

有了这样的认识，我们就可以放心地来看师的卦辞：**师贞，丈人吉，无咎**。首先就是一个字"贞"，可见打仗只有一个中心思想——贞。贞就是正固的意思，就是战争要有正当性，而且将领要对上面忠贞不贰。因为以前打仗很少是最高领导亲自出马，像以前的皇帝很少自己亲自出征的，多半是派大将出去，皇帝把兵权、指挥权交付给出征的大将，出征的大将就有权可以调动三军，就可以决定打还是不打，打哪里，打得快还是慢，打到什么时候为止，还有打完了怎么办，他都可以决定。所以，当将军出了城门以后，皇帝就开始忐忑不安了，他会担心：万一将军把打下的城池当作自己的土地，不认我了，怎么办？当年郑和下西洋也等于出师，那是另外一种战争，结果很多人就跟明成祖讲，要小心郑和，他现在征服的海上领域比咱们国土还大，万一将来他自己成立一个海上王国，就根本不理什么明朝不明朝了。像这种事情，也是皇帝很为难的。

所以师的中心思想只有一个字——贞。将领要对上面指派自己的人忠贞不贰，否则就会遗臭万年。

师卦的重要意义，在于告诉人们：战争的目的，应该是以战止战；为和平而战，才有可能得到好的结果！而卦辞中的"贞"字更表明，对于一个正义之师来说，拥有一个像关羽、岳飞这样对领导忠贞，不图私利的统帅，是非常重要的！那么接下来"丈人吉"中的"丈人"是指什么？与选择统帅的标准又有什么关系呢？

师卦卦辞中提到丈人吉，什么叫丈人？就是有德而且活得长，还有能力的人才叫作丈人。在中国，女婿会把妻子的爸爸叫作丈人。一个人寿命不长，女儿还没有嫁就死了，丈人也当不成。一个人被人家叫作丈人，就要有丈人的品德，就不要把女婿当奴隶来使用。像这种含义其实到今天为止还是一样的。丈人吉是什么意思？就是说出征的将领本身的条件是不是合乎丈人的标准，如果符合，那就吉祥。

第十九集　师出正道

主将是不是品德良好，贞不贞，有没有才能去掌握军队，有没有才能打胜仗，能不能适可而止，打到差不多就不再打了。像这些东西，都是我们在选主将时要考虑的标准。如果领导指派的将领是合适的，就叫作丈人吉，结果就会无咎，没有后遗症，打赢了没有后遗症，打输了也不会怎么样。

老实讲，没有一定赢的战争，百战百胜只是一种期望，不可能是事实，所以这句话我们不要光看到这里为止。因为我们再三地说明《易经》是同时讲两面的，就叫作一阴一阳之谓道。所以，尽管师卦卦辞告诉我们：丈人吉，无咎，但我们应该马上想到，如果非丈人，如果用的那个将是不妥当的，那就不吉了，就不可能无咎了。历史上因为用错将领而导致的可怕后果我们都还记得很清楚。

接下来有象辞，是来解释卦辞的，因为我们有时候还很难领略卦辞为什么那样讲。我们可以看到，师卦有五个是阴爻，只有一个是阳爻，所以它是从坤卦来的，当乾卦的九二进入了坤卦，它就变成师卦。所以我们马上可以了解到，师贞中的"贞"，是利牝马之贞。利牝马之贞就是说，师卦虽然是乾卦跟坤卦结合起来而成的，但是主体还是坤卦，而坤卦的主体就是利牝马之贞。母马一定要服从追随上面的最高领导，就是那匹公马，不能够自作主张。

凡是担任大都督、大将军的人，都没有决定战争的权力，要不要打，只有最高领袖可以裁决。如果皇帝不说打，将军不能因为自己有兵权，自作主张，想打就打，否则这个将军就随时可能造反。所以，利牝马之贞，才是师贞的真正关键。

我们现在可以看到，九二是主将，或者叫统帅，但它心目当中一定要有后面的国王，那个最高领袖，九二是执行最高领袖的命令，而不可以擅自做主。《三国演义》中，魏王派邓艾去打成都，邓艾打下来的时候，魏王是不是心里很高兴？当然高兴了，费尽千辛万苦才把成都打下来。可是邓艾进入成都后，就在那里要做这个，要做那个，马上就有人向魏王打小报告，说邓艾要自己称王，要取代阿斗自立。邓艾就是没有体会到利牝马之贞是师贞的关键。

贞就是正的意思，就是忠贞不贰，就是正当性，就是行为不能有一点点偏差。

师卦的卦辞写道"贞，丈人吉，无咎"，而象传中也提到"贞，正也"，可见，"贞"这个字对于师卦来说，是核心观念，这是为什么？"贞"除了告诉人们，要忠贞不贰，并努力配合领导之外，还有没有其他可供参考的现实意义呢？

师卦的象辞说：*师，众也；贞，正也。能以众正，可以王矣。刚中而应，行险而顺，以此毒天下，而民从之，吉又何咎矣？* 这个"王"是动词，就是可以行王道的意思。一般来说，如果一个国家的军队很正，统领本身也很忠贞，那么有了这样的部队，在必要的时候出去打仗，这个国家的最高统治者不可能是行霸道的，而是行王道的。这就告诉我们，战争有霸道的也有王道的。所谓王道，其实很简单，就是除暴安良。为了除暴安良，今天的话叫为了和平而战争，就是王道；为了一个国家的私利而去侵略别人，那就叫霸道。

我们从漫长的历史可以看出来，凡是王道的战争结果都是无咎的；凡是霸道的战争，结果不但害死别人，而且害死自己。很不幸，西方的战争大部分是霸道的，而我们中华文化自古以来就特别强调王道。

全世界的兵法都是讲怎么去打仗，怎么样得到胜利，只有我们中华民族不是这样子。我们的《孙子兵法》告诉大家：不战。不战的意思不是说不要战争，而是说非不得已，不要战争，真正要战，以全国为上。就是说即使战争也要保全人家，不要滥杀无辜，这是值得我们现代人好好去体会的。

大家看到，打桥牌一定有赢有输，要么就是make，要么就是down。make，赢了；down，输了。桥牌的赢、输是很清楚的，没有和局，这就是西方的战争。只有象棋是可以和的。大家从这里头好好去体会一下，一个会下象棋的人，跟一个会打桥牌的人，他们的心态修养是完全不一样的。

真正会下象棋的人，不会老赢人家的。如果你象棋下得很好，老赢人

第十九集　师出正道

家,天下无敌手,那你就会很惨,因为没有人愿意跟你下。你说来下象棋,人家宁可说肚子痛,也不愿被你宰。真正会下象棋的人,有时候赢有时候输,而看到某些人输他不好,赢他不方便,又会和棋,实在是很高。下象棋下到要赢就赢,要输就输,要和就和,才是真正会下象棋,那才是"可以王矣"。

任何游戏几乎都是有输有赢,但有输有赢的东西都是不可能无咎的。现在有的父母让小孩到电视上去跟人家比赛,却不想一想,小孩不一定赢的,万一输了,那种挫折感可能一辈子也忘不了,做父母的这么残忍——去,反正是他丢脸又不是我丢脸,反正是他痛苦也不是我痛苦,这是亲人吗?这明明是仇人嘛。父母只在乎小孩赢的时候,自己很光荣;但是万一小孩输了,小孩最倒霉。我没有反对任何事情,因为孔子的主张是不赞成任何事情,也不反对任何事情。

在飞速发展的现代社会中,竞争已成为生活的主旋律。面对着事事都要分个输赢的巨大压力,人们便期待着一种能够获得"双赢"的良性竞争,摆脱令人两败俱伤的恶性竞争!然而,人们究竟应该如何判断良性竞争与恶性竞争?又该如何避免恶性竞争呢?

凡事有好就有坏,有坏就有好,我们今天口口声声讲竞争,其实就是师卦,就是你争我夺。我们满脑子都是期待,期待良性的竞争,但是我们所看到的几乎都是恶性竞争。

所谓王道就是所有的竞争,要顾虑到每一个人的尊严,将心比心,这样才知道贞的重要性,才知道要正,就能够以众正。有了"众""正",就可以王矣,这就叫王道精神。

师卦象辞说:刚中而应。刚中就是指九二,应什么?应六五,如果将领不能够跟皇上心心相印,彼此相应,彼此信任的话,仗是无法打的。九二与六五相应,才能够行险而顺。

《易经》六十四卦都是根据卦象来讲的,师卦下面坎卦就是险,上面坤卦就是顺,打仗是行险,但是求的是上面那个领导班子能够安心,如果上面的

领导班子天天接到情报,老对九二产生怀疑的话,他们怎么安心做事情呢?

以此毒天下,这个"毒"就是以毒攻毒的"毒",意思是用这种方式来"以毒攻毒",以战止战。而民从之,老百姓都觉得将领这样做是对的,当然吉又何咎矣,就是吉祥而且没有后遗症。有的战争打赢了也是后遗症一大堆,打输了那更是惨不忍睹。从近期所发生的战争,大家都可以看得到,不懂师卦而要从事战争,打赢了也很惨,打输的就更惨。坚守正道,以除暴安良来用兵,才是真正懂得用师的人。

师卦的大象告诉我们,人类学了师卦以后应该怎么做。它只有简单的一句话:**地中有水,师,君子以容民畜众**。地中有水,就是根据卦象来的。师,说明这个卦叫作师卦。君子以容民畜众,是指有品德修养的人看到这个卦象、卦名,又从卦辞和象辞里面了解了师卦的意思之后,就知道我们平常要教育老百姓,要爱护老百姓。因为老百姓都是很天真无邪的,他们也没有办法,想做也不能做,想说也没有人听。所以,政府必须教育老百姓走正道,教育他们爱惜时间,要勤劳工作,教育他们把家庭安顿好,把子女教育好,这些都是政府的责任。平常的时候,我们可以让老百姓去种田,去做别的事情,必要的时候,他们就会自告奋勇来投戎报国。

畜众就是平常政府把百姓蓄养着,等到必要的时候百姓就会不顾一切,就会为国捐躯。因此我们常常讲,养兵千日,用在一朝,就是这个道理。中国人最怕死,但是为了国家,为了民族,我们变成最不怕死的,这在历史上可以得到很多的印证。

我们了解到,古代是没有职业军人的,平常种田的农民,到了必要的时候动员起来,就是一支很精良的部队。当然现在不行了,因为现在战争太可怕了,而且非常专业,靠临时动员是不可能的,所以现在一定要有职业军人。职业军人最要紧的就是绝对服从。我们很少主张绝对的,可是如果是军人,那身份特殊,另当别论。军人不能说"我个人的意见",如果军人讲个人的看法,个人的意见,是非常危险的,因为军人的身份跟其他的职业是完全不一样的,不可同日而语。

现在有些企业还用军事化管理,就是把员工当作军人看待,后果一定

第十九集　师出正道

是很危险的。因为凡是军人一定有几个必须遵守的原则，比如军人是可以枪毙的，员工可以枪毙吗？军人是服从国家最高的指导，员工只是听从老板的命令，而你不过是小老板或者大老板而已，有那么大的权力吗？这就是师卦的滥用。

"容民畜众"的观念，运用到现代组织中，是告诫领导平日要注重培养、关怀下属，得到下属的信任，便能在组织遇到困难时，使组织产生强大的凝聚力和竞争力。除此之外，师卦还对现实生活中的其他方面具有重要的指导意义，比如在现代社会中，"师"不仅是指军队，还指老师，这又该怎么理解呢？

师这个字后来被推广扩大了，各行各业都有师字辈的人，以前就有军师，现在有了建筑师、律师、教师，甚至于连美容都叫美容师。这都是好事情，因为这就是在加强这些人的责任。只要你是师，把自己称作师，你就要记住：贞，因为师唯一的原则就是贞。贞就是要求自己要正派。因为你是师，人家会听你的话，你的旁边有一大堆群众，你自己不正的话，那你旁边的人一定会受害的，那就不可能无咎。

唐代大文学家韩愈特别提出来一句话，我们都非常熟悉的：师者，所以传道受业解惑也。传什么道？就是传大自然的道，如果不传那个大道理，总传自己的小道理，那是非常危险的。

那是任何人都可以讲大道理的吗？不是。因为现在不可能不专业化，但是专业化以后，那个大道理就不见了，我们就很难去判断老师讲的对不对。因此，我们这次把《易经》的智慧，好好地解释，有两个意义：一是希望每一个人对《易经》的智慧，对《易经》的道理，有一些普遍性的了解，这样有了判断力以后，将来就知道哪个老师是自己可以追随的，哪个老师的话一句话也不能听，最好敬而远之。现在社会上各种老师都有了，各取所师，最后是自作自受。第二个希望就是各行各业的老师先了解易理，把易理当作专业的基础，才会无咎，才不会害人。

我们说得更清楚一些，向自然学习，以自然为师，顺乎自然去建立各个专业，就叫作传道。授业就是根据《易经》的道理，建立专业知识，去好好地正面地传播。解惑，那就要看蒙卦了。学生有问题要主动去提，因为老师一个时间点只能讲一样事情，不可能样样都讲，而老师在讲课过程中，自己懂得再多也无关紧要，必须讲得学生都懂，所以我们常常讲，要深入但是一定要浅出，就是这个道理。

我们要把师卦从下往上的每一个爻都好好地来了解一下，我们的目的就是要体会四个字——仁者无敌。

《易经》六十四卦中的每一卦，都由六个爻组成，从初爻到上爻，可看作是一件事情从开始到结束的六个阶段，或者在一件事情中起作用的六个不同角色。那么师卦的六个爻，都分别代表着什么？为什么说可以从中体会到仁者无敌呢？

我们先看初六（图19-2），它的爻辞很简单：**师出以律，否臧凶**。师出以律，律就是纪律，就是打仗要先看士兵守不守纪律。否是不的意思，臧是良好，否臧就是不良好，军队的纪律不良好那一定凶险。

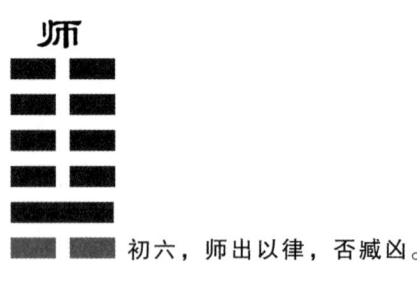

图19-2

大家回忆一下《三国演义》里面，曹操要带兵去打仗，正好赶上老百姓的麦田成熟了，于是曹操马上下令，凡是践踏麦田者斩。因为必须纪律很严格，才能对兵众产生强大的约束力量。所以为什么动不动就讲斩，是

第十九集 师出正道

为了要提高大家的警觉。整个初六的爻辞就在告诉我们，军队要出去打仗之前，我们要先看看这个部队平常训练好不好，守不守纪律，出去会不会趁乱扰民。

初六也可以说是兵众必须严守纪律，否则的话，出去打仗，就算打赢了，后遗症也是非常严重的。

九二（图19-3）是主将，爻辞也非常简单：**在师，中吉，无咎，王三锡命**。统帅一个部队叫在师；中就是要行中道，行正道。在师做到中吉，贞固，那就无咎。无咎代表没有后遗症，但是必须有一个条件，叫作王三锡命，王就是指朝廷，锡就是赐予，三代表多次，皇帝或者国王，一而再，再而三地授给将领兵权，相信他，给他充分运用兵权的权力，这样将领才有办法带兵出去打仗。

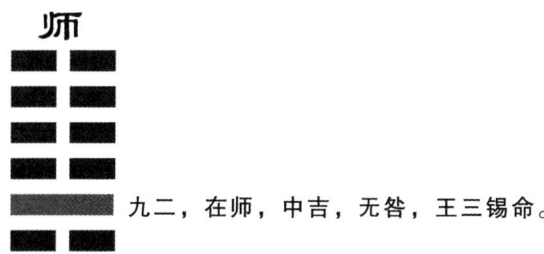

图19-3

六三（图19-4）的爻辞就比较糟糕：**师或舆尸，凶**。就是说这个战争的结果很可能是变成一车一车的尸体带回来，就是说可能会打败仗。所以六三的责任是要提高警觉，不要盲目地乘胜追击，以免后患。

图19-4

接下来的三爻都是很险的，因为此时人已经在前线了，怎么能不险呢？上面这个坤卦从第四爻开始。六四（图19-5）的爻辞：**师左次，无咎**。师左次就是撤退。撤退得好也是一大本领。我们看《三国演义》里面马谡失街亭，全军覆没，此时如果不赶快把其他军队撤退，也会惨遭司马懿的残杀，这时候赵云就把其他部队安全地带回蜀国，功劳一件，因为撤退不容易。

图19-5

虽然整个师卦是以九二做卦主，可是六五的地位，也是不容忽视的，六五就是君王。六五（图19-6）的爻辞很有趣：**田有禽，利执；言，无咎。长子帅师；弟子舆尸。贞凶**。那些会危害农作物的野兽进入了农田怎么办？当然要抓。这就是告诉我们，皇帝只能为了和平、为了正义、为了除暴安良，才可以下令出师。接下来，长子帅师；弟子舆尸。贞凶。为什么会贞凶呢？贞应该不凶才对，怎么贞又凶呢？很奇怪。

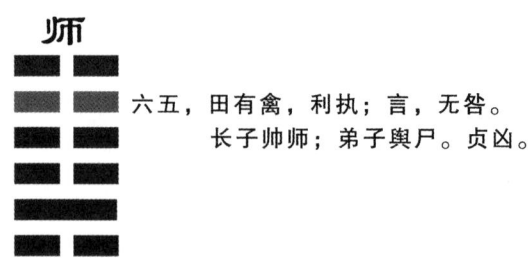

图19-6

在《易经》各卦里诸多的爻辞中，一般都是"贞吉"，"贞"一般指

244

第十九集　师出正道

坚守正道、忠贞不贰，因此自然吉祥！但是在师卦中，六五爻的爻辞，为什么说"贞凶"呢？

"贞"是讲长子帅师，"凶"是讲弟子舆尸，这是两码事。如果做到长子帅师就贞，贞一定吉；如果做成弟子舆尸，那一定是凶祸。长子跟弟子不一定是皇帝的儿子，当然也可以包括皇帝的儿子。

长子是说君王派了一个真正有才干，品德又好的人，就是师卦卦辞所讲的丈人，去做将领，率领军队出战，就会贞，就会吉。可是如果君王派了一个弟子，弟子就是没有丈人资格的人，那就会是满车的尸体带回来，那一定是凶。所以君王一方面有权力决定要不要打仗，另一方面要慎选率领军队出战的将领，否则如果用错了将领，就是满车的尸体带回来，君王是要负责的。

上六（图19-7）很有意思：**大君有命，开国承家，小人勿用**。上六是师卦的最后一爻，就是打完仗了，就开始要论功行赏了，要不然下次谁还出去打呢？

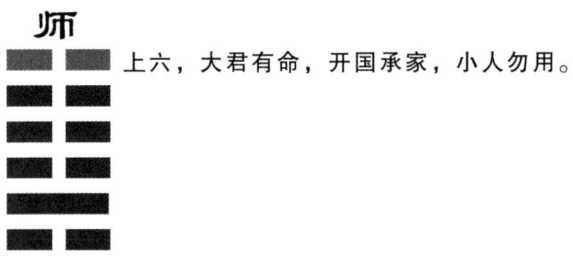

图19-7

开国承家是什么意思？开国就是封侯，承家就是建立家祠。以前只有当官的人才可以建立家祠，一般人根本不能建家祠，现在有这个权力了，可以替家族增光，立一个祠堂，祭祀了。师卦到最后特别提出小人勿用，是在提醒我们，对于小人，还是要论功行赏的，但是千万记住可以多给他钱，多给他物质的东西，绝对不能升他的官，这样就没有后遗症了。同样

有功劳，是君子的话，我们可以升他的官，是小人的话，我们就多给他钱。给钱是一次性的，用完就没有了，升官是永远的。而且这样做可以让小人知道，我们心里有数，不要想蒙骗我们，这样就没有后遗症了。

从出兵打仗前，一直到打完，每一个阶段怎么样发展，每一个不同的岗位怎么样去配合，师卦都给我们讲得非常清楚。师卦的要义是行险求顺，为了和平而战，不是为了侵略别人而战，所以一定要有公义，一定要有忠贞，一定要纪律严明，这是基本条件。

但是不管怎么样，打仗终究是劳民伤财的，打一次仗要花多少钱，那不是我们能够计算的。一个国家好不容易积蓄的钱财，好不容易建设的成就，一旦发生战争，都会毁于一旦，所以现在大概很多人都不会想到要去战争。因此，我们就发展出另外一条路，叫作外交。通过联合国安理会，大家彼此协商，那就是走比卦的路。比是亲比、亲近的意思，用现在的话讲叫作追随。所以中国人经常讲，我追随你，我永远追随你，我一直追随你，其实就是讲亲比、亲附。因此，比卦的合理和谐，是当前人类最需要的。所以我们下一集就要谈谈：亲比和谐。

易经的智慧・第二十集

亲比和谐

比卦与师卦互为综卦，我们常说比邻而居，比，就是亲比、追随的意思。那么比卦告诉我们，应该亲比追随什么样的人？为什么孔子说"君子周而不比，小人比而不周"？比卦和师卦都有坎，这提醒了我们什么？一个团结一致的团体中，出现不同的声音是好事还是坏事？

第二十集　亲比和谐

人与人比来比去好不好？我相信我们听了很多《易经》的道理以后，我们不敢说好，也不敢说不好。比来比去有什么不对？比来比去才知道自己有什么缺点，然后可以改善。但是为什么又人比人气死人呢？原因很简单，就是我们该比的不比，不该比的偏偏要去比，就错在这里而已。我们现在比衣服，比名牌，比车子，比房子，比官位，比财富，那当然越比越气了。

其实人只有一样东西可以比，就是品德修养，其他都没有必要比。我们看人要看这个人的品德修养好不好，把他当作一面镜子，如果他不如自己，也不能笑他，要加强自己，做榜样给他看，因为我们没有办法去改变一个人，但是如果他自己愿意向我们取经，以我们作参考，那他得道，我们都很高兴。如果他的道德比自己好，那我们更要反省自己哪些地方做得还不够，要加紧，以他为模范，向他看齐，这样才叫该比的才比，不该比的不比。

比的真正意思就是比来比去，看谁值得自己学习，就要向他亲比。亲比的意思就是说跟从追随值得我们学习的人，这才是比卦的真意。比卦，下坤上坎，也就是上面是水，下面是地。大家马上就知道了，它跟师卦刚好是颠倒的，所以师卦跟比卦相综（图20-1）。

大家可以看到，不管是师卦也好，比卦也好，都是五个阴爻，一个阳爻。平常阳爻在上，就是全民一致拥护一个领袖；打仗的时候阳爻在下，就是全国都支持出去打仗的将军。这表示《易经》所讲

图20-1

的都不是权利义务,而是责任。打仗的时候将军负最大的责任,成败就在他的身上,但是平时我们会把责任放在最高的领导身上,加强他的责任。孔子在《论语·为政篇》讲得非常清楚:君子周而不比,小人比而不周,这句话完全是在讲比卦的。

与师卦互为综卦的比卦,向我们阐释了比的真意,那就是我们要亲比、追随那些有道德有修养的人。孔子曰:"君子周而不比,小人比而不周。"君子和小人的区别我们大家都知道,那么,比和周的区别又是什么?孔子的这句话,是要告诉我们一个什么道理呢?

大家应该想一想:什么叫作比?什么叫作周?这两个字其实是同样的意思,就是亲附、同心的意思,今天叫做同心协力。同心协力要有一个中心人物,君子在《易经》里面就是阳爻,比卦中的阳爻就是君子,其他五个阴爻统统是小人。君子要周到地去照顾所有的人,不要老想着要人家来亲比自己,君子不可以说:来,大家团结在我的周围,统统听我的命令,统统拥戴我,这是笑话。因为只要君子照顾人家自然就会得到大家的拥戴,这个就叫作周而不比。可是小人呢?小人很有意思,小人没有什么能力去照顾别人,就只有找到一个自己可以追随的,可以亲比的对象,以他为主。所以这样大家才明白了为什么说民不可多主,民只能有一主。

古人常说天无二日,人无二主,我们从这里可以看出来。比卦全卦只有一个主,就是九五爻,其他全都是阴爻。

现在我们来看看比卦的卦辞(图20-2):**比,吉。原筮,元永贞,无咎。不宁方来,后夫凶。**比卦一开始就告诉我们,人与人一定要过群居的生活,因为人是群居的动物,因此就必须团结,必须有一个人当领导。这个领导是非常重要的,要好好去找,找到合适的人,大家以他为中心,团结一致,自然就吉祥了。

第二十集　亲比和谐

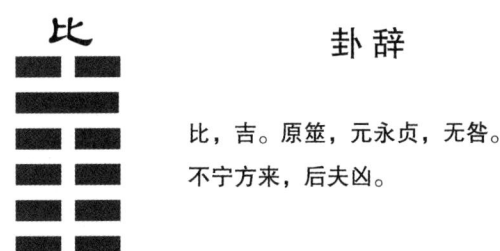

卦辞

比，吉。原筮，元永贞，无咎。
不宁方来，后夫凶。

图20-2

原筮，原的意思是推求，筮的意思是判断，就是我们来推求一个够高明，心胸够宽广，有仁慈的修养，能照顾大家的人，我们把他推举出来做我们的领袖。所以中国历史上只有推举，从来没有选举。"推"是什么？"推"是大家都认为某个人好，把他推出来；"选"是自己拼命鼓吹自己，外国很多的竞选就是这样。中国人看到这样的人都觉得很奇怪：简直就是自吹自擂，然后大家把他骂得不像样子。我们一定要记住，我们是要别人来认识自己，要别人来肯定自己，要别人来推举自己，这样才有价值，否则自己要求，自己拜托选民投票，价值在哪里？

然后我们慎重判断：这个人值得我们把他推出来当领袖，我们就以他为亲比的对象，这个叫良禽择木而栖，贤臣择主而事。你看诸葛亮选了十几年，才选中了刘备，后来尽管刘备有时候不太尊重他，他也很客气，因为诸葛亮觉得既然自己把刘备当作亲比的对象了，那自己就委屈一点也无所谓。

良禽择木而栖，贤臣择主而事。作为被亲比的对象，需要有仁慈的修养、宽广的心胸和高明的智慧，能够周到地照顾大家。同时，还需要做到元永贞，那么，什么是元永贞？我们又如何做到元永贞呢？

元永贞，元就是大度量，一个人要有大度量，人家才会拿你当亲比的对象；永就是永久，永恒，一个人不能说今天大度量，明天开始就很小气，今天照顾别人，明天得到选票了就不管了。

　　一个人有大度量而且能够长期地保持，再加上有合理的操守，就是元永贞。然后其他人就以他为亲比的对象，团结起来拥护他，这样的话就无咎了。

　　下面还有两句话很有意思的，叫作不宁方来，后夫凶。谁会去亲比君子？那些生活过得很安逸，很舒服的，没有必要亲比，所以不是生活好的人才去亲比，其实是不安宁的人才会去亲比君子的。我们看那些到都市里面打工的人差不多都是不宁方来的，他们都是在家里生活过得不好，不安宁，才会来投奔的，所以老板要去照顾这些从农村来的员工，老板要知道这些人到你这里来做你的员工，是不宁方来的，你要让他们安宁，这是你的责任。

　　后夫凶就是说谁来得晚了，谁就没有机会了；还有一种解释就是大家一起来，会把亲比的对象挤爆了，搞垮了。香港1997年回归祖国，那是我们自己的土地，但能不能说全国的人爱去香港就去？恐怕也不行，一去就把香港挤垮了。像这些都是从《易经》里面可以得到的启发，所以我们一定要管控，不要说香港，就是深圳特区也是要管控的，不是随便什么人都可以进来的，否则全进来就把它挤垮了。所以，后夫凶有两种解释：一种是说来得慢的人倒霉；一种是说后面人都挤来了那亲比的对象也倒霉。

　　象辞是来解释卦辞的，比卦象辞：**比，（或者念bì），吉也；比，辅也，下顺从也。原筮，元永贞，无咎，以刚中也。不宁方来，上下应也。后夫凶，其道穷也**。吉就是吉祥的意思。辅是辅助的意思，就是说彼此帮忙。古代五家叫作一比，中国人很喜欢用五做单位，比如队伍，五家一比等。所以我们现在所说的邻居就是比邻而居，就是属于同一比，家靠得很近，就叫比邻，为的是守望相助。其实守望相助全世界都很重视。

　　我们去美国会发现，美国社区之间是不相通的，这就在告诉我们从这个社区进去以后，绕了一个圈，还得从这里出来，要到别的地方去是走不通的。而且我们进去的时候，没有看到什么人，其实很多个玻璃窗户里面，很多只眼睛都盯着我们，这就叫作守望相助。虽然我们没看到里面有人，但里面的人就开始注意了：这个人不是我们这个社区的，干吗跑到我

第二十集　亲比和谐

们这儿来？这就是比的原理。

我们通常所说的邻居，就是比邻而居的意思，比邻而居，为的是能够守望相助，这反映了比卦中的辅助的内涵。一个人要别人来亲比，他就要恒久地保持高尚的道德和美好的修养；而一个人要亲比别人，又需要什么条件呢？

比，它所需要的是下顺从也，就是下面的人既然选定了要去亲比的对象，就要心甘情愿地，诚心诚意地去顺从他，可见去亲比别人也是有条件的。我们从来没有说要盲目地顺从老板，我们主张的是要慎选老板，如果这个老板是值得我们追随的，值得我们学习的，那当然要顺从他了。如果一个人又要来这里工作，又不听老板的话，那这个人就不像话了。

我们要选的是自己跟这个老板能不能学习，能不能提高品德，这样才懂得什么叫作比。我们现在应当导正我们的择业原则，正确的择业心态应当是：我到这家公司，我可以学习到很多东西；我追随这个老板，我的品德修养会提高；至于领多少工资，会不会升迁，那是次要的，绝对不是重要的事情。可惜现在很多年轻人不懂这个，也不知道要这样去选。

原筮，元永贞，无咎，这都在讲刚中这个爻，比卦里面九五就是刚中，以阳爻居阳位。所谓刚中，就是如果一个人要人家亲比你，你就要加强自身修养，做人家的典范，就必须很刚健，持久，所以一定要阳居阳位。

不宁方来，上下应也，不宁方来是指九五跟六二，九五是上卦的中爻，六二是下卦的中爻，它们彼此一阴一阳正好相应，也就是九五做得很好，六二正好又不安宁。如果九五表现很好，六二也很安宁，那六二不一定来的；如果九五表现得也不比别人强，六二也不会来的。

要人来亲比，不一定是要所有人都亲比在自己身边，没有必要。我们要去照顾那些不安宁的人，让他们安，叫作既来之，则安之。既来之，则安之就是说人家是不安才来的，来了以后我们就不要恐吓他们，不要增加他们的麻烦，不要让他们感觉更不安。

后夫凶,为什么会后夫凶呢?因为其道穷也。比卦来到上六这一爻,整个的都要完成了,那完成不是很好吗?没有。《易经》真是了不起,它提醒我们,大家团结一致,精诚合作,同心协力,也要适可而止,适度才好,过分就不好了。

比卦的彖辞告诉我们,当我们选定了亲比的对象,就要诚心诚意地去顺从,而作为被亲比的对象,就要做好典范、照顾周全,从而使前来亲比、追随的人们团结一致、同心协力。然而,这种团结一致、同心协力也需要适可而止,又是为什么呢?

连团结一致同心协力过分了都不好吗?当然不好,大家团结一致,慢慢就没有是非了,底下的人觉得反正上面的人讲的都对;而上面的人就觉得大家这么拥护,就慢慢放松自己,就慢慢不那么谨慎,就爱讲什么就讲什么,就完蛋了。

大家看比卦的卦象,把上六去掉后,看下面五爻,会发现那是一个非常可怕的卦象,叫作剥卦(图20-3),就是整个都要剥落掉了。可见如果一切以亲比的对象为主,他就会没有压力,没有压力以后,就放松,放松就会放纵,一旦放纵就糟糕了,本来很好的,也会乱讲话了,本来很谨慎的,也会突然间一下子好像照顾不了了。而受害的是谁?是整体。

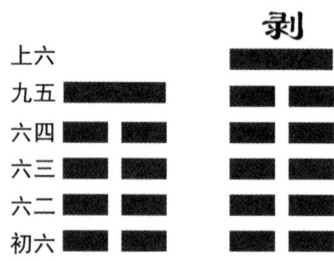

图20-3

所以比道也会穷,不要过分,因此我们就知道一个团体不要弄到一点

第二十集 亲比和谐

反对的声音都没有。开会讨论，如果一致通过，我们就要特别小心：为什么会一致通过呢？连一点点小意见都没有吗？要么就是我太霸道了，要么就是这个结论全民的确一致都认为很好，要么就是有意见都不敢讲，那我就要仔细去琢磨琢磨。如果全体一致通过，这件事情的确是非常好的，那没有问题，但是我们还是希望，一个老板如果真正大度量的话，还是要保留5%的杂音。一家公司有5%的不同的声音，其实对总经理是最好的，因为这样一来总经理每次要讲什么话，都会考虑那几个会有不同意见的人他们会有什么意见，然后再斟酌，这样就会很谨慎。

我们都知道物极必反这个道理，比道也有穷尽的时候，因此团结一致、同心协力也需要适可而止。在一个众人亲比、追随的群体中，有反对的声音作为提醒未尝不是一件好事。比卦的大象中，也隐含着许多对我们的人生、事业的诸多提醒，那么，它又告诉我们些什么呢？

比卦的大象有一句话值得我们注意，大象说：**地上有水，比；先王以建万国，亲诸侯**。意思就是比这个卦就是地上有水的象。我们历代的皇帝看到比卦就知道，要统治一个国家，就要给一些有功劳、有名望的人分封土地，让他们替自己分忧分劳，其实分忧分劳才是诸侯真正的责任。可惜有些人刚开始被分封封侯的时候，非常高兴，非常感激，后来却野心越来越大，造成了很多叛逆的事件。

我们以前所谓的国跟现在国的概念有点不一样，以前的国其实就是部落，后来部落合并，刚开始也许叫作邦，后来才用国这个字。到真正现代化以后，我们才认为全中国合为一国，其他的就变成省，不再称为国。以前中国有万邦，然后慢慢变成几千个国家，后来变成几十个国家，最后统一成一个国家。从有很多国慢慢变成一个国，这是为什么？因为我们懂得比卦，我们看到比卦的卦象是地上有水，地上的水是从四方八面流过来的，那为什么会积在一处？就是因为这个地方的地势比较低。

我们从这里就体会到，职位越高的人，姿态要摆得越低，只有姿态一

低,大家才会都依附过来。现在不是,现在人一升官就好像又长高了,然后再一升官,脸好像也不会笑了,就开始板脸给人家看,最终就导致大家都跑掉了。这就是没有弄通比卦的道理。比卦卦象告诉我们地势一高,水都跑掉了,地势一低水才会来,就是这么一个自然的现象。中国人把低姿态叫作以大事小,在上位的人要让底下的人感觉到你很亲切,这就叫亲民。可见从一个家庭到一家公司,到一个国家,其实比卦都讲得非常清楚。而比卦下面是坤,上面是坎,就表示真正危险的还是在上面的。

比卦的大象告诉我们,身居高位的人降低姿态,也可以得到大家的亲附,这就像水流在低处汇聚一样,通俗地讲,就是平易近人。比卦的卦象是坤下坎上,下面是土,上面是水,曾仕强教授认为,真正的危险是在上面,这是什么道理呢?

为什么说真正的危险是在上面呢?因为老百姓有时候顺从,一段时间后,可能就不顺了,人心会变的。我们中国人有个很奇特的现象,就是每个新任的皇帝上台后,一定会提出自己的新政和主张;每个皇帝当了几年以后,会隔一段时间就提出一个号召,这是什么道理?真正了解中国人的人,都应该晓得,我们是由几万个部落,慢慢融合成了一个中华民族,这就表示中华民族里面各式各样的人都有,各式各样的想法都有,这样的民族,我们说一句不客气的话,是没有归属感的。

如果一个民族很小,自然生态很艰苦,离开了就活不了,那这个民族的人们会有很强烈的归属感。但中国这么大,在这里合不来,过不下去,可以跑到别的地方去,中国人只有依附感,很难产生归属感。所谓依附感就是说你对我好,我没有理由不对你好;你值得我拥护,我一定全心配合你,但是如果你变了,或者我认为你不值得我拥护的时候,那就一句话讲完了,道不同不相为谋,我就告老还乡,或到山上去隐居,埋名隐姓,或漂流海外。这就是中国人。

所以隔一段时间,皇帝就要发出一个号召,看看下面的响应怎么样:

第二十集　亲比和谐

如果下面热烈地响应，那皇帝就知道自己被拥戴性还是很高的；如果讲了半天下面好像没有听到，也没有反应，那皇帝就要调整自己了。这些我们都可以从比卦的六爻清楚地看到。只有懂了《易经》，我们才看得懂我们的历史，才知道为什么大家要这样做。很遗憾的是，现在人只会以西方的标准来看中国，所以不是看得乱七八糟，就是看得一无是处。

近代中国人最苦恼，也是最悲哀，最不幸的就是不了解自己，常常抱怨：人家外国为什么可以这样？我们为什么不可以？因为思路不同。我们真的弄懂了《易经》，再回头看中国人，会发现几乎很少人会离开一阴一阳之谓道。你看老板一说话谁先反应，谁后反应，都有一定道理的。老板一说话有人没反应，人家就会怀疑：这人是不是有二心，是不是不赞成？这人说我没有，那人家就更确信他有，要不然那么紧张干什么？中国人一向都是这样的。该反应的人要反应，不该反应的时候，要有不该反应的做法，我们只要不按照这个套路走，再好，再忠心耿耿，最后都是吃亏的。

现在公司大了以后，就开始在各地建连锁商店，或者找人加盟，这也是比卦的道理。公司总部要记住不宁方来，别的公司之所以要加盟你，就是他自己不安宁，否则你去加盟他还差不多，而如果你一开始就挑剔这样那样，他心里好笑：我比你好的话，我还来向你加盟？所以既然我们是总部，人家有意加盟，我们就要马上知道不宁方来，就要告诉人家要怎么样去改善，就要给人家提供培训，派人支援人家不足的地方，这样才对。只有用这种方法才使得大家认为加盟要快，不然后夫凶，来晚了就没有机会了。这都是到处可以应用的。

现在我们面临着一个崭新的格局叫作地球村，地球村就是一句话，叫作天涯若比邻，要把偌大的天下，当作村落，大家比邻而居一样。可见比卦对现代化，尤其是现在的地球村，是有非常重要的功能的。我们更应该多花点时间，好好地来认识一下。

一般人一想到现代化，就想到美国化，把现代化看成美国化，把美国化看成现代化，认为国际化就是不要自己，认同别人。这种观念上的不清楚，如果不加以重视，会产生很严重的后果。国际化的真义，是见美国人

说美国话，见日本人说日本话，见中国人还是用中国话。如果为了国际化而使自己什么都没有了，是不值得的，我们又怎么忍心为了现代化而灭掉自己的文化？

可见比卦对我们的修养、人生、事业以及现代化都是非常重要的。那比卦六爻具体在讲什么？我们下一集就要来谈谈情投意合。

易经的智慧·第二十一集 情投意合

天时不如地利，地利不如人和。自古以来，我们中国人就讲求人际和谐，注重志同道合。这也正反映了《易经》比卦所蕴含的亲比和谐、情投意合的道理。比卦以五条阴爻一条阳爻为卦象，象征全民一致拥护一个领袖。那么，具体到比卦的每一爻，都暗含着哪些玄机呢？在日常生活中，我们又该如何巧妙地运用比卦的易理，去处理繁杂多变的人事关系呢？

第二十一集　情投意合

西方人是以事为中心，我们中国人是以人为中心，这是很多人始终不以为然的事情。有人说：你看，西方对事不对人，多好，多理性。其实真正了解真相的话，我们应该知道西方人不像我们一样，有忠贞的概念，西方的人员是流动的，叫作跳槽，今天在这个公司，明天跳到那个公司。我们如果问一个西方人：你对你的老板，对现在的公司忠诚吗？他会觉得很好笑：我忠诚干什么？我随时都要离开的。真的了解了这个，我们才了解西方人以事为中心也是非常无奈的。

我们问西方人，对公司、对老板忠诚不忠诚？他们的回答，如果用英文来讲只有一个词，叫作ridiculous，就是这种问题很奇怪。他们说：我只要对工作忠诚，只要把工作做好，到哪家公司都可以活。中国人敢这样说吗？在中国，谁敢站出来说，我不必对老板忠诚，我不必对公司忠诚，我只是对工作忠诚？有也是唱高调的。

中国自古以来，都是人跟人的关系处好了以后，才能谈事情怎么做。没有人就没有事，事在人为，每件事情都是要经过人去把它做出来的，所以我们做事是离不开做人的。一个人做事情做得很好，但是如果每做一件事情就得罪一个人，在一家公司只要做十件事情就得罪了十个人。请问这样的人还待得下去吗？

我常常听到很多老板跟新来的干部都讲得很好听：我之所以请你来，就是要把公司弄好，其他的你不必顾虑，我全力支持你。然后新来的干部就开始做这个、做那个，等到半年后，老板又把他叫去了，老板说：你放心，我到现在都没有改变，还是支持你，但是没有想到你才来半年，把人都得罪光了，你叫我怎么支持你呢？你另谋高就吧，我拿你没有办法。我们也不能说这个老板错了,他也是出乎内心的。可见在中国,整个的先决条件就是要把人处好,才有办法把事情做好。而整个比卦都在讲人跟人之间的关系。

中华民族是一个讲求人际关系的民族,在中国,只有先把人处好,才能把事情做好,这正体现了中国人人性化的一面。而整个比卦,都是在讲人跟人之间的关系,比卦的初爻可谓巩固领导中心的第一步,那么,作为整个比卦的基础,初六这一爻,都告诉我们些什么呢?

初六爻辞(图21-1):**有孚比之,无咎。有孚盈缶,终来有它吉**。第一句话:有孚比之,就告诉我们,要追随一个人,要亲比一个人,要团结在一个人的身边,最基本的原则就是出乎内心的真诚。只有我们发自内心地愿意追随,赶都赶不走,否则就算用规定、发誓、条约、合同,还是管不了我们的。

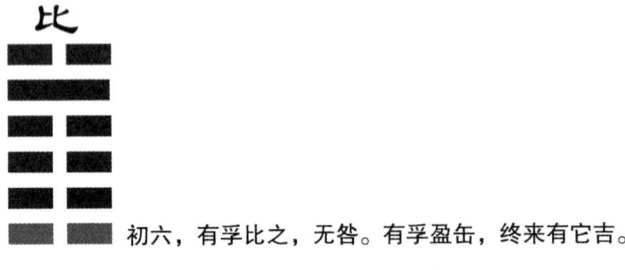

初六,有孚比之,无咎。有孚盈缶,终来有它吉。

图21-1

如果有一个员工要跳槽,他会很明白讲说"我要去那家公司工作,所以我要辞职"吗?有这么笨的中国人吗?但美国人是这样。美国人更妙,他会跟老板请假,说:我要向公司请两天假,我要去另外一家公司应征,如果它录取我了,我这边就辞了,如果它不录取我,我还会回来。美国公司的老板也考虑一下,说:好,那你就去应征吧。因为老板也没有办法。

中国人谁敢这样?中国员工如果这样讲,老板心里想:岂有此理,你

第二十一集　情投意合

跟我讲这个话，你把我当什么？老板就说：那你不必了，你不必等了，现在就去吧。可见，有些话美国人听起来觉得很正常，中国人听起来就觉得很奇怪。

我们中国人要跟老板辞职，多半会这样讲：老板，我真的很喜欢在公司服务，追随你，我学到了很多东西。但是我没有办法，家里实在忙不过来，我妈妈一定要我回家帮忙，我再三跟我妈妈讲，我舍不得这家公司。我妈妈就要亲自来跟你讲，我只好说，我自己来跟你讲。这样的话老板就很感动，就同意了，因为中国员工不是撒谎，是给老板面子。所以真的懂了中国人这套道理，我们就知道中国人为什么会表现得跟外国人不一样，它是有道理的，绝不是乱七八糟。

有孚比之告诉我们，中国人只有出乎内心的真诚的表现，才是纯真的，才是不会变的，才是不可动摇的，这样就会无咎，没有后遗症。只有我们心甘情愿，出乎真诚，不受任何外力的压迫，不受威胁利诱恐吓，我们会很真诚、很持久，从而慢慢地经过一段时间的磨合，大家会越走越近，然后彼此你心中有我，我心中有你。

这是谁都干扰不了的。所以，我们必须要出乎自己的选择，出乎自己的决定，然后慢慢地想办法让上面的人去感觉我们心中有他，这样就走上正道了。

比卦告诉我们，无论是对领导、同事、朋友，甚至伴侣，要想搞好彼此的关系，都必须做到：你心中有我，我心中有你。如何做到这一点？是不是告诉对方，我心中有你，就行了？

这些话是不能说的，千万不能去跟老板讲说：老板，我心中有你。那会弄得两方面都很难过，因为老板不会相信你的话。你越是喊口号，越是写保证书，越是再三表明你坚决地拥护，他越是怀疑：你干吗弄得这么紧张？如果是真的，就用不着这样子。我们只相信自己的感觉，我们要让老板感觉到我们心中有他，他就不会怀疑了。中国人有很多事情是只能做不

能说的，一直到现在还是这样。

有孚盈缶，就是告诉我们，我们的诚心从我们的行为、态度充满了，然后会表现出来，让老板感觉到，于是就终来有它吉，到头来就会得到很多很多的吉祥。这样老板就会照顾你，会培育你，会给你找升迁的机会，甚至于如果你还没有结婚，他会替你找对象，替你安家，还照顾你的家庭，这就叫作终来有它吉。也就是我们除了在公司职位有保障、有机会升迁，工资可以逐年增加之外，还会有余庆。余庆，就是我们想象不到的好处。一个人如果能够做到这一步，就可以考虑到六二爻。

六二爻辞（图21-2）是**比之自内，贞吉**。《易经》下卦叫内，上卦叫外，我们要从内卦往上去亲比。老实讲，一个人只有当到基层主管，才有机会去跟上面的人沟通。六二是下卦的中爻，也就几乎是基层的主管，那六二要拥护在谁的身边？要巩固什么核心呢？当然就是九五那一爻。因为除了对九五，六二不能讲"忠诚"这两个字，否则就变有二主了。整个比卦的团体只能有一个主，就是九五，六二不能对除了九五以外的表示忠心，六二只能表现出自己要团结在九五的左右，自己要来拥护他，这样人家对六二才不会怀疑。

图21-2

当然了，六二还要注意到有些时候会有很多微妙的动作。比如说你的底下的人会来给你提议，说跟上面可以有一些表示，你就要去看看他的动机到底是什么样：是上面的人派来的？还是他根本就是上面人的亲戚？或者他想试探我的用意？要摸清楚，然后作出适当的回应。六二要秉持中

第二十一集　情投意合

道，因为六二所占的地位是下卦的第二爻，又是阴的，也就是下卦三爻中唯一一个当位的爻。因此，六二就要按照合理的方式去反应，才会吉祥。否则表错意了或者时间弄得不对，都会很凄惨的。

六三的爻辞（图21-3）：**比之匪人**。这个"匪"不是土匪的"匪"，而是非的意思。《易经》里面经常用"匪"来代表"非"。比之匪人，就是找错了亲比的对象，什么叫作匪人？就是不仁不义的人，就是不像人。这样的人，六三还站出来说要追随他、要拥护他，那六三一定凶，最后一定是伤悲。因此从比卦六三，我们知道交心要看合适的对象，交心给不仁不义的人，就是选错了对象，最后一定会倒霉。

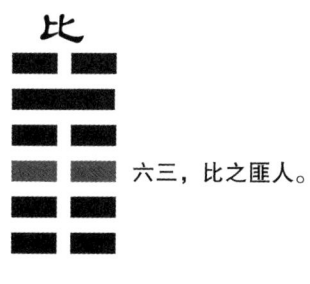

图21-3

所以比卦下三爻的启示就是：第一，慎选亲比的对象。第二，慎重地选择、考虑、决定，然后出自内心地、很真诚地表现出来，不能造假，因为造假后面问题很多，也不能接受威胁，不能讨好；否则就是利用自己来出卖自己，最后一定要自己去承受那个恶果。整个比卦的下卦是在告诉我们如何去顺从，如何去亲比，如何去拥护上面那个应该拥护的人。

比卦的下卦告诉我们，要慎选亲比的对象，并选择合适的方式去拥护他，而不要造假或者刻意地讨好，更不能接受威胁。那么，作为比卦的上卦——坎卦，它又告诉我们些什么呢？

比卦上卦是水、是坎，就表示在上的人，其实蛮危险的，风险性很高。我们可以看到上卦三爻六四、九五、上六，通通是当位的，六四、上六，阴居阴位；九五，阳居阳位。九五尤其了不起，它不但是当位，而且它在整个卦的正中间，是全卦的卦主，最要紧的一爻。六四的爻辞（图21-4）很简单：**外比之，贞吉**。因为六四本来就在外卦，即上卦，与九五靠得很近，可以就近去表示拥护九五，而且六四是阴，九五是阳，阴去承阳通常都是好的，所以六四爻通常都是吉祥的。

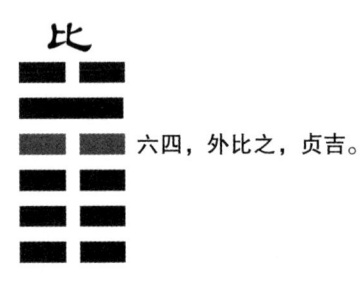

图21-4

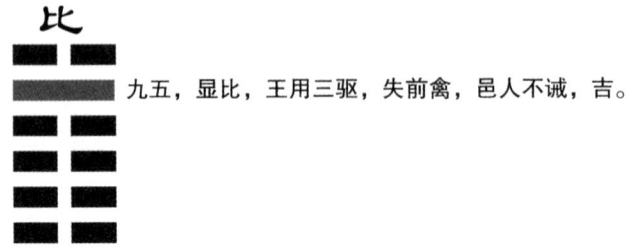

图21-5

真正要紧的是在九五，因为九五就是老大嘛！一切它负全责。九五的爻辞（图21-5）是：**显比，王用三驱，失前禽，邑人不诫，吉**。显就是很明显，显比就是大家追随、拥护的对象，九五要用以身作则来让人家很诚心地拥护他，做给大家看。怎么做给大家看呢？很有意思，王用三驱。什么叫王用三驱？以前皇帝都要定期出去狩猎，用的是三面网，我们今天所讲的网开一面，就是来源于此。皇帝狩猎时，人很多，皇帝在中间，两旁都有人，然后一路围过来。包围圈里面的动物就分两种：一种往前面跑，

第二十一集 情投意合

一种往后跑。凡是往前面跑的，皇帝都不会去射它；凡是往后边来的，皇帝正好射它。网开一面表示比卦就是和则留，不和则分，我们只取那些顺的，舍去那些逆的，这样才叫作大肚量。周朝统一全国时，就有两个人伯夷叔齐不赞成周朝去灭掉商朝，所以两人就不吃周朝的粮食，饿死在首阳山下。

商纣王暴虐无道，周武王伐纣灭商，是顺应天意民心的，但是商朝的伯夷和叔齐，却认为这是犯上作乱，为了表示忠于商朝，坚决不吃周朝统治下的粮食，最后饿死在首阳山下，留下了"不食周粟"的千古芳名。对于这件事，孔子作何评论呢？

孔子一方面说，周朝好，应该灭商；一方面说伯夷叔齐了不起，求仁得仁、求义得义。这是各取所需的做法。

我们中国人有一种智慧，叫作差不多，任何事情只做到差不多，可惜我们现在都很难去体悟。九五要有大肚量：顺我的、拥护我的，我照顾他；少数的确有意见的，跑到山里面去了，我也不反对。我们现在都不是这样做的，我们现在要求一致，其实要求一致干什么呢？每个人有各自的想法，而且不同意见的人是极少数，就让他去嘛！

能做到王用三驱，就表示九五是很开明、很贤能。接下来失前禽，什么叫失前禽？就是前面那些跑得快的动物，我们就放过它们。大家从动物的角度来看，有没有发现，皇帝的狩猎对那些动物而言，是帮助它们优化的一个过程，凡是机警的、健壮的、跑得快的，留下它们去继续繁殖；而那些笨笨的、跑不快的、瘦弱的，正好打掉了。所以，很多事情我们要深一层去了解，不要只看表面，否则是永远看不懂的。

我们看到皇帝打猎的表现，老百姓会怎么样？我们接着看九五的爻辞就好了：邑人不诫，吉。邑人就是老百姓，老百姓看到皇帝网开一面，看到皇帝只射弱小的，放走那些健壮的，这对动物的优生是有利的，可见皇帝是仁慈的。老百姓面对这样的皇帝，不会很害怕、不会很恐惧，那皇帝就得民心了，得民心就吉祥了。

对中国人，要多做给他看，说给他听是没有用的，因为我们从古以来已经养成了习惯，不太相信人家的话。连孔子都讲"听其言"，要"观其行"，如果说到做到，最好；说了半天都没有做到，这种人算了。这才是我们的标准。

上六（图21-6）就糟糕了，虽然它是当位，但是爻辞就提高警觉了：**比之无首，凶**。

图21-6

我们都知道上六的位置是很高的，叫作大佬。九五有任何号召的时候，都会找一两个比较重要的大佬咨询咨询，请教请教，也就是寻求他们的支持，这时候就看上六的表现了。如果上六认为自己是大佬，资格老得很，不一定要支持九五，那这时候九五就会自己来衡量衡量了——我压得过你，我就发飙；我压不过你，我等一等。总之，九五心里头是不愉快的。慢慢地九五跟这个大佬就疏远了，就造成心理的隔阂了，底下人一看，发现老大跟大佬很接近，但貌合神离，好像不一致，然后就会引起他们一番猜测，对整体的团结是有影响的。因此身为大佬，必要的时候是要率先挺身而出，来亲比九五，支持九五，然后告诉六四要众口一声，在不同的场合共同发表支持宣言，而六四支持的力道，使得底下的全卦都会很快地响应。否则的话就叫作比之无首，那是有凶祸的。

比卦告诉我们，开明贤能的领导者，都会有仁慈之心，从而使民众亲

第二十一集 情投意合

附于他，不至于因敬畏而疏远，这样才有利于整体的团结，实现众口一声、一呼百应。然而，与比卦互为综卦的师卦，也有着聚合众人，团结一致的内涵，那么，它们之间又有哪些不同之处呢？

我们现在把师卦的水跟比卦的水来稍微做一个比较。师卦的水是在地里面，叫作地中有水（图21-7）。大家可以想象到，当水在地中间聚集的时候，它的流动性很小，凝聚性很高。这象征一个民族或者一个国家，要打仗的时候，所有的心都是高亢一致的，大家不会去想到自己的事情。这时人们可以用最大的毅力巩固在一起，这叫作非常时期。

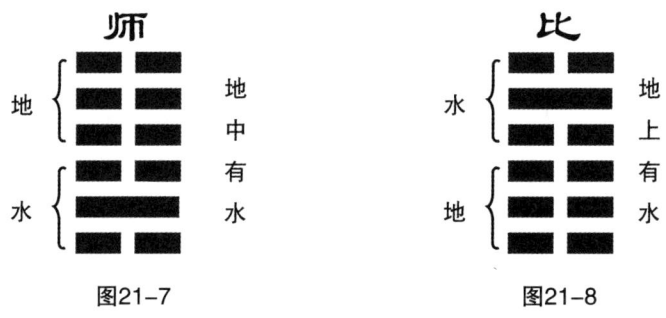

图21-7　　　　　　图21-8

但是比卦就不一样了，比卦是地上有水（图21-8）。地上有水，它会流动，会渗透的，它也会被阳光晒到蒸发掉，因为它没有像地底下的水那样有凝聚力。我们在打仗的时候，那种团结的力量是很可怕的，但是平时我们没有必要这样要求，一年到头那样团结也受不了。所以平时我们要大家亲比，就采取弹性比较大的方法，叫作志同道合。大家意见相同的靠得近一点，有意见的疏远一点，有亲有疏。

一家公司的老板，一定要求员工要有共识，今天叫企业文化。企业文化就是同心一致的认识。老板的用人原则是说：我用你，那你非听我不可；你不听我的，我一定不能用你。因为公司不是搞革命的地方，老板的想法与措施是要有人去贯彻实行的，一句话就讲完了，如果员工认为公司不行，认为老板不行，可以离开。因此，我们就可以看出来，亲比是非常

自然的，战争时的凝聚也是非常自然的。

到目前为止，我们已经分析了八个卦，从乾坤天地定位，到屯蒙需讼师比，全都跟水有关。这是因为从出生到现在还没有做出一番事情来，就已经充满了危险，可谓步步维艰哪！而且人心是善变的，人心是不测的，说翻脸就翻脸的，再加上人心隔肚皮，人的表面与内在不一致，人们不能互相了解。但这并不代表这样做法不对，因为我们都要保护自己，我们不骗人，我们只是保护自己。每个人都保护自己，这就叫作明哲保身，中国人很懂得明哲保身。可是很多人很讨厌这句话的，认为明哲保身就是自私。

通过师卦和比卦的比较，我们可以得知，为了战争而团结一致，不如平日就达成共识，相互亲比。现实生活中，企业文化、团队精神，都很好地反映了比卦的内涵。然而，比卦的上卦是坎卦，与水有关，代表着危险和善变，这就好比人心的善变，所以，当亲附的团体中出现了变故，充满了危险，很多人都会选择明哲保身。那么，这种明哲保身，是不是一种自私的表现呢？

人要先把自己保住，但是不能自私，这样才有能力去保护别人，才有能力去为国家、社会、人群做点有意义的事情。这就是《易经》。我们可以看出来周跟比的不同，就是周是没有私心的，比难免有私心，所以当讲到比卦，我们特别要提出一点就是人要消除自己的私心，而这是很难的。

"比"跟"朋"这两个字，是很相像的。"比"是你往这边我就跟着你往这边，我跟你同一个方向，我认同你，追随你。朋呢？朋是什么？朋不是两个月亮，因为天上只有一个月亮，不可能有两个月亮的。"朋"这个字它是两块肉，"月"代表肉，而且是臭肉。所以朋友就是臭味相投的人，他们有共同的认识，有共同的爱好，有共同的志向，然后自然会志同道合。不管朋友是否有不同的差异性，只要能共同走上正道，人类就有希望。

我们看到现在，会体会到四个字，叫作自然孕育。一切一切都是顺乎

第二十一集 情投意合

自然，很少是人为的做作，这叫人性。人性从哪里来？就从天老爷来，天老爷就是大自然，所以人性就是大自然赋予人类特有的共性。当然这里面有特殊的差异性，叫作个别差异，但我们在研究的时候，比较重视的是共性，就是人类共同的特性。但是我们在对待每一个人的时候，要重视个别的差异性。像这样把共性跟个性合在一起来判断，就八九不离十了。

这次因为时间的关系，我们暂时先讲到比卦。我们知道，人类要团结，而团结一定要有个正道做我们共同努力的目标。人类已经面临很大的危机，我们现在生态环境都起了很大的变化，如果再不好好地正向去面向未来，我们不但愧对祖先，而且愧对子孙，所有的罪过都要我们这一代去承受。因此，我们把这次研究的八个卦当作基础，再往后去看其他的卦。当我们把六十四卦都搞通了以后，连卜卦都不需要了，就能理解孔子为什么说"不占而已矣"，因为一切都离不开自然的规律。

编者按：关于乾、坤、屯、蒙、需、讼、师、比八个卦的详尽解说，敬请参阅曾仕强、刘君政教授所著：

现代易学院系列之二——《走进乾坤的门户》

现代易学院系列之五——《转化干戈为玉帛》

如果您有好的意见或建议，敬请登录www.liangxin.net.cn进行留言，我们在此对您表示感谢！

曾仕强教授出版著作

序号	书名	定价
1	中国式教养，中国父母家庭教养必修课	49.80
2	别让情绪拖累你的人生	49.80
3	中国人，你凭什么不自信	59.80
4	中国式家风	49.80
5	易经的奥秘3	64.00
6	易经的奥秘（完整版）（《易经的奥秘1》增补版）	64.00
7	易经的奥秘2	64.00
8	易经的智慧合集（精装典藏版）（全六册）	680.00
9	易经良基（共六册）	192.00
10	易经良基·中（共六册）	192.00
11	曾仕强详解道德经：道经	39.00
12	曾仕强详解道德经：德经	42.00
13	道德经的奥秘	36.00
14	长安家风	39.80
15	坤道——曾仕强教做出色的中国女人（新版）	45.00
16	论语的生活智慧(上下)（新版）	72.00
17	论语给少年的启示(上下)	58.00
18	论语给青年的启发(上下)	68.00
19	曾仕强点评三国之道：论三国智慧（上下）	86.00
20	胡雪岩的启示（全新版）	45.00
21	曾仕强评胡雪岩	29.80
22	中华文化自信	45.00
23	我是谁	58.00
24	诸葛亮的启示	42.00
25	财神文化	49.80
26	赢在职场：中国式职场修炼手册	49.80
27	道德经的玄妙	49.80

咨询热线：010-69292472